艺术体操项目中舞蹈语汇的编排与解析

孙志远◎著

南開大學出版社　天津社会科学院出版社

图书在版编目（CIP）数据

艺术体操项目中舞蹈语汇的编排与解析 / 孙志远著
. -- 天津 : 南开大学出版社 : 天津社会科学院出版社,
2022.12
ISBN 978-7-310-06383-3

Ⅰ. ①艺… Ⅱ. ①孙… Ⅲ. ①艺术体操一编排(体育
) Ⅳ. ①G834.02

中国国家版本馆CIP数据核字(2023)第003023号

艺术体操项目中舞蹈语汇的编排与解析
YISHU TICAO XIANGMU ZHONG WUDAO YUHUI DE BIANPAI YU JIEXI

南開大學出版社
天津社会科学院出版社 出版发行

出版人：陈 敬
地址：天津市南开区卫津路94号 邮政编码：300071
营销部电话：(022) 23508339 营销部传真：(022) 23508542
https：//nkup.nankai.edu.cn

天津午阳印刷股份有限公司印刷 全国各地新华书店经销
2022年12月第1版 2022年12月第1次印刷
787毫米×1092毫米 16开本 13.5印张 255千字
定价：68.00元

如遇图书印装质量问题，请与本社营销部联系调换，电话（022）23508339

目 录

第一章　绪　论

体育训练和舞蹈表演在人类历史的发展进程中有着相同的源头，它们都是在人类社会生产劳动过程中诞生的社会文化，皆因人们生产生活的发展而存在，顺应人们的需求而诞生。在原始社会中，人类进行狩猎、生产、劳作等活动是迫于生存，由于生产力的低下，人类如何活下去成了最大的问题，为了适应生存环境，人们通过强身健体的方法来抵抗各种疾病的发生和猛兽外敌的入侵，这些肢体活动也就由此构成了体育训练与舞蹈表演最初的形态，在这个过程中就有了多种肢体组合及节奏形式。随着对环境的不断适应和主导，原始社会的人类逐渐脱离了最低限度生存的需求，开始追求对于美的欣赏，逐渐出现了项链饰品、刻在生活用具上的花纹等。人们有了喜怒哀乐的情绪表达，有了各式各样生活的需要，群居生活产生的社会集体性与农耕文化让人们有了信仰，意识层面具象到形而下，形成了带有象征意义的图腾舞蹈、祭祀舞蹈等，逐渐发展出因节庆或丰收产生的习俗舞蹈、因人际关系需要而产生的自娱舞蹈和社交舞蹈。

舞蹈表演和体育训练是两个不同的学科，尽管它们的训练目的与社会功能有所不同，却都是为了适应社会发展的需要（其中包括社会生产和生活的需要）和人本身的需要（其中包括人的生理和心理层面的需要）而产生的，因此二者在人类社会生活的不断发展进步中各自发挥作用。舞蹈表演和体育训练发展的初期有一种相互影响、相互促进的关系。在远古时期因生产生活需要而诞生的舞蹈，都是具有健身特质的，有着强身健体的作用，例如阴康氏的“大舞”。同样在古代重要的娱乐场所和宗教祭祀活动中也处处体现着体舞交融的现象：原始舞蹈在注重仪式感和祭祀形式的同时，其表现的重点是肌肉的力量和耐力。

俗话说文体不分家，不管是舞蹈表演还是体育训练都是通过肢体去传达某种信息或者精神，它们或因祭祀而生，或因庆祝而起，都有着同一个源头，在历史的发展中不断变迁，各自发展前行。而艺术体操作为二者融合出的新的发展方向，完美地阐述了艺体高度融合的事实，它将艺术性和体育竞技性高度结合，包含了舞蹈、体操、音乐、武术、杂技等在内的多元性元素。舞蹈表演和体育训练的历史发端的相似性，为我们研究二者提供了依据和可能。

艺术体操是一种融合了多种艺术形式的美的运动，它在继承了竞技体操的框架基础上，汲取了芭蕾舞蹈的纯净体态，融合了武术、杂技和戏曲等中国元素的众家所长，将多种艺术形式进行提炼加工，并且形成了新的有思想、有结构、有层次深度的艺术形式，这也是艺术体操所独有的魅力所在。艺术体操非常注重韵律和节奏，秉承体育运动强身、健体、显志的基础，但构成艺术体操成套动作的动作元素并不只局限在体操的力量上，而是富有节奏感、表现张力和优美度的一项艺术，这种从舞蹈艺术思维中延展出的韵律性和艺术表现力也成了艺术体操区别于其他竞技类体育项目的关键所在。

艺术体操完美融合了舞蹈的柔软姿态，这一点在艺术体操运动员的基础训练中显而易见。在训练中，舞蹈的基本功和体态的训练是始终贯穿于艺术体操运动员训练中的基础元素，从手位到脚位，从软开度训练到体态训练，从基本擦地到抱腿踢腿，再到技巧训练，很大限度上复刻了舞蹈芭蕾的训练。因此艺术体操运动员在平时训练或比赛中，有别于其他体育运动项目的高度力量性和难度水平，我们常常看到的是优美挺拔的舞蹈姿态和流畅婉转的舞蹈动作，看到一种力量与柔美共存的线条美，这与艺术体操基本训练中舞蹈的融入是分不开的，同样这也正是艺术体操时刻体现“艺术”的特性所在。

体育训练与舞蹈表演虽然存在不可分割的联系，但艺术体操这项运动作为体育项目，无论再怎样舞蹈化，也还是归类于竞技体育的范畴，它们都有着区别于其他门类的本质特质。舞蹈的创编思维在艺术体操中的融入虽然不会改变艺术体操竞技性体育的本质，却可以融入渗透、影响提高艺术体操的艺术价值。舞蹈创编思维对于艺术体操的影响意义不容小觑，其影响主要体现在艺术效果的呈现上，对于艺术体操这种典型的难美型项目来说，美的展现是艺术体操的特点所在，舞蹈创编思维的融入会使艺术体操动作的设计编排更加丰富，提高了编排舞蹈动作的优美性和丰富程度，动作之间的衔接更加流畅、不显生硬，使肢体动作和音乐二者之间不再貌合神离。舞蹈创编思维的“走心”和向心性使运动员的情绪表达更加多样，动作更显抒情性、细致走心，突出了艺术体操的“艺术”，大大提高了其艺术性和观赏度，使艺术体操更加朝着优质健康的方向发展，迸发出更加强烈的艺术魅力。

艺术体操最早起源于19世纪末的欧洲，瑞士日内瓦音乐学院教授E. J. 达尔克罗兹通过对身体节律运动、训练听力动作和即兴动作的研究编排，来实现身体动作与音乐的融合，由通过肢体的动作来表达音乐节奏，逐渐演变成由跳跃、平衡、波浪形动作及部分技巧动作组成整套节目。20世纪20年代，艺术体操慢慢发展为以团体赛、个人全能赛和个人单项赛为主的竞技运动项目。艺术体操既属于体育竞技范畴，又属于艺术范畴，兼具竞技和艺术两个方面的特点，是具有艺术价值的体育竞技运动项目。随着体育竞技与艺术表演的发展，两者逐步出现相融合的趋势，艺术体操中的艺术性逐渐走向了舞台，给人们带来了极具审美价值的艺术表演。艺术体操融合了多个方面的因素，音乐与舞蹈是其主要的表现形式，辅以道具的配合，通过肢体动作对表现主题和艺术思想进行呈现。艺术体操处于不断发展的过程中，在追求高难度技术动作的同时，也始终对其艺术性具有较高的重视程度，竞技与艺术是艺术体操不断发展的核心动力。艺术体操国际评分标准，也随着时代发展不断完善，对体育竞技项目的发展也赋予了新的要求。在激烈的体育竞赛中，依据竞赛规则的基本要求，对艺术体操的外在竞技价值和内在艺术美的深入挖掘，是获得竞赛优势的关键因素之一。艺术价值评分标准不断提升，对于运动项目不再仅仅追求早期的技术性表演，而是慢慢转变为对项目的观赏性和艺术价值动作的追求，由专业的舞台表演人员和运动项目类专业人士进行指导编排，使动作更具艺术性，这也成为成套动作编排的基本要求。艺术体操作为艺术和竞技并存的体育项目，对动作编排的艺术表现力尤为重视，新时代艺术体操的发展离不开成套动作的创新编排，不单单是对艺术体操规则及评分标准进行编排，更重要的是根据艺术观赏性并结合更多元素舞蹈动作、技巧，使艺术体操具有更丰富的艺术特征。

在艺术体操编创中，成套动作的创新编排能够更好地展现艺术体操编创的气氛和情节发展，更好地指引艺术体操节目的推广和发展方向，更好地展现艺术体操的艺术特征，更好地凸显艺术体操的特定主题思想内涵。人们对艺术审美的不断追求，是促进新时代艺术体操提高观赏价值与艺术魅力，达到体育与艺术完美结合的动力所在。由于艺术体操的创作编排在艺术体操中的地位极其重要不可小觑，直接关乎艺术体操的比赛成绩。艺术体操的编排是决定一个艺术体操成套作品成功与否的关键，而创作和编创思维是构成和影响艺术体操成品的灵魂主干。因此要不断提高艺术体操创编的新颖度和品质才是制胜的有力保障。

第二章 艺术体操的发展

第一节 艺术体操的诞生

艺术体操最早起源于19世纪末、20世纪初的欧洲，与国际竞技体操比赛有着同样长的历史，它的产生与当时的教育改革、青年和妇女的体育运动发展，以及普遍的文艺革新都有着密切的关系。为了区别于历来的老的德式体操、瑞典体操，在欧洲通常称它为“现代体操”，他们认为瑞典体操是孤立的、机械的肢体运动，而现代体操是以优美的舞蹈姿态和科学的训练为基础产生的一种新的方式的体操，是对以往传统形式化体操的挑战，是对凝固化的体操的革新，其目的是试图通过这些练习发展动作的协调、意识及动作技能，对整个身体发展起到良好的作用。

“艺术体操”一词由从俄文翻译而来，但在英、美、法、加拿大及其他西欧国家最初将它称为“现代节奏体操”，简称MRG，在日本最初称它为“新体操”，“新”和“Modern”一个含义，也是“现代”的意思。由此可见，艺术体操作为一种新兴的体育项目刚刚出现时，世界上对这个项目有两种称呼，东欧各国、朝鲜包括中国称它为“艺术体操”，而西方一些国家叫它“现代节奏体操”。

一些生理学家、音乐家、舞蹈家为现代体操在理论上指出了新方向，为艺术体操发展到如今的地位做出了莫大的贡献。典型代表人物如乔治·德迈尼，一位法国生理学家，在19世纪末通过对当代体操的各种流派的充分研究，尤其是对瑞典的体操派系进行了研究后，认为瑞典体操不是建立在充分科学基础之上的，他们的动作是不自然的和静止的。他认为女子体操应该发展正确的身体姿态，保持身体自身的柔软性，运动技巧和动作的艺术性,也就是柔和与优雅;另一位是在瑞士日内瓦音乐学校的音乐教师台尔克罗兹,后来从事节奏体操,他认为不仅是舞蹈家和艺术家需要学习节奏体操,培养音乐家学习也是非常需要的,他创造了带音乐的体操,进行身体动作和音乐节奏感情相吻合的专门练习;芬兰的博乔尔克斯坦结合了德迈尼的主张和思想及台尔克罗兹的带音乐的体操,在芬兰的学校里进行实践,将其思想传授给了更多的人,使芬兰妇女的体操运动受到了新的倾向性的影响;法国舞蹈教师拉班把重点放在了理解动作的韵律方面和强调动作自然性方面,也为艺术体操的发展创造了一些新方法。由此可见,通过音乐、舞蹈的手段在体育中解决美育问题、提升艺术审美的设想,在 19 世纪就已经产生了。

20 世纪 20 年代中期,在德国产生了不同的体操流派,有的是着重保健与矫正的体操,有的是着重节奏和音乐的体操,也有着重运动的体操。着重节奏和音乐的现代体操的代表人物有博德、梅道和威伯等。其中博德为女子体操创造了有价值的身体波浪动作和带有表情的身体动作,他们在德国创办了 20 余所学校,专门教授现代体操,甚至还与当时的传统的古典芭蕾舞相对抗。艺术体操真正成为体育教育的一种手段,是在苏联十月革命后:1935 年,列宁格勒国立体育大学和莫斯科国立体育学院体操教研室开始了这类关于艺术体操的课程,1946 年又创立了相对独立的课程,1947 年、1948 年、1949 年举行了三届全苏观摩表演,为艺术体操的发展起到了推动作用,使得艺术体操在各加盟共和国和城市相继开展起来。1949 年,举行了第一届全苏艺术体操锦标赛,1950 年,苏联制定了艺术体操运动等级大纲、比赛规则,1954 年又新增了运动健将大纲、1960 年、1964 年、1970 年都有新的等级大纲,此时各运动等级的教学训练内容,组织工作都已然非常具体化了。等级大纲的制订,为进一步发展这项运动及提高运动成绩,起了决定性的作用。苏联的艺术体操已普及到各高等学校、业余体校及体育协会各团体等,并在历届世界比赛中取得了优异的成绩。

艺术体操在 20 世纪 40 年代才传入美洲和大洋洲。在推广这项运动中,有一位值得提出的人物伊特拉,爱沙尼亚人,在柏林大学研究体育和医学,他将自己的想法和博德为女子创造的特有的动作结合起来,形成了一种原始的节奏体操,并于 20 世纪 30 年代闻名于国际。1944 年他在瑞典流亡时又成立了一个 MRG 学校,他们到加拿大、美国、新西兰、巴西、墨西哥等国表演,在当地造成了非常广泛的影响,对普及这种节奏体操起了很大的作用。

艺术体操虽在19世纪末起源于西方国家，但一直发展到20世纪四五十年代，在苏联和东欧各国才发展成为竞技性运动项目，并把芭蕾舞的基础引入艺术体操的训练中。在1948年、1952年、1956年三届奥运会的竞技体操比赛和1954年罗马体操锦标赛上规定，每队必须参加包括一个带轻器械的六人团体项目，这可以算是艺术体操国际比赛的最初形式。1956年后，由于技术发生变化，体育项目的划分更加清晰，艺术体操与竞技体操由此分为两类体操各自参与竞技比赛。1963年在匈牙利布达佩斯，艺术体操第一次以世界锦标赛的形式正式出现在国际体坛上，以后每两年举行一次。在此期间，各体操联合会之间的小型比赛，几个国家间的邀请赛，如欧洲锦标赛、大学生比赛、"黄金圈"比赛等非常频繁。16年来，通过一次次的世界比赛，互相学习、交流，逐渐完善了这个新的体育竞技项目，它吸取了东欧的轻盈、优美、善于掌握身体的舞蹈动作，也吸取了西欧有节奏的全身动作，在西方的现代节奏体操和东欧的艺术体操的基础上，逐步形成了一种现在的竞技艺术体操。在比赛规则和组织工作上，经过了不断地讨论，以女子竞技体操规则为依据，制定艺术体操的评分规则。艺术体操项目直到成立技术委员会之前，一直归国际体联的女子技术委员会负责，它是被国际上公认的女子所独有的运动项目，目前已有国际体联的多个会员国开展这个竞技项目。

艺术体操与女子自由体操犹如一对孪生姐妹，有很多相同之处，如它们都必须在音乐的伴奏下，不同的是女子自由体操是女子竞技体操项目之一，是徒手的，不允许带任何轻器械，除了完成一些跳步、转体和舞蹈步外，还要完成高难度的手翻和空翻。但艺术体操则不允许做这些手翻和空翻，而主要是通过跳、转体及优美的身体动作，利用各种轻器械动作的变化来体现难度的。艺术体操在表演时有徒手练习，在正式比赛中必须手持轻器械，目前国际比赛的项目有带、圈、球和棒四项，包括有个人的和团体的两种比赛。

第二节　艺术体操评分规则的变化分析

艺术体操国际评分规则1976年首次公布，其中1982年和1989年规则的修改分别经过了6年和7年的时间。从1989年起与奥运周期同步，随着时代的飞速发展，艺术体操比赛评分规则更新的周期也在不断缩短，标志着艺术体操评分规则已逐步走向成熟。作为难美类项群中典型的技能评分类项目，历届艺术体操评分规则的周期性变化结果，都能够为艺术体操发展提供纲领性的指导，是指导艺术体操成套动作技术难度和编排风格更加新颖和艺术的纲领。对艺术体操国际评分规则变化的解读程度直接影响项目的发展和提升，每一次新规则的变化对艺术体操的发展都会产生深远的影响，较早地正确解读规则所传递的信息，对于艺术体操的发展具有极其重要的意义和价值。

一、艺术体操评分规则

以2022—2024版新的评分规则为例，正式艺术体操锦标赛和比赛项目中包括个人、集体和团体赛。

个人项目有：资格赛—决定全能赛、团体赛和单项决赛的参赛资格；全能赛（4项器械）；单项决赛（4项器械）。团体赛则是由个人运动员完成最高的8套成套动作得分，加上2套集体成套动作得分。

成年和少年个人运动员的比赛项目通常包括四套动作：圈、球、棒、带。成年集体项目通常包括两套成套动作：同种器械成套动作和不同种器械成套动作。少年集体项目通常包括两套成套动作，均使用同种器械。全能赛和单项决赛、团体赛的资格赛中规定，必须要有2套成套动作：同种器械成套动作（5）和不同种器械成套动作（3+2）。全能赛要有4项器械，单项决赛要有4项器械。团体赛中需由个人运动员完成最高的8套成套动作得分，加上2套集体成套动作得分进行团体排名。单项决赛则有同种器械成套动作（5）和不同种器械成套动作（3+2）。

对于运动员的体操服的要求：一件合格的体操服须使用不透明的布料，因此，有蕾丝花边的部分须加衬(从躯干到胸部),骨盆/胯部区域(无论有无裙摆)须采用非透明、非肤色布料覆盖至髋骨,允许一小块花边或透明面料进行连接或装饰。如果遵守以上规定,允许使用小块蕾丝、透明或肤色面料进行连接/装饰:在体操服的正面和背面之间须用纯色连接,连接可用织物或布料,但须给人以整体裁剪(而非小块拼接)的印象。连接必须在髋骨或更低的位置,体操服的前领口和后领口不受限。体操服可以有袖或者无袖,窄肩带的体操服是被允许的。体操服在大腿顶部的裁剪不得超过髋关节(最大限度);运动员所着的内衣穿着不应超出体操服本身的接缝。体操服须是紧身的,以便于裁判能评判运动员每个身体部位的姿态是否正确,同样,体操服的袖子也须紧身。体操服须是全身一片式的,不允许运动员穿着的体操服有分开的袜子、手套、装饰性护腿、腰带等,集体运动员的体操服须一致(相同的面料、样式、设计和颜色)。但是,如果体操服使用带有图案的材料,则允许因剪裁导致的细微差异。运动员进入比赛馆之前,每件体操服均须接受检查。1 名或多名集体运动员的服装不符合规定,扣 0.30 分(集体队扣分一次)。禁止佩戴危及运动员安全的过大而摇晃的饰品,不允许使用尖镜物,违反规定扣 0.30 分,(集体队不符合规定扣分 1 次),发型须整洁、简洁。允许有一些装饰细节,但不能太大,不可危及运动员的安全,发饰须紧贴发髻/紧贴头发,违反规定扣 0.30 分,(集体队不符合规定扣分 1 次)。妆容要干净亮丽(不允许戏剧脸谱),违反规定扣 0.30 分,(集体队不符合规定扣分 1 次)。徽标或广告须符合官方规定,违反扣分 0.30 分,(集体队不符合规定扣分 1 次)。绷带或护具须是肤色,不允许是其他颜色,违反扣分 0.30 分,(集体队不符合规定扣分 1 次)。

对于比赛计时的规定:计时裁判和边线裁判应从具有裁判资格的候选人中抽签选出。计时裁判有 1 或 2 名,计时裁判的要求为:记录成套动作的时间;如果没有电脑输入,记录违规行为并记录超出或不足的时间;签署并向裁判长提交所有违规或扣分的书面记录;如果运动员在成套结束时失去器械,且由于音乐结束而没有回到比赛场地,计时裁判将以该运动员取回器械的那一刻计为结束动作。边线裁判有 2 名,边线裁判的要求为:判定器械、单脚、双脚或身体任何部分是否出界;器械/身体出界或离开比赛场地时,举一面旗;如果运动员更换比赛场地或在成套动作中离开比赛场地,举一面旗;签署并向裁判长提交相应的书面记录。边线裁判应坐在相对的角,负责该角对应的 2 条边线和她右手边的拐角,或坐在裁判席两侧,通过监控摄像机,观察边线情况。个人项目每套动作的时间长度为 1 分 15 秒至 1 分 30 秒,成年集体和少年集体项目每套动作的时间长度为2分15秒至2分30秒。个人项目中计时秒表从个人运动员开始做动作开始计时,至该运动员完全静止时停表,集体项目中的计时秒表从集体队第一名运动员开始做动作时开始计时,当集体队最后一名运动员完全静止时停表。允许不超过4秒的短暂的音乐前奏。成套动作(从开始动作计时,运动员成套动作的持续时间)的计时将以1秒为计量单位,超过或少于规定的时间,每秒扣0.05分,以完整的1秒计算,例如1分30.72秒不扣分,1分31秒减0.05分。任何身体或器械部分触碰到比赛场地边线以外的地面,将被边线裁判每次扣0.30分(运动员或器械出界);运动员或器械离开正式比赛场地,将被边线裁判扣分,运动员离开比赛场地扣0.30分,器械离开比赛场地扣0.30分;运动员主动将第2根棒移出比赛场地,以便使用替换器械的一对棒,边线和完成不扣分;2根棒连续出界,边线裁判扣分:0.30分(第1根棒出界+0.30分另1根棒出界);2个器械同时在同一条边线出界:2根棒同时在同一条边线出界/锁在一起的2根棒同时出界,视为1个器械出界一次,边线裁判扣0.30分;同时失去2个器械且在两条不同的边线出界:2根棒同时出界,但在不同的边线,边线裁判扣0.30分+0.30分。

对于正式的FIG比赛,世界锦标赛和奥运会,每个评委会包含三个裁判组:D裁判组(难度)、A裁判组(艺术)和E裁判组(完成)。难度裁判、艺术裁判和完成裁判的选拔和任命由FIG技术委员会依据FIG《技术规程》以及《裁判总则》进行。

难度分(D)的定义为,个人项目成套动作中应只包括运动员能够安全完成的且具有高艺术水准和技术熟练的动作。集体项目成套动作中应只包括所有运动员都能安全完成的且具有高艺术水准和技术熟练的动作。完成非常差的动作将不被难度(D)裁判认可,同时将被完成(E)裁判扣分。个人项目难度构成包括两个部分:1. 身体难度(DB),包括结合旋转的动力性动作(R);2. 器械难度(DA)。集体项目难度构成包括两个部分:1. 身体难度(DB),包括无交换的身体难度(DB)、有交换的难度(DE)、结合旋转的动力性动作(R);2. 器械难度(DA)包括协作难度(DC)。同时,仅适用于集体项目的特定难度构成有:交换(DE)、运动员们之间的器械交换协作(DC)、运动员们与器械之间的配合。个人项目中的裁判组第一小组(DB)需评判(DB)的数量和价值;评判只的数量和价值,识别成套动作中完成的W;裁判组第二小组(DA)需评判(DA)的数量和价值,以及成套动作中出现的符合要求的基本器械技术动作。裁判用符号标记法记录所有动作。集体项目中裁判组第一小组(DB)需评判无交换的身体难度

(DB)的数量和技术价值,交换难度(DE),结合旋转的动力性动作(R)的数量和技术价值,以及识别全身波浪 W;裁判组第二小组(DA)则需评判协作难度(DC)的数量和技术价值和出现的基本器械技术动作,以及所要求最少数量的协作类型,裁判用符号标记表示法记录所有动作。难度的完成顺序不受限制;但是,难度的布局应遵循编排的原则,即难度与连接动作之间具有逻辑性,并且动作与音乐特征和谐一致。当运动员根本没有尝试去做一个难度动作时,对于难度数量未达到最低要求和不符合特殊要求的动作要进行扣分。

艺术分(A)的裁判组依据完美的审美标准评价成套动作和艺术表演。艺术(A)的裁判不考虑成套动作的难度,该裁判组负责针对相应的错误进行扣分而不考虑难度动作。艺术(A)的裁判组须关注当代艺术体操的最新动态,须知道什么样的编排最符合当代艺术体操的发展趋势,须了解艺术体操评判标准的演化过程。在这种背景下裁判也须清楚哪些是可行的,哪些是合理预期,哪些是例外,而哪些是与众不同的。艺术(A)的最后得分为从 10.00 分中减去艺术扣分的总和。只有当成套结构和艺术表现清晰时,在成套组成部分中充分地展现一个指导思想(成套的"故事")并贯穿始终,才能呈现出卓越的艺术效果。动作风格的特征可以体现在舞步组合中,还可以体现在难度本身和难度之间的连接动作中,通过器械和身体动作节奏、特征和强度的对比反映出音乐中的变化。通过有策略性地布局身体和器械动作,使动作的编排与特定的重音或乐句相符合,以创造出作品的影响或效果:带给观众独特且令人印象深刻的视觉体验。例如,在表演中的某个瞬间创造一个令人难以忘怀的"时刻"。动作之间或难度之间的连接,应有策略地进行编排,使一个动作以流畅、和谐的方式过渡到下一个动作。应保持动作的多样性:运动员面向不同的方向完成从一个动作到另一个动作有特点且目的明确的移动,运动员可根据移动所需要的距离、特定的音乐节奏和音乐风格等,采用不同的方式移动。这种在移动方向和形式上的多样性,避免了动作的单调。动作风格须清晰明确,以突出运动员对音乐特征独到的诠释;动作风格或动作特征要贯穿整个成套的始终。舞步组合是结合身体和器械动作去诠释的音乐风格的一个特定的动作序列:因此,1 个舞步组合须在动作中有一个明确的特征,它根据音乐的特点、节奏、速度和重音来设计编排。运动员身体各部位的风格化动作,动作节奏与力度,以及移动方式应为其表演的特定音乐而精心挑选。运动员所有身体部位应尽可能充分地参与到动作当中,动作结构须符合特定的音乐,包括:头部、肩部、手部、手臂、髋部、腿部以及脚部等，一套成套动作须包括至少 2 个舞步组合，在舞步组合规定的至少 8 秒时间内，不得出现大抛和近似技巧动作。如果由于编排结构或器械难度的出现，而导致动作特征的连贯性被中断，使完成的舞步组合少于 8 秒的规定时间，则该舞步组合无效。持续时间至少 8 秒，且器械始终处于运动中：从第 1 个舞蹈动作开始，所有舞步须清晰可见并持续完整的 8 秒。在整个 8 秒时间内，舞步组合的特征须反映一种动作风格或主题，包括但不限于任何古典舞、任何交际舞、任何民间舞、任何现代舞等。

完成(E)裁判组要求完成的动作在审美和技术上达到完美。个人成套动作中只把运动员能够安全地完成且具有较高技术熟练性的动作纳入其中，所有未按要求完成且出现偏差的动作将被完成(E)裁判组扣分。完成(E)裁判组不考虑成套动作的难度，该裁判组负责针对相应的错误进行扣分，不考虑动作难度或连接。完成(E)裁判组须关注当代艺术体操的最新动态，须知道什么样的编排最符合当代艺术体操的发展趋势，须了解艺术体操评判标准的演化过程，在这种背景下裁判也须清楚哪些是可行的，哪些是合理预期，哪些是例外，而哪些是与众不同的。所有与正确动作完成存在的偏差均视为技术错误，须由裁判进行相应的评判。对应小、中、大错误的扣分是由该动作与正确动作的偏差程度决定的。对于每个明显偏离预期完美表现的技术错误，将适用以下扣分标准：与完美完成之间的较小或轻微偏差的动作作为小错误，将扣除0.1分；与完美完成之间的明显或显著偏差作为中错误，将扣除 0.3 分；与完美完成之间的重大或严重偏差的动作作为大错误，将扣除 0.5 分或以上。每个技术错误都将被扣分。如果 1 个身体难度同时有 2 个不正确的姿态，则对每个可辨识的姿态偏差进行扣分。完成(E)的最后得分为：从 10.00 分中减去技术扣分的总和。

对以上三大得分项中的各项得分点进行解读：

身体难度(DB)是指在《评分规则》难度表中的跳步、平衡和旋转动作。个人项目成套动作中，9 个价值最高的身体难度动作将被计算。每个身体难度动作组须选择至少 1 个动作(须在成套中出现，在 9 个最高价值身体难度中出现不是必需的)。对身体难度(DB)的评判取决于所呈现的身体姿态：所有有效的身体难度(DB)须以一个固定和清晰的姿态完成，这就意味着：躯干、腿和所有相应的身体部位都在正确的位置参与形成一个有效的身体难度(DB)姿态。身体难度(DB)须结合至少 1 个每种器械所特有的基本器械技术动作/非基本器械技术动作。结合相同器械技术动作完成的(DB)将视为无效；第 1 个(按照完成顺序)使用此器械动作的(DB)将会被评判(不扣分)。每个(DB)须结合一个新的(前面成套中没有使用过的)器械技术才能使该(DB)有效;额外的器械动作可以重复。单独身体难度,高抛后在器械飞行中或"拉带抛"是有效的,依据以下规定:第一,在成套动作中,高抛后在器械飞行中或"拉带抛"中按照(DB)基本特征要求,完成的单独身体难度(DB)是有效的。第二,"在器械飞行中"的单独身体难度(DB)是运用的类型之一,因此,无论抛器械/拉带抛的类型如何,在每个成套中只能使用一次。第三,在小抛器械下完成的1个单独身体难度(DB)是无效的。第四,在器械飞行中完成1个单独身体难度(DB),则不允许结合抛/接再完成其他任何价值的身体难度(DB),无论该抛/接中是否有器械难度(DA)动作。第五,在器械飞行中完成身体难度DB,随后失去器械,则该身体难度(DB)无效。第六,"在器械飞行中"不允许完成联合身体难度。第七,一系列的跳/跃(带或不带旋转):在第1个身体难度(DB)时抛器械,第2个身体难度(DB)在器械飞行中,接的同时做第3个身体难度(DB)。如果在完成这一系列中第3个身体难度(DB)时失去器械,在器械飞行中的第2个身体难度(DB)和接器械时的第3个身体难度(DB)均无效。只有抛器械时完成的第1个身体难度(DB)有效。除在器械飞行中完成一个单独身体难度(DB)外,该一系列也可视为有效。在2个身体难度(DB)中完成了相同的器械技术动作,则第2个完成的身体难度(DB)无效(不扣分),当然也有例外,如一系列中相同的跳/跃和相同的转体。联合身体难度:2个身体难度连接在一起,以连续的方式完成(支撑腿没有跳跃和移动)。联合身体难度中包含的身体难度可以:第一,来自不同身体难度动作组(相同或不同姿态)。第二,也可以是相同身体难度动作组,但须是不同姿态。联合身体难度(DB)中的第1个身体难度(DB)决定了该联合难度所属的身体难度动作组。运动员以有效的方式将3个身体难度联合起来做,则前2个难度被视为一个有效的联合难度,同时第3个难度视为1个有效的单独难度身体难度(DB)。联合身体难度的2个身体难度(DB)中的每个难度都须结合1个基本/非基本器械技术动作(2个不同的器械动作,每个身体难度结合1个)。联合身体难度计算为1个身体难度(DB)。每套成套动作中不能完成多于3个联合身体难度:只有3个联合身体难度将被评判;额外的联合身体难度(DB)将按照单独身体难度(DB)进行评判(不扣分)。联合身体难度的价值是将每个独立的身体难度(DB)价值相加在一起。同时,每套成套动作须有2个全身波浪(W)。全身波浪是通过全身各部分的肌肉有顺序的收缩与放松而产生一种像"电流"一样的推动力,并沿着身体各部位所形成的"运动链”,从头部开始,经过髋部至脚部(反之亦然)完成的全身性动作,手臂是否参与取决于器械运用和/或编排。来自身体难度(DB)波浪变化后的全身波浪(动作的平面、开始姿势、腿部姿势,手臂动作等不同于身体难度表中的定义)须是全身参与完成的波浪。来自身体难度(DB)波浪变化后的全身波浪不要求结合基本或非基本器械动作;在波浪过程中器械须是处于运动状态而非静止的。这类全身波浪(由身体难度变化而来的)可重复出现。成套动作中至少2个全身波浪,每个全身波浪须分开完成,每缺失一个全身波浪扣0.30分。

结合旋转的动力性动作(R)是指包括高抛,2个或多个结合旋转的动力性动作,以及接器械的组合动作。个人项目中最多5个结合旋转的动力性动作(R),按照完成的时间顺序进行评判。其中须包含三个部分,只有当三个部分全部完成时结合旋转的动力性动作(R)才有效:第一,高抛(超过运动员的2倍身高):在第1个身体旋转之前或过程中高抛,小抛无效。第二,完成至少2个完整的身体旋转动力性动作(基础旋转),须在器械的飞行中完成至少2个基础旋转,每个旋转须360°,在结合旋转的动力性动作(R)中,2个基础旋转的任何阶段须无中断(定义为2个旋转间多余的中间步),允许没有任何上步或位移的停顿,而不是中断。有效的2个基础旋转之前或之后,由于器械抛物线不准确而出现多余的上步:结合旋转的动力性动作(R)有效,完成E扣分。第三,在最后一个旋转之后或旋转中接器械。身体旋转的类型包括:2个基础旋转和任何额外的旋转,可以是以下每组中满足360°旋转动作的任意形式:近似技巧动作;垂直旋转(包括带旋转360°或以上的价值0.10的身体难度);带旋转360°或以上的价值0.20及以上的身体难度(DB)。其中,近似技巧动作包括:前软翻、后软翻、侧手翻、前滚翻、后滚翻、向前胸滚翻、向后胸滚翻、向前鱼挺、向后鱼挺、经过“桥”的向侧旋转,踢腿成劈腿姿势结束、躯干后屈向侧旋转、潜水跳、旋转举腿等。集体项目最多计算1个结合旋转的动力性动作(R)。集体队完成了多于1个结合旋转的动力性动作(R),则只有第1个结合旋转的动力性动作(R)会被计算(不扣分)。集体运动员完成R中的旋转须是相同的(来自相同组的旋转)。5名运动员在结合旋转的动力性动作(R)中完成不同的基础旋转,则该结合旋转的动力性动作(R)无效(不扣分)。集体运动员可以以下列方式完成结合旋转的动力性动作(R):同时完成、非常快速地连续完成、分组完成。集体运动员同时或非常快速的连续完成结合旋转的动力性动作(R)时,所有5名运动员须在相同方向上完成。集体运动员同时或快速连续地以环形队形完成结合旋转的动力性动作（R）时，因所有运动员的运动方向不同，则该结合旋转的动力性动作（R）无效。如果结合旋转的动力性动作（R）由集体运动员分组完成，则每组须是相同的器械，且每组可以朝着一个单独的方向做动作。每个小组的所有运动员都须朝着同一方向移动，当A组运动员完成结合旋转的动力性动作（R）时，B组运动员开始做结合旋转的动力性动作（R）。如果不满足这一要求则该结合旋转的动力性动作（R）无效。结合旋转的动力性动作（R）须包括三个组成部分，只有当集体队的所有5名运动员都完成了这三个部分时，结合旋转的动力性动作（R）才有效。高抛器械（超过运动员的2倍身高），且在第1次旋转之前或在第1次旋转中完成，小抛无效。完成至少2个完整的身体旋转动力性动作（“基础旋转”）须在器械飞行中完成至少2个基础旋转，每个旋转360°，结合旋转的动力性动作（R）的任何阶段完成的2个基础旋转须无中断（定义为2个旋转之间有多余的步子），一个没有任何步子或移动的停顿是允许的，但不是中断有效的2个基础旋转之前或之后，由于器械抛物线不准确而出现多余的步子：结合旋转的动力性动作（R）有效，完成E扣分。

器械难度（DA）是按照器械特定标准完成的一个器械技术动作（“基础”）。每套动作中至少1个，最多20个器械难度（DA），按照完成顺序进行评判（无论器械难度的技术完成如何）。超过要求数量的器械难度（DA）将不被评判（不扣分）。器械难度（DA）的基础包括（但不限于）基本和非基本器械技术动作。器械难度（DA）由下列的基础和标准组成：1个器械基础+至少2个标准（两个标准都在这1个器械基础期间完成）；2个器械基础（仅当2个器械基础的其中1个是“高抛后的接”时）+至少1个标准在2个器械基础期间完成。两个基础须不间断或无停顿地完成。当器械基础和标准的定义都满足要求时，器械难度（DA）才有效。例如，运动员完成结合“球经过2个大的身体部位的大滚动器械难度（DA），但球并未真正从2个大的身体部位经过”。该动作若没有满足“基础”要求，则该器械难度（DA）无效。且完成E将按照规则要求进行扣分。连续的相同基础：对于2个或更多连续的身体动作/身体难度，在相同的身体—器械关系中完成同一个基础，仅第1个器械难度（DA）有效。例如，在带操中，2个连续的身体动作中用同一手臂完成相同的螺形；经过前软翻成“平衡自由腿向前无帮助等腿，躯干向后低于水平位置”只能算作1个器械难度（DA）有效。

交换难度（DE）定义为：在高/远距离的抛中交换器械，所有5名运动员须参与两个动作：抛自己的器械给同伴、接同伴抛给她的器械。只有当运动员之间完成高抛，远距离抛，或大抛（不是“拉带抛”）的器械交换时交换难度（DE）才有效。一个既不够高也不够远的交换是无效的。抛的高度/距离是以器械抛出时的位置为测算点。高抛是由所要求的高度决定的（超过运动员的2倍身高）。远距离的抛是由运动员之间至少8米的距离决定的。8米距离是指在器械交换中抛/接的那一时刻运动员之间的距离。大抛是指抛的高度超出运动员的2倍身高，同时运动员之间的距离至少8米。8米距离是指在器械交换中抛/接的那一时刻运动员之间的距离。同种器械的交换难度：可以是所有5名运动员一起（在同一时间抛）或分组（在不同时间抛）完成：以相同或不同的高度抛器械、运动员在原地或移动中。分组完成交换难度（DE）：在第2小组抛器械之前，第1小组须接到器械才有效。不同种器械的交换难度：可以是所有5名运动员一起（在同一时间抛）或分组（在不同时间抛）完成：以相同或不同的高度抛器械、运动员在原地或移动中、在第2小组抛器械之前，第1小组须接到器械才有效、每个小组须使用相同的器械才有效。从身体的不同部位“直接连抛/直接反弹”，且没有任何停顿，直接连抛/直接反弹是交换难度（DE）的主要动作的组成部分（交换最初抛的一部分），在这种情况下，需要接住直接连抛/直接反弹的器械，该交换难度（DE）才有效。直接连抛只对最初被接住的器械有效，即对另一根棒无效。有效的直接连抛是运动员接住器械后继续保持其运动状态，用手或身体其他部位短暂地握持器械后直接连抛，且在直接连抛之前没有以该器械支撑，直接连抛/直接反弹过程中完成的标准是有效的，同时完成接住和直接反弹/直接连抛时，最多只给予一次标准，直接连抛/直接反弹之后接器械中完成的标准不作为交换难度（DE）的一部分被评判。在交换难度（DE）中，带的“拉带抛”作为“连抛”的标准是无效的。每名运动员须接住从同伴抛出的器械，交换难度（DE）才有效。在交换难度（DE）中，运动员直接连抛、直接反弹或滚动器械给同伴是无效的。

协作难度（DC）是指集体项目中每一名运动员都与一个或多个器械，以及一名或多名同伴产生协同工作关系。协作难度要求运动员之间和谐协调，表现为：所有5名运动员一起或分组（2个，3个等），有多样性的移动，方向和队形，有或没有与同伴（身体或器械）直接接触，有或没有旋转，有可能托举1名或多名运动员，有可能有器械或运动员的支撑。以下是不同类型的协作：无高抛或远距离抛器械的协作（CC）、高抛后在器械飞行中结合动力性身体旋转的协作（CR）、抛多器械的协作（C2）、接多器械的协作（CH）、托举/支撑运动员的协作（CL）。集体队可以依照完成顺序来决定成套动作中前18个协作难度（DC）的类型和数量：至少3个无高抛或远距离抛器械的协作

(CC)、至少3个在器械飞行中结合动力性身体旋转的协作(CR)、至少3个单独的难度。最少9个,最多18个协作难度(DC),按照完成顺序评判。集体队完成多于18个协作难度(DC),超过限制额外的协作难度(DC)将不被计算(不扣分),当一个协作由所有5名运动员成功完成时,该协作有效。协作的结束是当完成协作主要动作的运动员(们)最终接到了她的器械(接住最后的抛或接住重抛的器械)时。完成了如同上述的前面的协作难度后,才能开始一个新的协作。所有5名运动员,即使是不同的角色(完成主要动作—与主要动作运动员相联系—创建障碍—与障碍相联系),须彼此之间都参与(投入其中),这个协作动作才有效:直接接触、无接触,通过一名运动员的上方、下方和越过、借助于器械。

无高抛或远距离抛器械的协作(CC)为所有5名集体运动员可直接(通过运动员接触),或通过器械建立的一种联系:小抛、在身体或地面上的滚动、弹起、反弹、推挤、滑动、通过器械等,这种类型的协作结合了一个高抛或远距离抛将无效。无高抛或远距离抛器械的协作(CC)的关系可以是一起或分组完成,无高抛或远距离抛器械的协作(CC)的基础价值是0.30分,无高抛或远距离抛器械的协作(CC)关系包括至少3个相同的身体关联或器械关联的动作,并连续完成:1名运动员连续完成至少3次相同的动作(至少3个动作),几名运动员连续完成总数至少了次相同的动作,每个动作须在前一个动作结束后立即开始,或更快。有效动作的完成可以是:分给器械、运动员或器械的托举/支撑动作、一名运动员传递器械给其他运动员、返回/转递一个器械、在无高抛或远距离抛器械的协作(CC)中可使用近似技巧动作;相同的近似技巧动作组可以:在无高抛或远距离抛器械的协作(CC)中使用1次、在CR中使用1次或抛多器械时或接多器械时或联合协作中使用1次。同样有效的动作包括:从上方,下方通过或穿过同伴或他们的器械。所有5名运动员用相互联系的器械创建一个清晰且固定的结构,并展示这个形状和图像1秒钟,这对于无高抛或远距离抛器械的协作(CC)而言是有效,要求5个器械和5名运动员在一个图像中。成套开始和结束姿势不能用于这种类型的协作难度(DC),要被认定为无高抛或远距离抛器械的协作(CC),5个器械相互之间须有实体连接,5名运动员须与图像之间有实际的关联,可以是通过器械,也可以是通过同伴,在固定的画面呈现中,运动员可能处于运动状态。这些动作不能因使用标准而提高价值。

高抛/远距离抛/大抛器械和在器械飞行中结合动力性身体旋转的协作(CR),其中抛和接的要求为：高抛要求超过运动员的 2 倍身高，远距离抛要求距离 8 米，大抛：高抛加远距离抛。在器械飞行中结合动力性身体旋转的协作（CR）的定义为：一名或多名运动员完成下列称为“主要动作”的动作序列：一名或多名运动员高/远距离/大抛自己的器械后；在器械飞行期间，视线外完成动力性身体旋转动作后；在器械飞行期间，视线外完成动力性身体旋转动作后，立即接住自己或同伴的器械。协作的结束是当完成协作主要动作的运动员（们）最终接到了她的器械（接住最后的抛或接住重抛的器械）时。在器械飞行中结合动力性身体旋转的协作（CR）中抛器械的要求：一名运动员抛自己的器械标志着在器械飞行中结合动力性身体旋转的协作（CR）的开始，可以直接将这个器械抛给同伴或自己，可以在旋转过程中抛，以达到获得抛的附加标准的目的；但是，须符合定义：（在器械飞行中的 1 个旋转），且抛的这个旋转本身没有附加价值。在器械飞行中结合动力性身体旋转的协作（CR）中接器械的要求：在完成动力性旋转动作后立即接自己或同伴的器械，在完成动力性旋转动作后立即接同伴的器械（运动员须在高/远距离/大抛后的器械飞行中，同时完成 1 个旋转，而不是她完成旋转之后同伴才抛这个器械，否则，该协作无效），可以将旋转作为接的一个部分，以达到获得接的附加标准的目的，但是须符合定义（在器械飞行中的 1 个旋转），并且接的这个旋转本身没有附加价值。完成主要动作的运动员（们）接到器械时标志着 CR 的结束。在一个协作结束前，任何类型的新的协作将不被评判。器械在身体上的反弹或器械的滚动能够作为器械的“接”（以达到获得接器械的附加标准的目的），只要该反弹或滚动的器械被任何一名运动员接住，当反弹或滚动的接完成时，即为该协作结束，接从地面上反弹的器械不适用于在器械飞行中结合动力性身体旋转的协作（CR），只有接在飞行中的器械才有效。

二、2013—2016 版评分规则到 2017—2020 版评分规则的变化

在难度部分，2017—2020 版评分规则的难度构成和计分方法变化比 2013—2016 版评分规则大。2027—2020 版评分规则同上一周期相比，从表面上看仍是由难度和完成两大部分组成。从细节上看，难度的构成虽然没有明显变化，但 2017—2020 版评分规则难度部分分成 D1 –2 和 D3 –4 两个裁判小组：第一小组主要评判身体难度数量和具体实际完成分值，舞步组合数量和分值；第二小组主要评判结合旋转的动力性

动作和器械难度的数量及分值。新规则变化最大的地方,就是不再需要各运动队在赛前提交成套动作难度表,而改由裁判员根据运动员现场完成的难度动作分两小组,分别按运动员实际完成的难度顺序和动作填写记录,并评判准确是否有效。然而新周期最大的变化是去掉了难度表,并将难度裁判在2013—2016版评分规则的基础上进一步整合分化成了两个难度小组,每一个小组没有最高分的限定。2013—2016版评分规则是在预期的计划下按照编排的难度个数及分值叠加至满分10分,而2017—2020版评分规则的难度分值因为上不封顶,可以按照运动员本身的能力编排难度,所以教练员会尽可能编排难度总分尽可能高的成套动作。这也就是为什么在2017—2020年的世界级或我国的各级比赛中,一些优秀运动员的难度分值会越来越高的原因。运动员可以凭借自己高超的技术安排高分值的难度动作,追求突破自我的高难度总分。每一个小组的裁判员,在比赛时都要依据运动员现场实际完成的难度顺序,进行正确的记录并给予公正的评判。新周期难度的分值上不封顶,难度的划分更加细化,难度的内涵更为广泛,难度的要求也更为全面。

在难度类别方面,2017—2020版评分规则延续了2013—2016版评分规则的分类方式,还是将难度分为跳跃、平衡和旋转3类,在分值上除了跳跃有0.6分的难度外,平衡和旋转的单难最高分值仍然为0.5分。在形式上取消了2013—2016版评分规则混合难度的组合形式,说明在这个周期中将降低身体难度的分值构成比例,即成套动作要想获得高总分,需提高其他加分因素的分值比例。同时,高分值混合难度的取消体现了国际体联关心运动员的身体健康,减少了高难度动作给运动员身体造成的伤痛,使得规则的发展趋势也更趋于人性化。

2013—2016版评分规则对器械熟练性(M)的定义为"要求必须包括不平常的器械动作组合,只有在没有完成扣分时才有效,每个基本组(器械基本技术组和器械其他技术组)只能使用一次,不能重复,必须不同",器械熟练性动作可以在身体难度及舞步组合中完成,只有无技术错误时才可获得价值0.2分。在2017—2020版评分规则中,没有继续沿用器械熟练性(M),而是在这个基础上发展成为器械难度(AD)。器械难度定义为器械与身体同步完成一个特别的技术难度,由至少1个基础(Base)+至少2个标准组成或2个基础+1个标准组成,或者器械的有趣使用或创新使用(并非像RG标准器械动作那样常规完成)由至少1个基础+至少2个标准组成或2个基础+1个标准。器械难度可以单独完成,也可以在身体难度过程中完成,器械基础动作将使身体难度有效、在舞步(S)过程中完成,同时规则要求每个器械难度 AD 都须不同。器械难度的分值为 0.20 分、0.30 分和 0.40 分。并且 2017—2020 版规则将加分标准由 2013—2016 版评分规则的 12 种加分类别丰富到 21 种之多,器械难度(DA)并不是完成一个简单的无惊险性器械动作,而是必须由器械与身体同步完成一个特别的技术难度,至少由 1 个基础因素 + 至少 2 个标准因素组成或 2 个基础因素 +1 个标准因素组成。器械需有趣使用或创新使用(并非像艺术体操标准器械动作那样常规完成),2013—2016 版评分规则中限制器械熟练性器械难度(DA)在成套动作中限制最多 5 个,而在 2017—2020 版评分规则中器械难度(DA)数量最少一个,不限最高数量。完成裁判要求参赛选手在成套动作过程中每个动作错误都要进行处罚,整体处罚除外,在执裁过程中对于技术错误的扣分也是越来越苛刻。要求在审美和技术上达到完美,2017—2020 版评分规则中技术错误扣分部分最大的改变是取消了在成套动作中如未达到左/右手使用器械各(50%)减 0.3 分的扣分项。其他技术错误扣分因素较前一版保持了一致,在细节上加大了扣分。新规则对器械抛物线的精准性给予了新的定义,2013—2016 版评分规则器械抛物线不精确,移动 1—2 步接空中器械将由完成裁判扣 0.1 分;移动 3 步或多步移动接住器械扣 0.3 分。2017—2020 版评分规则对于抛物线不精确,移动 1 步接住空中的器械扣 0.1 分,移动 2 步或 2 步以上后接住空中器械将由完成裁判扣 0.3 分。

艺术体操的竞赛内容不仅包括技术水平、表现力等方面,还包括配乐和比赛服装等因素对运动员成套效果的整体烘托。艺术错误的评判包括编排一致性、音乐与动作、身体表现力以及多样性等几个方面。相比上个周期,2017—2020 版评分规则在艺术错误扣分项中更加注重艺术编排与音乐的配合,要求成套动作与音乐节拍达到完美和谐。同时,2017—2020 版评分规则在艺术完成评分标准中增加了身体动力性变化、连接与节奏的评分标准。在艺术编排时需体现编排应自始至终创造一个统一的艺术形象或指导思想,通过身体和器械运动表现出来。音乐的选择应与成套动作和运动员相互交融,即使特点或速度发生变化,音乐各不同部分也应和谐地结合在一起。在新规则的不断变化调整下引导着艺术体操向着“技术化、艺术化、完美化”的方向发展,引领独具典雅魅力的艺术体操项目向前发展。

评分体系的改变是新规则周期变化的主体特征之一,2013—2016 版艺术体操评分规则中裁判组的总人数是 8—9 名,把裁判组的组别分为完成(E)和难度(D),分别从技术失败和艺术失败两个方面来进行最后的评分，E + D 成套动作最多总分为 20 分。而 2017—2020 版艺术体操评分规则中裁判组的人数为 10—12 名，分别由（E）完成裁判对艺术错误和技术错误进行扣分，裁判对身体难度和器械难度计算得分，最后得分由 E 组裁判与 D 组裁判相加而成，完成与难度两者之间既有相互独立的关系又有相制约的关系，裁判组的调整也体现了这个新的周期规则的采分点。在 2017—2020 版艺术体操评分规则中最大的变化就是改变了以往的评分方式，由教练员填写难度表，裁判员根据难度表评判打分方式变成由裁判员在比赛现场对运动员所做出的动作进行直观评分方式。全新的评分方式对于裁判员的执裁能力具有一定的考验，考验裁判员对规则的掌握程度，对于运动员的成套是否能够当机立断地做出准确的评分。艺术体操项目成套是由规定数量的各种难度组成，必须在规定的时间内完成，通常一套成套上一个动作与下一个动作之间的连接相当紧凑，如裁判员稍走神很有可能造成遗漏动作，对运动员最终的成绩造成一定的影响。所以，在新周期的评分体系中裁判员必须保持高度集中注意力，及时了解现代艺术体操的最新信息，领会每一个难度动作的预期完成目标，并需要掌握动作标准该如何跟随该运动的发展而变化。在这种情况下，裁判还须了解哪些是可能的，哪些是合理预期，哪些是例外以及哪些是特殊情况，具备一定的反应能力以及短时记忆的能力，并做出公平公正有效的评分。

2013—2016 版到 2017—2020 版评分规则在身体难度数量方面进行了适当调整，难度总数由原来的 145 个增加到 193 个。大量的跳步、平衡、旋转类难度被细化。在 2013—2016 版中，身体难度为单个难度、复合难度、混合难度 3 个类别。身体难度数量精减、难度基础价值的调整、身体与器械的结合成为难度发展的亮点，令“Unit”再度成为身体难度的新宠。2017—2020 版评分规则取消了复合难度、混合难度，允许做一系列相同动作的难度，并将每一个动作记为一个难度。要求裁判员具有较高的业务水平，熟练准确、公平公正地对现场做出判定，增加了裁判员现场执裁的压力。

在身体难度（BD）的评判环节，2017—2020 版在遵循了 2013—2016 版基本要求的基础上，结合新周期取消难度表的重大变革，首次提出了根据运动员现场所完成身体难度的实际姿态和幅度给出相应评价。所有的 BD 必须有固定和明确的姿态才有效，这意味着躯干、腿和所有相应的身体部位都处于正确的位置，以确定有效的 BD 姿态。更制订了具体的相关评判细则，10°或低于 10°为小偏差，技术完成扣分 0.10，难度有效。11°—20°为中偏差，技术完成扣分 0.30，难度有效。超过 20°为大偏差，技术完成扣分0.50,难度无效。由身体难度数量上的变化可以看出,旋转、转体与跳步类的难度对于艺术体操项目来说一直是非常重要,也是最能够体现运动员个人能力的难度类型不可缺少的部分。每一周期评分规则的调整能够使运动员得到更好的均衡发展,提高运动员的综合能力。在身体难度构成方面2013—2016版新规则中个人项目身体动作组“BD”最少6个,最多9个。在2017—2020版评分规则中身体难度动作“BD”再一次发生改变,最少3个,最多9个,身体难度最低完成数量再一次地减少。我们可以看出新规则更加强调突出个体运动员的特性,希望依据个体运动员的实际情况与个人能力,不要盲目追求高分值的高难度动作,而是去完成运动员自己能力范围之内的动作。

舞步组合已在艺术体操项目的成套编排中以节奏步等形式存在多年。在之前的几个周期,节奏步还只是成套动作中的附属品,作为装饰性动作运用,并未给予明确界定和使用方式的要求,舞步组合完成得多少不会对难度分值有影响,舞步编排水平高低仅仅对艺术分的评判产生影响。2013—2016版定义为完美的结合器械完成持续的舞步(舞厅舞、民俗舞、现代舞)展示不同的韵律和节奏。要求从第一个舞蹈动作算起到整个舞步完成结束至少持续8秒,至少有1个基本器械技术动作。2017—2020版评分规则在原有基础上外,增加了在8秒钟内必须有非惯用手动作;整个过程中所有舞步须清晰可见。至少有2种不同类型的动作:步子的形式(步法、跳、跃、跑等);节奏;方向(身体面向不同的方向,身体向不同方向的移动)水平高度;同时还增加了能够支持舞蹈思想,或能够帮助增加动作幅度和多样性的舞步组合,可以在舞步中包含小、中、大类型的抛器械动作。2017—2020版的舞步组合强调身体和器械动作必须与音乐有关联,技术动作跟着音乐节奏、韵律、特点和重音来完成,并在完成过程中结合分值最高为0.1分的身体难度动作和器械难度动作,运动员应合理运用舞步组合对成套动作的时间、空间等进行调节。舞步组合动作是展现成套动作艺术性、彰显个人独特风格的主要途径。相对于身体难度而言,舞步组合0.30分的价值更易获得。

2017版评分规则与2013版评分规则相比较,新规则结合旋转和抛的动力性动作基础价值仍为0.20分。但增加价值的标准在原来的基础上又进行了细化,分为器械飞行过程中的附加标准、抛器械过程中的附加标准、接器械过程中的附加标准,由2013版的14种附加标准扩大到2017版的19种附加标准,并且指出每个旋转可以是近似技巧动作或分值不超过0.1分的难度动作,这些动作可以单独完成也可以在一系列中完成,最多1次。在另一个R中重复使用任何这些旋转(单独完成或在一系列中完成)都是无效的。运动员应根据自身能力合理利用附加标准来增加 R 的基本分值,可以在抛器械时的身体旋转过程中,以及接器械的过程中来完成尽可能多的附加动作。这一规定使得抛接的类型和方式更加丰富多样。因此,新周期要想获得较高的惊险性加分,教练员编排的加分因素应清晰准确、类型多样,并且运动员要完成得干净利落,未完成扣分。一名优秀运动员的一个超难 R 的编排可以得到 1.00 以上的加分,这也是各国运动员为之努力的方向。

艺术体操个人项目的发展趋势不仅仅是若干个高分值难度动作的串联,更应该合理运用难度动作来展现每个运动员独特的技术风格和艺术表现力,这也是 2017—2020 版评分规则对个人难度动作发展的导向。运动员灵活运用场地空间完成充满个性特点的难度动作,时刻展现成套动作的流动性和个性魅力。2017—2020 版评分规则鼓励每一位运动员尝试不同类型的身体难度,根据运动员个人技术优势点,编排新颖独特的难度,鼓励运动员器械难度创新。此规则将会由于器械难度与身体难度的紧密结合,而突出展现运动员的个性特点,使成套动作给观众和裁判留下深刻的印象和美的享受。

三、2017—2020 版评分规则到 2022—2024 版评分规则的变化

2017—2020 版评分规则与 2022—2024 版评分规则最大的变化就是评分项,我们从裁判组就可以看出:2017—2020 版规则中的裁判组中,个人和集体项目难度(D)裁判组:4 名裁判,分为 2 组。第一组(D),2 名裁判(D1 和 D2);第二组(D),2 名裁判(D3 和 D4)。个人和集体项目完成(E)裁判组:6 名裁判,分为 2 组。第一组(E),2 名裁判(E1,E2),评判艺术错误;第二组(E),4 名裁判(E3,E4,E5,E6),评判技术错误。其他国际比赛、国家和地方比赛,裁判组的组成是可以修改的(4 名难度裁判,4 名完成裁判)。而最新的 2022—2024 版评分规则中对于正式的 FIG 比赛,世界锦标赛和奥运会,每个评委会包含三个裁判组:D 裁判组(难度)、A 裁判组(艺术)和 E 裁判组(完成)。难度裁判组(D):4 名裁判,分成 2 组。第一小组(D):2 名裁判(DB1,DB2)独立评分,之后给出一个共同的 DB 得分。第二小组(D):2 名裁判(DA1,DA2)独立评分,之后给出一个共同的 DA 得分。艺术裁判组(A):4 名裁判(A1,A2,A3,A4);完成裁判组(E):4 名裁判(E1,E2,E3,E4)。2022—2024 版评分规则相比起 2017—2020 版规则,将原本 2017—2020 版规则中完成组评判艺术错误分的第一组裁判独立了出来,

裁判组由原来的两个组：难度（D）和完成（E），变成了三个组：难度（D）、艺术（A）和完成（E），更加强调了艺术性在艺术体操之中的重要性。

新周期艺术体操评分规则的变化特点，难度评分体系更加注重了运动员以高规格的美感和娴熟技术来完成动作，强调技术的规格；艺术评分体系更加注重运动员将具有较高艺术和娴熟技术的动作纳入成套编排中，强调艺术的完美，让技术真正赋予艺术本身的特点，成套动作“艺术性”的编排成为界内人士关注和研究的热门话题。新规则对身体难度的完成标准制定了更为精细的评判准则，本周期开始采用具体动作偏离度数来进行评判。由此可见对于技术的要求更加提升了新的高度，要求难度动作在成套中准确无误、精益求精、完美地呈现。注重难度动作的完成质量，无疑是新规则对于本周期身体难度发展的基本导向。舞步组合是2013—2016版评分规则中新增的项目，并一直沿用到了最新版规则中，然而在舞步编排和结合旋转的动力性难度动作中，规则的导向是连续性、逻辑性和流畅性，连接中没有不必要的停顿和过长的准备动作。各种类型要具有多样性，不是简单地完成规则中的基本加分标准，而是要能够巧妙、新颖地反映主题思想。由此可见，新规则难度部分在要求身体难度完美呈现的同时，对于难度部分构成的其他几方面要素均提出了较高的艺术性要求，势必将推动艺术体操难度形式更加丰富多样，变幻莫测，向着艺术性更强的方向发展。

2022—2024版艺术体操评分规则对协作动作的数量、类型及其加分因素均提出了更加细致全面的要求。2022—2024版艺术体操评分规则对于协作动作数量的合理调整，以及对加分因素运用的精细要求将会极大促进集体队伍协作动作的编排水平与完成质量。因此，应切实贴合2022—2024版艺术体操评分规则的要求，协作动作的编排重心应由高数量向高质量进行转变。对于各类型协作动作的编排要做到清晰可见，合理有效地采用多元化加分因素的运用，全面提高协作动作的独立价值，从而推动成套总价值的提升。

综上所述，新规则个人难度将朝着技术与艺术并重的方向发展。由此可见，艺术体操这一比赛项目的艺术性已经成为艺术体操中非常重要甚至与技术性比肩的一项评分标准。艺术体操只有将高难的技巧加分、优美的舞姿艺术与主题相符的音乐、协调的色彩搭配和舞台表现的张力等各种因素，综合成一个统一和谐的整体，才能创造出鲜明、完美的意境令人心驰神往，产生强烈的审美冲击力。这也是艺术体操的魅力所在：艺术体操中是节奏与韵律、成套的动作元素，不只是局限于技术难度上，更加重视整体的审美价值与表现力。

第三章 艺术体操项目中舞蹈语汇的构成

第一节 芭蕾舞蹈的继承

艺术体操起源于西方，它的发展与同样起源于西方的芭蕾有着密不可分的历史渊源。艺术体操被称为地毯上的“芭蕾”，两者之间有许多共同点与相似性。在艺术体操的日常训练模式中，运动员需长期接受严格的芭蕾训练，它不仅能够培养运动员的外开性、稳定性，以及关节韧带的弹性，而且还可以使动作更加协调、舒展。艺术体操是难、美相结合的体育竞技项目，也是体育中更偏向艺术的体育竞技项目，对动作及编排追求着稳、准、美、难、新、巧的艺术特点，因此造就了极高的审美价值。芭蕾舞经过上百年的发展已然形成了科学规范化的训练方法，它以独特精湛的舞姿造型使艺术体操运动员展现出人体优美的线条，特别是对腿、舞姿及舞蹈表现意识都有着极高的要求。从美学的角度来看，芭蕾舞对于舞者的审美标准是：三长一小一个高（即胳膊长、腿长、颈长、头小、脚背高），而这也正与艺术体操的身体要求不谋而合。《艺术体操》一书中指出，运动员应该具有“修长、匀称的体型，五官端正，气质端庄”要求四肢挺拔、修长，躯干略短，脚弓较大，颈部细长，髋部稍窄，各关节不要太粗等。

艺术体操与芭蕾有着密不可分的亲密关系，不仅审美要求相似，很多动作技术也相仿。一直以来，艺术体操秉承展现自然和谐的身体动作，展示优美典雅的肢体语言，运用轻器械的抛接、滚动等，以此来与具有倒立、翻腾等动作的健美操、体操区分开来，在展现其独特的魅力的同时，带给观众以美的享受，这一点与古典芭蕾的要求相似。对于运动员而言，唯有充分理解作品本身的编排意图，理解音乐背景与主题思想，才能较为完美地诠释编排设计所要展现的内容,而所有这些深入细致的理解,又都建立在较高的文化素养与较完善的文化知识储备的基础之上。艺术体操成套参赛作品的演绎绝不是一板一眼的广播操展示,缺少文化底蕴的成套完成只能够将动作停于浮表,无法渗入精髓,亦会缺少生机,无法打动人心。

艺术体操与舞蹈两者之间最大的区别在于艺术体操所属的体育竞技的类别,使其表演性不如芭蕾舞强烈。鉴于如此,早在1986年,中央芭蕾舞团著名演员薛菁华(《红色娘子军》,吴琼花扮演者)两次组织邀请了中国体操队观摩芭蕾舞训练,并使之收益颇丰。还有一点就是,艺术体操的动作难度系数直接影响了评分判定。与之相比,芭蕾虽然也强调技术技巧,但最终只是为了表达人物真挚的内心感情和烘托舞剧气氛,并不是以之作为一种必要的评判手段。因此两者所做技巧的出发点就截然不同。著名舞蹈理论家让·乔治·诺维尔在他的著作《舞蹈和舞剧书信集》曾提到过他反对空洞无物只知道炫耀技巧的舞蹈,提倡利用舞蹈真实地表达感情,诉诸观众的心灵,而也这是艺术体操所表达不出来的。

一、芭蕾动作的继承

芭蕾的美学特征是指动作的舒展优美,在观赏的过程中体现出来的艺术表现力,在艺术体操项目的竞赛评分规则中,对美学特征的评分标准特别重要,具体的评分标准就是艺术体操运动员在比赛中体现出的身体姿态、动作完成的优美程度、表现的气质面貌、艺术形象等。从动作的角度分析,艺术体操中的许多动作技巧与芭蕾相同,芭蕾基础训练的动态技术是由跳、转、跳转结合和连接动作构成的。跳的技术有小跳、中跳和大跳。转的技术包括地面上双脚支撑和单脚支撑这两大类别的平转,以及空中的各种跳转。在艺术体操训练中大量借鉴了芭蕾的跳、转训练方法及要点,运用于艺术体操跳、转难度的训练与发展。通过小、中、大跳循序渐进的训练法,使运动员更清晰地掌握膝关节正确的发力和缓冲,避免在运动中产生不必要的受伤。只有在动作技术正确的情况下,才可能有发展动作的空间。艺术体操中的转体难度相对于其他类型的身体难度来说,技术要求较高,也是最不容易掌握的。因此可以利用对芭蕾中的转体技术的学习,来掌握艺术体操各种转体动作的关键技术环节,特别是芭蕾转体蹬、摆技术以及躯干的直立技术,对掌握艺术体操各种转体动作有很好的借鉴作用。

静态表现的非动力性平衡难度动作巴塞(passe)平衡、阿提丢(attitude)平衡、阿拉贝斯克(ara - basque)平衡等均是古典芭蕾舞中一腿静止,另一条腿在空中形成舞姿动作,它作为符合艺术体操难度动作特点的舞蹈动作元素,很早就被艺术体操借鉴、汲取并运用至今。同时,在对其赋予体育属性的提炼后,创造了远远超越舞蹈动作技能以体现大幅度柔韧素质的平衡难度动作,如单脚支撑的上体后屈阿提丢、向后软踹燕等动作。此外,伴随艺术体操动作技术不断地发展,还更广泛地借鉴运用了其他舞蹈类型的舞蹈动作元素,创造出躯干在不同水平面的向前(侧、后)高举腿、腹部支撑双腿上举、哥萨克平衡等非动力性平衡难度动作及浮埃迪平衡、全身波浪平衡等动力性平衡难度动作。又如,运动状态中运用的连续反跨跳、腿在不同姿势的浮埃迪跳、交换腿跳、哥萨克跳等跳跃难度动作、巴塞转体、阿提丢转体、阿拉贝斯转体、浮埃迪转体等转体类难度动作,同样是源自古典芭蕾及各种不同类型和风格舞蹈中的舞蹈动作,而跳步难度中的垂直跳、羚羊跳、剪刀跳、分腿跳、跨跳、交换腿跨跳等跳步难度动作,更是借鉴、汲取芭蕾舞大、中、小跳类等舞蹈动作元素后的延伸与发展,哥萨克跳、射燕跳、蝴蝶跳等难度动作,则是对其他不同舞蹈类型中舞蹈动作元素的借鉴与运用;同样,旋转难度中的身体前、后屈的巴塞旋转,自由腿在水平位置伸直、弯曲的旋转,浮埃迪旋转等动作,也是对芭蕾舞中的舞蹈动作的借鉴与运用,多奴旋转、哥萨克旋转、身体不同部位支撑的旋转等难度又是对不同类型舞蹈动作的借鉴与运用。随着艺术体操难度动作不断地创新与发展,难度动作的组合方式更加复杂化。例如,复合跳步的连接、跳步带旋转、跳步带空中姿势改变、跳步接转体、转体接转体动作的复合难度动作的创造等,但无论身体与难度动作如何组合、如何演变、如何创新、如何发展,都始终离不开艺术体操体美表现的运动本质,离不开对于舞蹈艺术更深刻、更广域的学习、借鉴、汲取与运用。艺术体操中舞蹈元素的运用,不仅赋予了原本单调的体育属性下的难度动作以极其丰富的舞美表现元素,凸显出艺术体操与舞蹈艺术间密不可分的关联,同时,艺术体操竞技难度与艺术美韵完美结合的创新发展,对舞蹈表演艺术中身体难度动作的丰富与提高也具有极其重要的借鉴与促进的意义。

规则中出现的浮埃迪转体难度时就和芭蕾中的 pirouette 动作很相似。在芭蕾中很常见 pirouette 转体,舞蹈演员后背的直立感。腿的蹬、摆技术,以及手的开、合和头的留头、甩头,动作完成得轻松又优美。因此,在开展这个新难度时,直接运用了芭蕾 pirouette 的动作技术,甚至是请专业芭蕾老师来“开范”,唯一不同的是芭蕾是在全脚尖上完成而艺术体操是在半脚尖上完成。只有正确地掌握了动作要领才能使重心始终保持垂直和转体的动力,每一个转体难度的蹬、摆技术都非常重要,直接会影响一个转体的完成情况与分值。再如,芭蕾中阿提壬转体,在艺术体操中同样常见,阿提壬转体是成套动作中运用最多的基本旋转之一,是艺术体操旋转中极为基础而重要的难度动作,更是作为艺术体操专修生必须掌握的难度动作。阿提壬转体动作质量评定标准主要在于旋转圈数和身体稳定性等,其本质特征是要求运动员具有较高的旋转角动量,满足陀螺效应。按照生物力学的观点,在艺术体操旋转动作以人体中心为旋转轴,通过地面的支撑作用力和自身的旋转动力来完成转体难度动作。国际体操联合会为顺应时代变化,促进艺术体操比赛项目的创新与发展,最新版国家艺术体操评分规则中,加大对身体难度组旋转、跳跃和平衡三类的细化。若在比赛中出色地完成一套成套动作,旋转类身体难度动作的技术能力必须达到高水平。

二、芭蕾审美的继承

从心理学的角度看,人在内心冲动的驱使下衍生了人体动作,人体的肢体语言与动作表现可以归结为是人内在生命力,以及内心活动的外在展现,它常常不以人的主观意识而改变,更常常不受人的理性控制,泄露出人内在的最真实感受。艺术体操运动员具有激情的艺术表现力实则可以归结为是运动员将其内心世界通过肢体动作所进行的外在展示。如果说古典芭蕾是提高艺术体操运动员能力的必备因素,那么对于相关文化知识的积累,文化素养的积淀就是提高其能力之“根基”,没有了“根基”的稳固与奠定,其他所有内容都将变得没有基底,不够牢靠,如同一个人,有了血肉,却没有精神。可以说,运动员的艺术素养积累到哪一程度,那么她的艺术表现就在那一程度,不会产生太大的偏颇。没有文化素养的积淀,运动员的芭蕾舞动作虽可以做出“开、绷、直、立”之“形”,但却悟不到“开、绷、直、立”之“核”:诞生于宫廷的芭蕾舞,是贵族们欣赏的高雅舞蹈,芭蕾之美最集中地体现在“开、绷、直、立”。“开”即脚尖、膝盖转向身体的外侧,胯向两侧打开,双脚更有效地扩大体重在运动中与地面接触并达到平衡的面积,舒展了人体的线条,增加了人体下肢的表现能力;“绷”是指脚背顶起,脚趾下压与踝关节收紧,通过脚部与膝关节的绷紧用力,使肢体肌肉的线条得到拉长与延伸,是肢体末梢肌肉具有更强的能量与意识感知;从芭蕾的精神气质角度来看,“直”

是腿部的垂直，及后背的直挺与收紧，身体垂直、拉长，以达到完美的长线条视觉效果，使舞姿舒展、优美，带给人精神优雅的气质与积极向上的美感；“立”要求人体具有挺拔感和直立感，从骶椎到头顶的伸展拔起，以及从肩膀至指尖，从躯干到脚尖的延伸用力，带给人的都是挺拔、向上、高贵、典雅的视觉感受，就好似从前宫廷贵族所特有的形象气质。

在艺术体操中，体美塑造是指通过对身体严格的训练，使体形得到美的改善，最终达到健与美的身体形态。艺术体操塑造健美体形的理念与实践就源于舞蹈艺术中古典芭蕾舞的典雅身体观。典雅身体观是古典芭蕾对人体形态和表演者身体形态的理性追求。典雅身体观认为；典雅的体形与体姿，是古典芭蕾对舞蹈演员从起点到终点的极端苛刻的追求，从选材的起点开始，到最后退役的终点，古典芭蕾舞演员头与身体的比例，身体上下结构的比例，手臂与身体的比例，大臂与小臂的比例，大腿与小腿的比例都应符合典雅身体观的要求。同时，典雅身体观更无所不在地渗透到芭蕾训练和表演的每一个细节中，将古典芭蕾典雅的体形和美妙的舞姿体现到了极致，将人体的对称、和谐、典雅、优美展示到难以复加的程度。这不仅是古典芭蕾经久不衰的生命精髓，也是影响并被艺术体操借鉴、汲取与融入的精髓。在艺术体操价值观中，无论是竞技艺术体操还是大众艺术体操，塑造健美体形、形成优美体姿、培养高雅气质都是极其重要的价值理念。这与古典芭蕾对人体形态和表演形态的理性追求异常相似。因此，在艺术体操发展中，古典芭蕾典雅身体观及严格标准的训练方法，就成为艺术体操中最基础、最重要、最经典的学习内容，历久弥新，直至今天、明天和将来。艺术体操对古典芭蕾的借鉴与融入，不仅是对典雅身体理念与严格规范的训练方法的学习，更重要的是在学习与训练的过程中，领略并感受古典芭蕾舞中的优美舞姿与高贵气质，为基于身体技能与艺术表现力完美结合得更优美、更流畅的表现训练奠定必要的基础。

在舞蹈的形式意念观中，芭蕾舞是舞蹈中的精品，其历久不衰的根本原因就在于它有一种特有的标准。因为有标准，所以有质量；因为有质量，所以有生命力。当然，古典芭蕾舞也有其自身的局限。例如，其所极力表达的内容，即便再纯洁、再高雅、再令人向往也依然还是成年人与未成年人永远的童话，不同剧中的公主、王子、国王的名字不尽相同，但表演动作与模式却是复印般的雷同。对艺术体操而言，借鉴古典芭蕾的局限不仅在主题表现中的理念，更是针对古典芭蕾中过度单调的动作模式与过度僵化的“开、绷、直、立”。因此，艺术体操对舞蹈艺术有了广义的形式意念观。意念和形式是统一的整体，是心理意念借助自然使事物按其存在的愿望而逐步成形。在舞蹈中，形式是指舞蹈的类型，意念则是类型内涵的显现。因此，在艺术体操对舞蹈广义的形式意念观中，包含并追求所有舞蹈类型中的体美表现元素，所以，在全世界 224 个国家和地区的 1883 个民族中，不同类型、不同风格、不同形式、不同时代和不同文化背景的舞蹈中的体美表现元素，都可成为艺术体操借鉴、学习、汲取和相融的对象。由此，构成了艺术体操广袤无垠的体美表现的资源平台，加之体育元素、器械元素的组合，艺术体操成为现代体育中，体美表现资源和创新资源最丰富的体育项目之一。艺术体操的体美表现，是在基础训练中奠定的健美体形、身体技能、艺术表现力的基础上，对体育元素与舞蹈元素完美表现的更高追求。在艺术体操与舞蹈的体美表现中，同是柔韧类、转体类、跳跃类、平衡类动作，舞蹈重在艺术属性的体姿优美与意念传递的情绪美的表现上，而艺术体操则是重在体育属性的键、力、美、雅的体美表现上。矫健柔美、高贵高雅的体美表现特征，正是艺术体操与舞蹈体美表现相互借鉴、为我所用的关联之果。

三、芭蕾的训练方法在艺术体操中的作用

艺术体操项目不仅是体操和舞蹈的单纯结合，更是通过器材和肢体动作的相互结合，使其本身艺术感与竞技性得到了更大的升华。在此，动作技术的优美准确，动作展现的“出难”“创新”“增美”是艺术体操所致力于追求的目标，要求运动员拥有柔和而优雅的身体动作表现，使人体能够以最“经济”的用力方式完成最复杂的动作过程。良好的音乐节奏感知能力则要求运动员拥有身体在紧张与松弛中合理交替的能力，使人体既可以紧张用力，而非动作僵硬，也可以松弛部分肢体，流畅地完成波浪、摆动、弹性等动作形式。在优秀的运动员手中，器械不是“表演道具”，而是与自己的身体融为一体，是四肢的延伸，肢体的延续，是创造出更具表现力空间展示效果的必要内容。因此，对于成功的艺术体操运动员而言，动作技术的掌握与展现是其在整个训练过程中最基本也最重要的存在。有着最为苛严训练程式的古典芭蕾是古典艺术与现代美学的产物，是一个注定无法平庸的艺术，古典芭蕾“只接受完美”。芭蕾中的身体线条要求是全部向外打开、伸展的，并且这种伸展要从躯干中枢向外延伸，直至神经末梢的手指、脚趾，如此带给人一种高雅的气度，以及对自我身体能够完全控制的力量。古典芭

蕾的身体训练需要动作的肌肉用力不是在外部、浅表的，而是用动用到深层肌肉，甚至骨髓的运动方式，通过地面、把杆、中间训练等形式让肌肉力量变强，肌肉线条变长，肌肉韧带柔软，身体动作轻盈，身体姿势优雅，身体体态优美柔和等。

在艺术体操训练中，运用古典芭蕾地面部分训练的内容主要包括脚部的绷、转等，腿部的外开、内旋，躯干的屈伸、直立、髋的开度训练等。进行训练的关键意义在于动作技术达到标准并强化美感等。在站立姿势的训练过程中，运动员的肢体应与地面有机结合在一起，在领会要领的前提下，运动员应腿部外开，脚背紧绷，运用脚尖与地面支撑，达到稳定站立的目的。在抬腿的过程中，应强调收放自如，动作流畅。在步伐训练的过程中也应注重柔软性，弹簧步动作的摆动腿脚在着地前必须充分绷直腿与脚面等，在弯曲和伸展的训练中，下肢屈伸的训练中，可以运用地面训练艺术体操中的勾脚和绷脚，屈腿和伸腿以及躯干的弯曲和伸展直立等，在艺术体操的腿部绕环的训练中，运用地面训练中的绕脚腕练习内容，以踝关节为轴，腿部抬起，脚尖在空中成弧度画圈，各个关节灵活协调。还可以运用地面内容训练艺术体操中的手臂波浪和躯干波浪的动作，发展身体的柔初性、灵活性以及各部位运动的协调性。

把杆训练的内容和顺序在艺术体操的训练中，主要包括手部1—7位的练习，脚部的1—5位手的练习以及擦地、踢腿、地面划圈、空中划圈等。在跳转与平衡等基本性的动作练习中能够加强运动员的肌肉力度与平衡能力，相关关节也更具有灵活性，运动员能够自如控制整个身体。在站立练习中，运动员首先利用双手扶把来辅助平衡，在明确动作要领的前提下，对腿部和脚部进行练习。其次是手臂基本姿态训练，可以运用单手扶把来练习正确的手形和臂形，单臂的7个手部基本位置练习。把杆训练还可以运用在颈部屈伸的动作练习中，反复体会头部运动的方向和颈部拉长的感觉，扶把练习在勾绷脚的动作基础上，移动身体的重心。躯干的弯曲幅度和腿的弹动、摆动练习也可以借助把杆训练；练习运动员的基本平衡能力时，可以先扶把练习单脚站立，运动腿的屈膝前、后、侧举，逐渐过渡到直腿的前、后、侧举。在跳跃动作的练习中，应掌握双脚起跳、踢腿换脚跳等要领，运动员应通过加强练习量来领悟内在要点。

古典芭蕾训练体系中的中间部分包含各种组合性的动作，每种组合动作的练习目的都有所不同。例如，舞姿组合中以擦地、屈伸及小踢等动作组合，能够达到训练目标。一般来说，中间训练的主要内容与把杆训练内容类似，只是脱离了原来的把杆。几乎所有的动作练习都可以引入到中间训练中来，中间训练是最为综合的训练过程，无论是跳跃、转体还是平衡与柔韧性方面的目标，都可以达到。在古典芭蕾中，大小跳是最常见的练习动作，能够锻炼多处关节，提高技术水平与整体协调性，运用在艺术体操中能够增强运动员的腿部肌肉力量，提升其弹跳能力。在艺术体操训练中，可以着重运用古典芭蕾训练中的控腿练习，将控腿练习与其转体运动结合在一起，能够使得运动员的各种转体动作更具有灵活性，便于其领会动作要点。

训练古典芭蕾可以说得上是一种学科，也有人将其视作一种艺术。其训练的过程以及结果关乎动作的优雅与否，整个身体协调性的好与坏，整体技术水平的高与低，以及舞台视觉表现力的质量等。相比而言，要取得好的现代艺术体操的成绩则要考虑许多因素，必须综合考虑运动员身体姿态、各个关节灵活度、身体的舒张柔韧度、动作的协调能力以及舞台表现情况等，因而完全可以通过借鉴和学习古典芭蕾的动作以及练习方式来提高体操运动员的基础训练的质量，从而在接下来的专门训练中能够有好的表现，在现代艺术体操的练习过程中增加古典芭蕾的基础动作的练习，能够帮助运动员塑造良好的姿势和形态，提高运动员的比赛形象。相比于现代艺术体操，古典芭蕾的基础训练在规范性和综合性上要求更高，同时显得更为科学合理，体操的基础训练更具有针对性，运动员都是为了完成某个具体的专门动作来进行基础训练的，因此，他们可以在训练前期借鉴古典芭蕾的动作和方法，来提高自己的竞技水平。总体而言，现代艺术体操的基础练习可以分为一般的基础练习和专门的基础练习，前者主要通过练习一些相对基础的动作如旋转、跳跃等来提升运动员的速度、力量、平衡性、灵敏性等，同时塑造好的形体以及姿态，后者根据运动员的实际身体水平来联系专门的技术动作，以使其速度、力量、平衡性、柔韧性和协调性等达到专门动作的要求。在古典芭蕾的训练课程内容中，一些动作的练习对于提高现代体操水平尤其是基础水平有很大帮助。身体中间阶段的训练能够使运动员保持身体曲线，提高柔韧性，同时易于控制身体平衡性，这些基础训练质量的提高对于运动员后期各项专业训练有极大的帮助。

我们对古典色蕾的训练特质、要旨、课堂组成、美学特征的描述，结合艺术体操的动作技术特点、美学特征的分析，说明了古典色蕾这个具有特殊魅力和特殊肢体语言的舞蹈训练体系，完全可以被借鉴和运用到艺术体操的训练中，对培养和提高艺术体操运动员的动作姿态、技术准确度、美度以及艺术表现力度都是有效的方法和手段。对艺术体操训练体系的完善和提升训练水平理论和实践上都有重要的作用和意义。

四、小结

对于运动员而言，唯有充分理解作品本身的编排意图，理解音乐背景与主题思想，才能较为完美地诠释编排设计所要展现的内容，而所有这些的深入细致理解又都建立在文化素养的提高与文化知识的储备的基础之上。成套参赛作品的演绎绝不是一板一眼的广播操展示，缺少文化底蕴的成套完成只能够将动作停于浮表，无法渗入精髓，亦会缺少生机，无法打动人心。优秀的成套作品既是卓越编排设计的综合，更是运动员运用肢体语言传递着丰富的文化内涵，使运动员在学习芭蕾舞动作，提高艺术体操技能的同时，提高文化艺术素养，才能使其身体语言生动而具有活力，不仅传情，而且达意。深入研究、梳理古典芭蕾与艺术体操之间的关联可以看出，艺术体操在动作技术、审美价值等方面与古典芭蕾有着密不可分的渊源。加强古典芭蕾基础训练，才能使运动员的成套动作展现优美、典雅，才能使各种器械的抛接动作与跳跃、旋转等的难度动作有机结合；加强古典芭蕾基础训练，才能使运动员的身体动作、肢体语言衍生为富有表现力的艺术形体；加强古典芭蕾基础训练，才能使运动员的成套动作不仅是作品本身的展现，更是文化内涵的体现，“美的”伸延。

在训练中，舞蹈的基本功和姿态的训练是一直贯穿在艺术体操运动员基础训练始终的元素，从手位到脚位，从姿势体态到柔初性训练，从基本擦地到抱腿踢腿，再到技巧训练，很大限度上复刻了舞蹈芭蕾的训练。因此，在艺术体操运动员的平时训练或比赛中，有别于其他体操项目高度的力量性和难度水平，我们常常看到的是优美挺拔的舞蹈姿态和流畅婉转的舞蹈动作，看到一种力量与柔美共存的矛盾线条美，这与艺术体操基本训练中舞蹈的融入是分不开的，同样这也正是艺术体操中时刻体现的“艺术”柔软所在。

古典芭蕾训练体系中的中间部分包含各种组合性的动作，每种组合动作的练习目的都有所不同。例如，舞姿组合中以擦地、屈伸及小踢等动作组合，能够达到训练目标。一般来说，中间训练的主要内容与把杆训练内容类似，只是脱离了原来的把杆。几乎所有的动作练习都可以引入到中间训练中来，中间训练是最为综合的训练过程，无论是跳跃、转体还是平衡与柔韧性方面的目标，都可以达到。在古典芭蕾中，大小跳是最常见的练习动作，能够锻炼多处关节，提高技术水平与整体协调性，运用在艺术体操中能够增强运动员的腿部肌肉力量，提升其弹跳能力。在艺术体操训练中，可以着重运用古典芭蕾训练中的控腿练习，将控腿练习与其转体运动结合在一起，能够使得运动员的各种转体动作更具有灵活性，便于其领会动作要点。

第二节　中国元素的融入

艺术体操抛开形式美这一层，深入进去就是精神层面的意蕴美。以中国体操为例，我们所追求的意蕴美就是中国传统舞蹈艺术追求美的精神境界。它通常指的是神韵、气韵、意境等。竞技运动是人类文化的一个重要组成部分，发展到今天，它更注重的是现代人精神上的一种追求，是人类向自身挑战，不断挖掘和展现自身潜力的一个重要领域，但我们还是要强调在完成高难度动作的过程中充分体现人类赋予动作的神采和韵味。意境，是艺术追求的最高审美层面，是表现的现实画面与思想情感融合形成的一种艺术境界。它是整体性的、可感知的，其身法之妙，只可意会不可言传，但其艺术的渲染和夸张将使人在眼花缭乱中感受到赏心悦目，令人陶醉、遐想，给人以体悟的艺术空间。无论艺术体操还是舞蹈，二者都需要将其审美的坐标蕴藏在一系列的动作、表情、器械、道具、服饰、构图及音乐的整体效果中，举手投足间构成的各种造型和画面，就是某个民族或某个时代的精神意趣。

每个民族的文化不同使得人们具有不同的世界观、人生观、价值观。不同的民族文化是世界宝贵的艺术财富，展现着独特的民族特质。无论是诗歌、舞蹈、体育还是绘画，都是从无到有，从破碎到完整，这都是在世界人民创造下才有的。中国古代舞蹈追溯于夏商时期，早期应用于君主娱乐生活，慢慢出现于艺术舞台，在此基础上与中国戏曲相结合，最初发展阶段，中国古典舞在风格形式上也在借鉴芭蕾舞，古代艺术表演者不断探索，使此基础创建出神韵，摆脱其他束缚，发展出独自体系的舞蹈。在艺术性感知力的美学感知中，中西方对于审美的含义及意义明显理解不同。“美学价值”是指该民族或文化认可的终极宇宙价值，可使万物对感知器官呈现为美。对艺术的根本态度是把两个方面综合起来，考察该民族或文化的艺术面貌和特色。中国艺术推崇的“中和之美”，强调以文权体制为中心的宇宙间的一切和谐，重视人的内在涵养，形成了中国文化的形式美和含蓄、婉转、抽象的审美意识。从中国的书法、诗歌、绘画、舞蹈等多门艺术门类中都可以看出我国古代人民对于内化于心、外化于形的艺术追求。我国古代社会长期处于封建专制统治,其国家制度主要受儒家思想的影响。儒家思想坚持"仁、义、礼、智、信",提出"和气、礼法、团结"等主张,高度重视伦理规范与道德教化,提倡家国观念,重义轻利,重道轻器维护群体协调和社会稳定。这种传统文化理念映射于中国社会的各个领域,体育运动也自然而然地体现其文化内涵。

一、中国元素融入艺术体操的意义

葛新在其论文中指出:"中国传统文化是相对于我国文化传承而言的,它强调的是中国文化本源和传承下去的客观存在的文化遗产"。倪峰认为,传统文化元素是由华夏人民共同创造的、具有鲜明民族色彩和世代相传的特质并且是有代表性的形象、符号或风俗习惯。金弘认为,不管是一个标记,还是一个事物,或者是某种精神,只要是可以体现中国传统文化特点的因子,便都可称之为中国传统元素。我国传统元素是由内在的国家文化转化为外在的符号,同时也彰显了独特的民族特色,它也有优劣之分,在传统文化的传承与弘扬过程中提炼出的精髓外化是优秀的传统元素,并与时代潮流相互促进。从中国传统文化中合理挖掘具有代表性的符号我们可以称之为中国传统元素。对于中国传统元素的界定标准因人而异,但各位学者地阐述有共同点,中国元素是指在华夏版图上从古至今产生各类事物的总和。中国固有元素(如中国人、大江大河、土地等)、中国传统元素和中国流行元素组成了中国元素,能够代表国家形象、无形与有形的文化符号被大多数中国人认可的优秀文化元素。中国传统元素种类之多、内容之丰富,为后辈们的理论和实践创新留下一笔厚重的财富,为现代文化融合增添了历史文化内涵与价值。中国优秀传统文化的继承和发扬,需要中国工作者们充分地了解、挖掘并运用好我国优秀传统文化元素,丰富专业发展形势,推动中国优秀传统文化得到有效性传播。"中国元素"代表着中国优秀传统文化的结晶,后人在继承和发扬的过程中不断创新,使之赋予新生命,是中国传统文化元素和现代文化元素的集合体、有形的物质符号和无形的精神内容的集合体、物质文化元素和精神文化元素的集合体。在人类命运共同体的今天,世界文化的发展离不开每个国家和民族文化的发展。

艺术体操的创新性编排是艺术体操项目发展的不竭动力。随着中国国际地位的不断提高,经济、政治、文化等正走向世界舞台的中心,大国形象在国际社会中的塑造与传播起到关键作用。中国有56个民族,文明历史悠久,中国传统文化的代表符号"中国元素"孕育产生。艺术体操起源于欧洲,欧洲芭蕾舞蹈元素在艺术体操中的运用是欧洲艺术体操强国的独特之处。中国要想在世界艺术体操中占有一席之地,不仅仅要对成套动作编排技术进行提高,而且还应该多尝试把中国元素运用到艺术体操的成套动作中。在多次重大比赛中我国艺术体操项目运动员在编排中不断创新,融入中国特色元素,在比赛中取得优异的成绩,这说明了艺术体操融入中国元素是可行的,且可以在世界大赛中弘扬我国优秀民族文化,展现我国文明历史的发展历程,顺应文化自信,将中西方艺术文化深度交融,拓宽艺术体操编排途径,对于研究艺术体操项目的可持续发展具有重要意义。自1955年传入到现在,在此期间我国艺术体操运动员技术动作不断规范、难度不断增加,教练员的综合能力提高也有所提高。在难度系数相等的基础上,如何在编排上进行创新目前是我国艺术体操发展的问题所在。在近几年的世界大赛中,我国运动员越来越多的将"中国元素"融入艺术体操编排之中,并取得优异成绩。

2008年在我国举行的夏季奥运会艺术体操项目上国家队在集体全能决赛中取得银牌,其集体项目中5绳的比赛服饰中采用了代表我国特色的中国红和几何纹样中的祥云纹图案,并配以同一色彩的器械,其比赛音乐选用了武侠电影作品背景音乐《七剑战歌》,动作编排中采用了傣族舞手型以及"荷花""孔雀"造型动作,虽然比赛音乐、动作和服饰中表现出了中国的艺术特色,但三者风格不统一,服饰图案搭配较随意。2018年艺术体操亚锦赛中我国在集体成年组单项决赛3球2绳中获得冠军,比赛服饰和器械色彩都选用了我国传统色彩中的中国红,其音乐选用了具有动感的音乐《By Mine》,比赛服饰的色彩以及器械色彩都使用红色容易增加裁判与观众的审美疲劳。在第32届东京夏季奥运会赛场上,我国艺术体操集体队在比赛中获得了继2008年以来最好的奥运会参赛成绩,在集体5球中选用了世界文化遗产中的中国敦煌元素,比赛音乐选用了中国特色乐曲片段,分别是钟惠常、杨雪和罗小苗演唱《二泉映月》的伴奏、刘三藏等人共同合作而成的《龙鼓》中第十三首《鼓破天》、专辑《大敦煌》中的第七首《阳关》以及中央民族乐团琵琶独奏演员赵聪《飞天乐舞》,其动作编排中融入了敦煌舞姿,在服饰色彩中采用了敦煌壁画中常用的绿色,还在衣身前后中间运用了敦煌壁画洞窟藻井上和菩萨经变中的装饰纹样，无不表现了我国传统文化的博大精深，从音乐、服饰和编排的风格上来看都较为统一，但从整个赛场效果上来看，球的颜色与服饰色彩搭配不够和谐，高亮度的珍珠白球降低了比赛服饰的吸引力和其中文化内涵。在3圈4棒中以《天地英雄》为主题，选用了武术与戏曲元素的比赛风格，动作编排中出现了戏曲舞蹈中“撩掌”动作以及侧摔、勾脚侧踢腿、腾空飞脚单拍手等武术动作，其比赛服饰中使用了中国红以及龙纹和云纹图案，这套比赛服设计比较突出主题，让观众们一眼便知这就是中国队，但服装上的有些细节上应该得到进一步的处理。在第29届北京奥运会中，中国艺术体操集体全能取得优异成绩，以第二名的成绩刷新中国艺术体操历史，在此次比赛中，中国队在编排中大量运用中国元素，将中国的祥云图案运用到服装中、傣族舞手型运用到成套动作中、在音乐上大胆地使用京剧为主题旋律，这些无一不向世界展示出中国优秀传统文化的内涵。2012年伦敦奥运会中我国的选手邓森悦取得中国艺术体操运动员在奥运会个人项目的最好成绩，在个人圈操的比赛中，使用山西民歌《看秧歌》为背景音乐，身穿绿红服装的她在欢快鲜明的节奏旋律演绎着中国民间风情。在带操中更是大胆使用中国流行音乐《忐忑》，在轻松并带有民族腔调的音乐伴奏下，中国姑娘用自己的理解诠释艺术体操，舞步轻盈优美、动作干脆利索、在柔与刚的交替下展现新的艺术形式，给观众视觉盛宴。既拉近了艺术体操成套动作与观众的距离，使观众产生感情共鸣，普及艺术体操项目和中国文化内涵，让更多的人了解中国文化，让艺术体操迸发新的活力。在融入“中国元素”的艺术体操在奥运会等世界大赛中取得优异成绩，说明“中国元素”融入艺术体操编排已经获得了国际的认可，是可行的，符合中国的文化特色，被国际社会认可和喜爱。我国艺术体操比赛服饰运用中国传统元素的案例相比以前要多一些，出现了比较有中国代表性的纹样图案，服饰元素的选择与融合慢慢趋于中国特色，但在整体效果上仍然存在服饰色彩与运动员气质不符、色彩与图案以及服饰与器械色彩搭配不够充分等现象。中国传统元素作为我国传统文化的重要符号、中国人的历史文化标志，我们要认真了解它并合理地传承与弘扬它，它对于我国设计师来讲应该是古代人给现代中国人一笔丰厚的文化财富，因而要好好把握和使用它，设计出更多能够体现出中国传统文化艺术魅力的作品，增强文化艺术气息，提升文化鉴赏能力，丰富生活形式。优秀的传统元素融入我国艺术体操服饰设计中，加上有中国特色音乐的烘托以及艺术动作编排，在一定程度上能够促进我国艺术体操发展，同时具有代表性的文化符号在艺术体操项目上的创新性发展，也有利于我国优秀传统文化的传播。

二、中国特色动作

艺术体操动作创编过程中不能一味地模仿和重复，需要不断创新，在主题内容主导下，创编出符合艺术体操主题和审美的舞步动作和动作造型，这不仅需要运动员及教练员有着深厚的技术存储，还需要具有一定的创新意识和能力。中国艺术体操运动员在几次大赛中均融入了中国舞姿动作，丰富了成套动作的内涵。在主题和音乐的选择下，运用贴合主题和音乐的动作，在舞步组合中突出主题，可以为成套动作添砖加瓦，增加魅力。动作是艺术体操的核心，是成套动作的内容强调，成套动作的编排完全取决于主题的选择与风格，通过动作去演绎主题和音乐，使成套动作更加饱满。完成分不仅仅在于编排动作的难度，也在于运动员对于主题、音乐及感情的把握。我国民族舞蹈种类很多，包括民族民间、古典舞、现代舞等，每个舞种动作都有某个时代的风格和特点，动作更是不尽相同，具有自己的代表性，就比如我们看到敦煌飞天就会想到我国历史上的汉唐时期、看到曲掌掌形手三道弯会想到我们傣族民族舞蹈、看到节奏鲜明抖肩豪迈就会想到我国民族舞蹈，历史的发展为每个民族留下了宝贵的精神和物质遗产，记录了文化的发展，使其文化发展更加多元，我国56个民族汇聚一家，每个民族各有传统、习俗，其优秀传统文化得以保存、继承和创新性发展。除了民族舞蹈动作，我们传统文化还有武术和戏曲，经典的武术动作和戏曲动作也能充分代表我国民族文化。

我国特色动作元素包含中国民族民间舞蹈动作、中国古典舞动作、中国传统武术动作、京剧动作及现代流行动作，我国民族民间舞蹈在表达“动中有静，静中有动”，不同民族有不同风格，对于艺术发展具有借鉴意义。每个民族都会通过肢体动作表达感情，比如傣族舞蹈，从体态上看，有“三道弯”的造型，舞姿的雕塑感，动作的优美、灵活、朴实、矫健、情感的含蓄等形成了傣族民间舞蹈的风格。东北秧歌的动作具有一股艮劲儿、泼辣劲儿、稳劲儿、美劲儿，给舞蹈动作增添俏皮、幽默、华丽的情绪。在我国南方的云南花灯中，他的动作比较朴实明快、优雅别致、风格鲜明。花灯的舞蹈动作主要以崴动为特色，分为反崴和小崴两大类。正是在我国56个不同民族的文化异同性，使得我国的舞蹈具有个性化、民族化和人文化的艺术表现风格。中国古典舞创立于20世纪50年代,经过专业工作者加工、创造,经过长期艺术实践流传下来,介于戏曲与舞蹈之间的混合物,曾被人誉为“戏曲舞蹈”,古典舞身韵以“形、神、劲、律”为基本动作要素,“云肩转腰”“风火轮”“燕子穿林”等都有很强的生命力,既有借鉴价值,又能发展素质。

我国特色动作中不仅有民族舞蹈元素的动作,还有京剧元素,京剧的舞姿身段大多数是京剧当中旦角的仪表动作。京剧中包括手、眼、身、步四种艺术手段,比如京剧里的手,造型就很多,有单指、双指、剑指、兰花指、弹指、赞指等,各种手也可以揭示人物性格。在“身”的部分则会在舞台上展示出演出的协调性,腰部的运用则是“身”的核心展示,演员在舞台上,穿不同的行头,演不同的角色,做各种舞姿是灵活多变的,腰部用力不正,将破坏动作的整体美感。京剧中还有各种步法,男女生各有不同,男生有单慢步、连步、圆场步、搓步、跨步、趟步等,每种步法有各自的规范要求,根据角色、情景需要,选择适合的步法。女生的步法有云步、寸步、压步、碎步、跪步等。京剧的动作千变万化,会细化到每一个部位,京剧通过严格的规范、复杂的人物分析,把内心体验化作外部的形体动作,使角色刻画的完美。中国武术文化源远流长,自古至今就有各门派流传发展,被视为文化遗产。中国武术拳种动作各有不同,如太极拳的潇洒飘逸、行云流水;南拳或长拳的刚健勇猛;陈式太极拳依据传统阴阳辨证哲理、中医经络学,创编出刚柔并济、缠丝连绵并符合胜利自然运转规律的拳法及器械。中国武术的造型美也是武术艺术性的直观表现之一,每个类别中都有自己的标志性动作和造型,如白蛇吐芯、白鹤亮翅、金鸡独立、拗步拉弓等,将造型创新性改造,使其具有艺术美感,将其融入其他艺术性编排中以优美、英勇的气势去震撼对手,使武术更具有多样性。艺术体操的动作编排也需要不断的创新发展,传承中国文化,让更多的中国传统文化的研究者、爱好者去创造性的努力。

三、中国特色音乐

中国特色音乐是中国人依据本民族特色及传统创造的音乐,在古今流传的文化中,各民族音乐特色不尽相同,从古至今,音乐作品数不胜数,传承发展并继承创新。中国民族音乐、传统音乐、民间音乐是三大不同的概念。中国民族音乐是指用中国传统乐器以独奏、合奏形式演奏的中国传统音乐，分为民间歌曲、民间歌舞音乐、民间器乐、民间说唱音乐和民间戏曲音乐。民歌和小调也是我国民族音乐的一种，大多数舞蹈运用此类型音乐，展现我国劳动人民的创造性劳动和不畏艰辛的意志品质。音乐是成套动作的指引，在主题内容下选择适合成套动作的音乐是至关重要的，音乐的不同风格直接导致编排动作的不同，在音乐剪辑中也应该适应主题内容，设计出跌宕起伏的故事情节。舞蹈在情绪和情感的表达上也会有所不同，因此要求运动员的动作及情感应根据音乐的变换而变换，做到协调一致。中国特色音乐是中国人依据本民族特色及传统创造的音乐，在古今流传的文化中，各民族音乐特色不尽相同，从古至今，音乐作品数不胜数，不断传承发展并继承创新。通过中国元素的借鉴使艺术体操项目不再仅仅是西方的天下，让中国特色音乐有了更进一步的升华，也让中国元素灵活运用到另一层面，对于艺术体操和中国音乐都呈现出一番新的发展景象。

早在 1987 年第六届全运会上，江苏代表队在三圈三球比赛中就运用了电视剧《红楼梦》的主题曲作为背景音乐。在 1991 年的全国赛中，湖南代表的郭莎莎在球操项目中，运用当时流行的电视剧《篱笆女人狗》的主题曲，调动了当时观众的观赏兴趣。随着中国国际地位的提高、文化软实力的加强，在艺术体操比赛中成套动作的编排中也不断创新，不断突破，伦敦奥运会中我国艺术体操小将邓森悦在带操比赛中运用了中国流行音乐《忐忑》神曲，将带操与曲子的旋律紧紧融合，在圈操的服装中更是大胆尝试，运用绿红为主题颜色，加上《看秧歌》音乐，充分凸显我国陕北的风土人情。在伦敦奥运会中，邓森悦也是拿到了当时中国艺术体操个人全能第 17 名的最好成绩。在 2013 年的基辅世锦赛中，邓森悦在带操中使用《一剪梅》音乐，身着白色，手拿红色彩带，完美演绎着中国小姑娘的刚与柔的坚毅品质，在圈操比赛中继续沿用 2012 年奥运会的绿红搭配服装，音乐则采用《红色娘子军》，音乐开头以经典旋律“万泉河水清又清”开始，后期旋律轻快则加入了《快乐的女战士》，此次比赛邓森悦获得了全能第四的好成绩，这是中国队自 1981 年参加世锦赛以来，第一次有运动员同时进入个人全能决赛和单项决赛。不仅创造了中国艺术体操历史最好成绩，也是亚洲运动员首次获得世锦赛个人全能第四名。在 2021 年举行的东京奥运会中，我国艺术体操集体项目更是创新运用中国元素，从主题内容、选曲、服装配饰再到动作编排都无处不体现着中国文化与内涵，教练员孙丹说道：“要有中国的特色，一出场，就知道这是中国队。”在此次五球项目曲目为敦煌，运动员的动作编排和服装设计都借鉴了敦煌壁画的飞天造型，整套节目美轮美奂，充满中国韵味。在另一个节目三圈四棒中，选用《霍元甲》为背景音乐，把武术和戏曲融入艺术体操之中，服装更是白红为主题颜色，用中国传统流苏红为标准性，为服装增添了更多的中国内涵，用中国文化展现最美运动。

四、中国特色道具

艺体比赛中，那云气飞花、满场流动的圈、球、棒、带配上运动员优美的波浪、轻飘的大跳、飞速地旋转，像一幅幅轻盈飘缈、凌虚飞荡的画面，深深地吸引着人们。同时这些器械搬上了舞台则成了道具。在中国民族舞蹈艺术中，舞者往往与道具并存。先不说那遍布神州大地的龙腾狮舞，也不说那自始至终亢奋欢腾的伞绸、棍鼓，单是一把小小的折扇，就能舞出“翻、飘、挽、揉、绕、缠、盖、抛”等几十种花样，集中国道具舞之大成。如果在艺体器械技术训练中，认真钻研各种道具的运用规律，创新出新的器械技术，不仅将推动中国艺术体操的发展，而且对世界艺体也是一个贡献。

在器械运用上，对长绸的运用并且能够呈现在观众的视线之中，最早要从我国著名的京剧大师梅兰芳先生的《天女散花》开始，后来才有戴爱莲先生的双人舞《飞天》，再到高金荣的《大飞天》，再到1990年陈维亚在前人的基础上借用两根棍抖动长绸创作的独舞《飞天》。可以理解为对长绸的运用，最早出现在戏曲里。在长绸使用的动作演变上，除了出现在戏曲和舞蹈创编中，艺术体操在器械中也有借鉴。艺术体操中的彩带是长绸舞的借鉴和发展，彩带中的绕环、蛇形、8字等动作与其相似。进行艺术体操带器械训练时，运动员在原地运用双手同时练习带的形态动作或左右手交替进行协调性练习，又或者双手持带与队友进行带的抛接交换，培养团体之间的默契度。

五、中国特色服饰

我国艺术体操发展与提高的一部分制胜因素需要本土优秀文化背景作支撑。高级别的艺术体操赛事中，比赛服饰作为一种文化符号发挥着重要作用。在我国艺术体操比赛服饰中融入优秀的传统元素，可以提高国内人民的文化自信和民族自豪感，通过更多人对优秀传统文化的认同，有利于增加向国家输送优秀艺术体操运动员的渠道，在一定程度上有利于我国艺术体操得到进一步的发展。中国传统图案在服装中有所体现，其中在中国古代文化中，吉祥图案分为福、禄、寿、喜、吉、安、和、养、全十大类。中国传统图案分为神兽图案、飞禽图案、走兽图案、水族图案、植物图案、文字图案、人物神祇图案、几何图案、器物图案、组合图案等。神兽图案中的龙和凤是最熟悉的图案了，还有麒麟和古代的四大神兽：青龙、白虎、朱雀、玄武；飞禽图案中大多数会选择仙鹤、孔雀、鸳鸯等；植物图案中常会选择荷花、牡丹、梅兰竹菊等；文字类有书法、水墨画、太极图等。配饰中的中国结、刺绣等也具有明显的中国特色。

服饰作为一种最具有视觉冲击力的文化载体，在艺术体操比赛服饰中融入中国传统元素，可以增强我国群众的民族自豪感和文化自信。对融入中国传统元素的国内外艺术体操比赛服饰的探讨研究，增加中国传统元素在艺术体操比赛服饰的研究成果，促进中国传统文化在新时代中可持续性发展与传播。艺术体操比赛服饰是在符合国际竞赛规则服饰要求下，能够体现艺术体操运动员个性特点、形体美、形象美，协助完成高质量动作技巧或展现良好竞技状态并有艺术性的紧身有弹性的体操服。作者姜域在研究艺术体操比赛服饰的文献综述中提道：具体生动的艺术体操比赛服装不仅能够表现音乐内容风格、衬托表演动作，而且还能够提升比赛的艺术分值，当艺术体操运动员们出现在竞赛场上，她们的服装、妆容、器械、面部表情等组成了运动员的整体形象，在给裁判与观众的第一印象中，比赛服饰设计起到了一定的推动或阻碍作用。艺术体操运动员们比赛服饰的选择与设计体现了艺术体操教练员和艺术体操服装设计者的审美鉴赏能力，体现了设计文化理念，服装可以体现艺术体操运动员们内心自信心和情感的抒发程度，艺术体操比赛服饰成就了艺术分值的一重要部分。

比赛中服装配饰和器械颜色的选择也是成套动作中的画龙点睛之笔，除主题动作和音乐之外，服装颜色、图案等也是最直接表现主题风格的标志。中国元素融入艺术体操能够巧妙地衬托主题内容，使作品主题得到升华。在西方国家看来东方的艺术魅力具有更强的长久性，它的美不会随时间的推移而消逝，因此国外许多运动员都会选择具有东方风格的含蓄、委婉、成熟气质来为成套添加色彩。中国元素在服装中体现在面料、色彩、结构、图案和装饰工艺五个方面，中国传统服装面料纱不仅代表中国风格，并且在服装中体现也是可以不乏时尚。在服装颜色上一般会选用黄、红、黑、青、白舞种作为正色，象征着高贵。在细节结构上，会采用立领、扣绊。图案上则会带有不同的样式，一是抽象图案；二是具体的图案，如植物、动物、山水和水墨画等；三是带有吉祥寓意的图案，如年年有余、喜鹊登枝等。也会采用一些不同民族的民族服装款式，如苗族的银饰点缀，在服装中加入戏曲的脸谱元素也是一大创新。

国外艺术体操服饰在应用我国传统元素时，大多借鉴的是可以更好地修饰颈部线条并可以体现出运动员优雅气质的旗袍领口设计形态2012年奥运会艺术体操个人全能决赛获得冠军的Evgeniya的棒操比赛服饰上融入了我国旗袍元素，其衣身前面胸部及领口附件采用大红色与肤色形成鲜明对比，凸显出竹叶领的形态，红、金、黑的服饰色彩搭配勾勒出裙装样式，在民族音乐风格下，展现出在运动空间上的编排美，突出运动员的形体美。日本队集体舞球的比赛服饰上出现了小V领和竹叶领的组合型领口设计，拉长颈部线条感，显得脸部线条流畅，在古典主义的交响乐伴奏下，深绿色的采用使得旗袍的形状更加突出，服饰元素的选用体现出运动员的形象美，为竞技表现发挥了一定的作用。2015年世锦赛个人项目上，Elizaveta的比赛服饰色彩搭配上采用对比法、点缀法，用明亮的白色和深沉的黑色形成鲜明对比，突出旗袍领口设计，在视觉效果上体现出运动员的高贵、典雅的气质；意大利选手的球操服饰也选用了竹叶领，经录像资料发现该运动员的比赛服饰和2013年世锦赛韩国孙妍在的圈操服饰是一模一样的，Veronica的球操上使用舒缓的流行音乐，突出优美、流畅的球器械动作特点，同时结合服饰的艺术力量突出了运动员的柔美；保加利亚和法国选手的比赛服饰都采用了凤仙领和水滴领组合的领口形态，可以很好地衬托出运动员脸型，突出运动员高雅的气质，增加了艺术表现力，丰富了视觉效果。旗袍文化符号为艺术体操比赛服饰增加灵感来源，并且突出了女性之美，正是符合了艺术体操追求美、表现美的运动特征。

艺术体操器械颜色和服装的配合也能突出主题，如邓森悦在带操中运用红色彩带和身穿白色服装在一首《一剪梅》的音乐下完成成套动作，红色彩带象征梅花，与白色形成对比，形成视觉冲击。在2003年艺术体操世锦赛中我国艺术体操选手朱敏鸿在棒操中的服装就很吸引眼球，上身红色象征荷花，裙摆设计为绿色的荷叶，其表现能够出淤泥而不染，代表的是高尚的节操和纯洁的意念，荷花的谐音“he”，可以延伸为和或阖，其含义广泛如和平或阖家欢乐；在荷花的组成部分中，荷叶和荷径区别较大，在人们心中也会产生不同理解，自然也少不了叶子本身所包含的寓意。2008年北京奥运会上我国集体项目“五绳”的服装中则以中国祥云为主要特征，祥表达祥瑞、吉祥、安详的意思，云意味着人们对美好生活的向往，表达了人们在生活中热火朝天、只争朝夕的干劲和憧憬未来、充满期待、对美好生活的向往。祥云纹构型上变幻多端，蜿蜒有形，以白色为主要色调，在发展中可以感受到中国传统吉祥文化之意，在继承中不断强化，使其寓意更加凸显和深刻。祥云纹在我国历史发展过程中占有一席之位，其代表的不仅仅是一种物质遗产，更是一种精神财富，代表着中国传统优秀文化的传承与发展，使其造型更加具有特色，在发展中创新，融入多种元素，为生命注入活力和动力。2021 年东京奥运会中国艺术体操集体在三圈两棒中的服装更是大胆创新，服装设计中突出主题，在规则的范围下搭配色彩和款式，包括器械的颜色，使其视觉效果更加完美。运用中国龙的图案，龙一直被奉为中华民族的神圣之物，从古至今，先人对龙的敬重、崇拜，祈求保佑衣食无忧、安居乐业，中国龙一直被视为有灵之物，人们将龙视为水神，保佑众生风调雨顺，在天下大治之时，黄帝便乘龙而去，从考古发现推测中国龙文化的起源也是有所根据。古代帝王均以龙自比，称自己为真龙天子，为世上最尊贵者，龙的图腾也因此传承，在城墙、衣裹、盘具、兵器等都会印有龙的图案，凝聚中华文化和力量；龙在现代延伸出更多含义，人们对于美好生活、阖家欢乐的向往；对天下太平、风调雨顺的渴望；对神灵的敬畏，这些使龙文化精神内涵更加丰富。

六、中国元素融入主题内容

艺术体操成套编排者首先确定编排主题，确定方向，在编排中把握核心思想，主题引领，显示出编排的思路，使其他领域编排服务于主题内容编排。艺术体操成套动作的主题内容的编排，对音乐、动作、服装设计和器械等方面提供思路，使编排有灵魂、有力量，核心主题内容是发展其他一切内容的基础，也是关键内容。以乌克兰排名第一的艺术体操名将安娜贝索诺娃在2004 年雅典奥运会的圈操为例，在这套编排中以《天鹅湖》为主题内容，获得了“天鹅”的美誉。艺术体操成套动作中主题的选择是主导地位，它制约着音乐风格、动作造型、服装配饰和空间变换等方面的编排。舞蹈主题的来源主要分为直接来源和间接来源。舞蹈等各种艺术形式从大众生活出发，善于挖掘生活细节。通过对近几年国内及国际比赛中中国队的选题风格进行整理和归纳发现，创编者对于中国历史的选材较多，比如井冈山精神代表的红色革命精神主题。还有对中国传统民族文化的弘扬和传播，比如中国武术、戏曲、文学、思想中的民族艺术主题。通过这两种方式来表现我国优秀的文化思想，突出主题风格。

七、中国元素融入艺术体操的基本原则

体育与艺术的结合下促使各个项目的不断发展与创新，在发展中应注重创新，在创新中发展，艺术体操与“中国元素”本无交集，在现代发展中我国运动员把握时代趋势，顺势而为，在创作编排中遵循合理性与竞技性原则、艺术性与个性化原则、多样性与协同性原则、统一性与创新性原则。结合这些创编原则，在成套动作中体现中国元素的深层含义，文化特征及审美。艺术体操动作的编排不仅仅是单个动作的罗列，而是将动作间建立联系，在音乐的伴奏下，运用器械，使动作能协调配合。竞技艺术体操在发展中严格按照竞赛规则，在发展中将器械与身体动作完美结合，在编排中要了解艺术体操的空间性、时间性、综合性的动态艺术特征，不断创新，提高竞技能力。

“中国元素”融入艺术体操编排中所注意的：艺术体操编排中“中国元素”主要体现。外在物质文化元素可以包括艺术体操编排中中国所特有主题思想的历史典故、英雄人物传说等；中国特有的艺术表现形式中的中国民族民间舞蹈动作、中国传统武术动作、中国戏曲动作等；中国特有的音乐元素有传统和现代两种；中国特有的服装元素如面料、颜色、花纹、样式、图案等细节元素。对于艺术体操编排来说，需要将外在的物质文化和内在的精神文化相结合，才能发挥出巨大优势。中国元素是中国民族形象的重要体现，艺术体操起源于西方，在创编过程中要注意中西方文化的差异，不能生搬硬套，应注重相互融合。

在现今这个快速发展的新时代，人们对新事物的向往和开发，对于古老而又优秀的中国文化往往缺少了一些耐心。将中国传统文化融入新时代生活之中，传统和新时代互相奔赴，相互影响与发展，为快速发展的社会增添了传统人文气息和价值体系，在国际舞台上发挥我国传统文化的积极作用，扩大国际大众来了解中国文化的渠道。随着中国人在异国他乡的努力，逐渐地让国外人民对中国的文化产生了兴趣，再经过上海世博会和北京夏季奥运会，国外大众对发展中国家的中国有了新的看法。同时也引起了国外艺术设计师对中国传统文化的好奇心，为业界设计人员提供了新的艺术灵感，有利于我国传统文化的交流和传播。

第三节　技术性与艺术性的辩证统一

艺术体操作为竞技与艺术的结合，是艺术底蕴浓郁的竞技表演艺术项目，它以舞蹈和音乐为其灵魂，集动作与美的呈现、舞蹈与美的交织、音乐与美的共鸣、情感与美的交融、器械与身体动作的完美结合。它在不断强化高难度技术发展的同时，对艺术的追求从未停止，这已成为当今该项目发展的内在动力。规则中倡导运动员将身体难度与器械巧妙融为一体，以身体难度动作为根基，根据不同器械的不同风格，将身体难度动作组合和器械难度动作组合并遵循器械熟练性将其合二为一进行难度编排。由此可以说明艺术体操个人项目中器械熟练性呈多样性、独特性发展，充分地体现了艺术体操体成套动作的艺术价值。艺术体操的技术发展受评分规则制约，同时规则的完善与提高又促进项目的发展。现今，规则导向下的艺术体操的本质特征“艺术性”成为界内人士关注和研究的热点。随着现代科学技术和运动技术的快速发展，艺术的感染力已经成为当今竞技体育项目出奇制胜的重要因素，艺术体操作为评分类项目之一，在体育与艺术相融发展的时代背景下，深度解读规则的前沿理念，探索基于体育属性的外在美与基于艺术属性的内涵美相结合发展尤为重要。国际艺术体操评分规则对艺术价值的评分在不断的探索与完善，成套动作的艺术性编排则备受各国青睐。艺术体操是在一般性艺术体操基础上，通过更精确的动作技术和高度的艺术性，在规定的时间内，表现出身体与器械完美结合的一种集体和个人的比赛。艺术性是艺术体操、追求的主体，对美的追求是艺术体操的生命。其他与之相关问题等审美范畴和人的审美意识，美的感受，以及美的创造、发展及其规律的研究为主题的学科，往往它的研究对象具有一定广阔性和复杂性。从美学视角上讲，艺术体操项目包含时间艺术、空间艺术、听觉艺术、视觉艺术、静态艺术、动态艺术、创造艺术，所以它是综合艺术的表现，具有鲜明的审美价值。在竞技体育项目中，艺术体操以追求美、创造美为主要特征，以自然性和韵律性身体动作为基本元素，结合轻器械的运用，在规定的时空中，伴有音乐的情况下进行运动。所以，“形式美”法则在艺术体操创编的设计及构图实践中起着重要作用，在创编的过程中正确地运用这些法则，使艺术体操成套动作更具有审美性，更有利于艺术效果的提高。

周茜和余春玉在《艺术体操成套动作的编排》中提道：在艺术体操成套动作的编排中，人体和器械道具是物质材料和载体，运用动静结合的动作流动和不断变化的画面构图，以及音乐的辅助和渲染体现出来。整个编排活动的大脑转化属于形象的思维构思，使造型、动作构图在思维活动中初步成型，合为一体。一名优秀的艺术体操运动员不仅要有超群的竞技能力，还应具备清晰的头脑、良好的心理素质和优美的体态，所以艺术体操比赛在很大程度上是一种技术与美的融合。艺术体操动作类别繁多，有各种规定的步伐、转体、平衡、跳跃等一系列的动作，也有手持各种器械进行各种大小绕环、滚动、高低抛接的练习。从 1985 年来艺术体操作为奥运会正式比赛项目开始至 2022 年，艺术体操共经历了 12 个版本规则的变化，从最开始由跳步、转体、平衡、柔韧/波浪四大板块身体难度改变为跳跃、平衡、旋转三大板块。从规则的改变可以看出难度动作数量和级别呈现不断上升的趋势，这要求提高艺术体操运动员综合实力，才能高质量地完成难度动作。它由最开始的难度（D）分值体系与完成（E）分值体系两部分到现如今规则改变后由难度（D）分值体系、完成（E）分值体系与艺术（A）分值体系三部分，随着规则的不断变化，难度系数逐步升高，艺术性也被重视起来，这就需要艺术体操运动员提升自身的竞技水平与编排中艺术性的完美呈现才能赢得优异的成绩。

在技术性方面，身体难度动作选编尤为重要，难度动作是由艺术体操运动员身体难度动作加上器械难度动作相结合完成的，难度动作编排的强与弱，能体现出整套动作的难度价值以及艺术体操运动员的实力。完成高质量的身体难度动作需要艺术体操运动员身体素质较强、能合理地操纵和完成各种器械的单个动作，同时熟练地衔接器械组合。因此，应根据艺术体操运动身体素质的高低、掌握技术和操纵器械技术的难易程度以及身体动作与器械动作配合的复杂程度，选编适合运动员的难度动作。结合旋转的动力性动作（R）是对身体运动能力与器械技术控制的双重考验。跳跃类身体难度不仅考验运动员腿部的爆发力，还考验灵敏度和反应力等，运动员在完成跳跃类身体难度动作中普遍存在跳跃的高度不够、空中飞行的时间短、落地前双腿或单腿的收回不完全、身体重心与肌肉控制力弱、落地时声音大等问题，主要原因是运动员双腿向内收的肌肉力量欠缺，不能很好地处理重力、惯性和地面的反作用力之间的相互作用，因此跳跃的高度低。完成平衡类难度动作时的力量主要分布在腰腹部以及下肢肌肉提供的，平衡类动作中腿在水平位置不同方向高举、身体不同部位支撑平衡动作、身体不同部位支撑动力性平衡，约占整个平衡难度的80%。高质量地完成平衡类难度动作不仅需要肌肉力量，还需要脚踝的支撑力以及瞬间重心的快速转化，以及强大的肌肉群瞬间爆发出能量，才能很好地完成平衡类难度动作。评分规则中器械难度分值由器械基础分类，棒、带器械技术中高分值器械基础数量较多，选用动作空间更多样；结合旋转的动力性动作圈、棒两项器械适用附加标准最丰富，适合发展高分值结合旋转的动力性动作。随着器械难度分值不断突破新高，大量的高难器械技术动作连接愈加紧密，运动员在快速的运动过程中需要精准控制器械，需要超强的个人能力与娴熟的器械技术。圈属于艺术体操硬器械之一，是由塑料材质制成器械圈的动作特点有摆动、8字绕环、抛接、滚动、旋转、钻圈等动作。由于圈器械本身的特点，圈操中难度动作均是大幅度的跳跃需要艺术体操运动员腿部力量发达。球操的难度动作主要由拍球、滚动、转动、绕环、8字、抛接、跳跃、平衡以及旋转等动作编排而成，由于球操本身的特点软、弹，球可以在身体上的各个部位进行滚动和拨动，所以需要艺术体操运动员身体足够柔软，软开度大才能取得优异的成绩。棒体的材质是采用木材或合成材料制成，属于器械中的硬器械，由于器械棒属于双器械的特点难度动作中绕环、空中转动、抛接、摆动、跳跃、平衡以及敲击棒的动作，更需要运动员有很强的综合实力才能高质量地完成棒操的动作。彩带的棍由塑料材料制成，彩带的本身采用缎料制作，彩带器械主要由绕环、螺形、抛接、摆动、跳跃、平衡、转体、8字以及蛇形等动作，由于彩带器械本身的特点，需要运动员更多的跳跃动作来配合手中的彩带来完成蛇形、螺形等难度动作。因此，应进一步加强对规则的研究与把握，有针对性地制定训练方案，全面发展与规范器械基本技术，合理分配身体技术与器械技术训练时间。运动员应在训练过程中掌握多样的器械抛、接技术，加强身体运动速度，根据个人能力在编排过程中充分结合附加标准使用，使单动作分值最大化。

在艺术性方面，首先，艺术体操的编排过程中要将编排的动作与技术指导规则指南有效吻合。规则要求无论是技术的内容方面、艺术的表现力方面都要有效与规则相吻合。教练员可通过欣赏中、外优秀的歌剧、舞剧、舞蹈话剧等艺术表现形式课程来培养、塑造艺术体操运动员的审美能力和艺术欣赏能力，也可以通过模拟无实物的舞台剧、舞蹈课程即增开音乐欣赏的辅助课程来锻炼运动员的艺术表现力，增强成套动作的艺术渲染。传递情绪。同时也要考虑到多样化类型动作，如何在运动场地上实现动作和乐曲及个人表演是否能够符合总体要求。只有通过全盘考虑其合理性，才能让动作编排具有一定可操作性。其次，创新是艺术体操竞技体育的题中应有之义，多年发展让艺术体操创新不断加速。尤其是随着现代传媒技术发展及社会艺术文化更新，艺术体操与现实社会融合更体现出其独特魅力。在新规则指导下，艺术体操动作编排也要紧跟时代潮流、地域特色和民族性，也要加大时代特征、运动员风格、乐曲器械等方面创新，从而让艺术体操整体美感得到彰显。最后，独特性与新颖度之间既有联系又有区别。二者的共同点在于强调表现力上唯一性，越是具有特色艺术表演表现形式越能赢得受众关注，也能够在国际比赛竞争中取得好成绩。而艺术体操独特性就体现在借鉴舞蹈与自由体操等方面动作，但保持了自己属性。从学科属性来说，艺术体操不能够简单生硬体操化，而是要符合其本身特点，实现体育和艺术有机整合。艺术体操编排过程中艺术性追求，涉及规则指定各项明确标准。在此基础上，也考验着项目舞蹈类型编排者，在审美能力、审美情怀、艺术造诣方面能力。只有创编者充分考量艺术体操独特审美属性，结合当前大众审美发展路向。在规则允许范围内融入民族性、地域性特色，加入时代性个人性风格，让艺术体操艺术审美品质得到有效提升，从而给观众带来更高审美享受，让艺术体操艺术性特征和属性尽致表现。

艺术体操可以理解为用一种旋律与器械巧妙地联系在一起，成为有逻辑、有主题并能折射出音乐情感、个性特点、艺术想象、空间线索及很强美学特征的成套动作。一套动作若要尽善尽美地完成，富有逻辑而创意性的编排有着功不可没的作用。“美”是艺术体操运动的典型特征，若一味地去追求难度而失去动作的艺术性和观赏性，该项目运动的艺术魅力也将不复存在。编排一致性是个人成套动作艺术组成部分之一，规则对于编排一致性，重在强调既要突出成套动作编排的主题思想，又要通过身体和器械的技术动作、美观动作和连接动作反映音乐的特点表现一个主题思想，正是迎合了当今其项目本身的发展脉络，技术性与艺术性是艺术体操成套动作的主要特征。

毫无疑问，一个优秀的艺术体操运动员不仅要有超群的技艺，还要有优美的舞蹈体态，更要有将二者特定的精神风貌传神地表达出来的艺术修养，才能表现出一种不可替代的富于民族个性或时代个性的审美趣味，因此，我们才说，艺术体操比赛在很大限度上是一种美的较量，这个美，是指充满文化、精神、个性和思想的美，是一种综合承贯之美。在艺术体操比赛现场，或在艺术体操比赛视频转播里，我们可以看到，艺术体操运动员在比赛场上时而展翅高飞、时而眷恋大地，优美的形体舞姿与高超的体操技能，展示着极限的运动能力迸发，表现着舞蹈艺术世界独有的丰富情感和美好意境，但是，真正优秀的艺术体操表演者，必须善于将艺术体操和舞蹈之间始终承贯着的共同的人文精神风貌畅快淋漓地抒发出来，才能真正带给观众双重美的享受。

在新周期中，由于艺术不断被强化，不论是难度体系还是完成体系都已不再单指难度动作和技术动作完成质量，而是规格化与艺术化高度、紧密的融合。身体动作与器械技术的完成一方面体现的是规格质量，另一方面体现的是艺术质量，若技术动作失误同样会影响艺术效果的诠释，便会引起“多米诺”效应，因此技术与艺术并不是独立的、无关联的两类价值体系，而是相互依存、共同支撑完成评分体系的“规格美”。赋予技术动作美感，确保难度动作质量是新奥运周期完成体系的核心，只有将技术动作的规格化与完美展现的艺术化完全注入成套动作中才会获得“1 + 1 > 2”的实效价值。规格的展现正是技术在标准上的升华，“超规格”的完美展现始终是技术艺术化的重要评判依据。而新规则对于技术的完成和难度价值的获得评判甚为苛刻，更注重完美完成的技术才具有展现成套动作艺术性的意义，艺术化则是建立在技术完整、稳定实施的基础上。因此，在越来越重视艺术化与规格化并重的今天，不能再将艺术与技术分离而独立评分，“技术”是艺术体操的框架，而“艺术”是艺术体操的色彩，两者共同打造艺术体操发展新纪元。

第四章 艺术体操项目中舞蹈语汇的编排

第一节 2022—2024版评分规则中艺术性的理解

国际评分规则是艺术体操项目发展的指导性文件,是指导艺术体操成套动作技术难度和编排风格更加新颖和艺术性发展方向的纲领。分析艺术体操的个人项目编排对艺术性要求的发展来源,探讨从对艺术体操的评分规则中体现艺术体操个人项目编排艺术性发展趋势,论述新规则下艺术体操个人项目编排艺术性的发展方向及艺术体操个人项目基本编排艺术性发展的实现途径。

社会在发展,科技在进步,艺术体操评分规则的周期在缩短,规则更新的跨度日渐增大,艺术体操竞赛场上的竞争日趋激烈。从2007—2020版规则艺术价值的独立门户,2009版规则艺术分值的大幅度提升,到2013—2016版规则艺术价值评判标准的完善,再到2017版规则对艺术部分的细腻要求,直至2022—2024版规则将艺术分独立了出来,无一不彰显艺术性在艺术体操个人项目成套动作中的重要位置。2017—2020版规则中艺术体操评分规则依然是由难度和完成两大体系组成,但两者的内在性质有了极其细微的变化,难度评分结构重在强调动作规格化,即完成具有较高美学和技术熟练的动作;完成评分体系重在强调动作完美化,即完成的动作须在审美和技术上达到完美,2017—2020版规则难度与完成评分体系具有等同地位。而在2022—2024版规则中,将艺术分作为与难度、完成评分地位相同的第三项评分,总分由原先的两项相加,第一次变为了三项相加。由此,在当前优秀艺术体操运动员技术水准达到高难顶端时,愈加强调个人项目成套动作的艺术性编排。

成套创编就如同写文章,主题就是文章中的中心思想,始终贯穿于文章之中,每一字每一句都是围绕文章的中心思想来发展,运动员通过丰富的情感表达,将成套动作表现得淋漓尽致。而艺术体操成套动作的演绎犹如一件艺术作品的呈现,这套"艺术作品"若想在众多艺术品中脱颖而出,体现出它独具特色的艺术魅力,要紧紧围绕一个主题来进行演绎,并通过身体和器械运动的紧密结合,运动员内心情感的表达,利用身体动作诉说成套"故事情节",以及与音乐的默契配合,进而体现出成套动作的主题思想。近几个奥运周期国际艺术体操评分规则的变化,由以往专注于身体难度的发展到器械难度的重视,又到艺术价值的独立门户,身体与器械的完美结合,无一不彰显出艺术体操这一项目的"理性回归",即艺术体操的艺术性本质。在难美性项群技能主导类运动中,艺术体操是一项优美的竞技运动项目,一直被界内外人士称誉为"地毯上的芭蕾",而在运动员竞技水平飞速发展的情况下,摘金夺银及各国优秀运动员实力旗鼓相当的条件下,在个人成套动作中只注重编排分值的多少,一味地增加身体难度与器械难度的分值,而对于成套动作中主题的体现仅依附于运动员的临场发挥,对于表现艺术体操的艺术性,成套动作主题的演绎完全是置之脑后。伴随着艺术体操项目的不断发展,艺术性编排中主题的体现逐渐被重视,艺术体操评分规则明确规定:编排应自始至终创造一个统一的艺术形象或指导思想,通过身体和器械运动表现出来,艺术体操成套中的各动作绝非是单独存在的,应是由单个动作相互串联以此体现整体主题色彩的存在,而在真正创编成套的过程中,大部分创编者都忽视了成套动作主题思想的确立与表达,运动员完成的成套动作所表现出的便是难度的堆砌和毫无美感可言的动作,丢失成套动作灵魂,即欠缺主题思想。

过渡与连接动作作为难度与难度之间连接的纽带,其在个人成套中有着无法比拟的微妙效果,在成套动作中起到承前启后的作用,每一难度之间的无缝连接,每一动作的变换以及器械技术之间的娴熟转换,都必然要以合乎逻辑且独具特色的动作进行串联。在保证个人成套动作艺术性编排合理性的基础上,既增强了其观赏性与饱和度,同时又提升了个人成套动作的艺术品位。在艺术体操个人项目成套动作中,对于过渡与连接动作是否得到承认的要求并无明显的"界定"准则,只需身体动作与器械动作的完美结合;一套完美的成套动作应是由符合逻辑,流畅的连接动作,在音乐伴奏下将各个难度部分串联起来，创造出一个富有技术动作、美学动作、连接动作的艺术佳作，才可更好地诠释成套动作的主题思想。过渡与连接动作的呈现形式，是通过连接动作、顺次动作、伴随动作所呈现的，通过独特新颖的连接动作、合乎逻辑的顺次动作与优美多姿的伴随动作等来展示成套动作的和谐美和逻辑美。连接动作是连接身体难度之间的流畅性动作；顺次动作是一个动作完成后，为了与下一动作连接的更有逻辑所增添的动作，一般指成套动作中身体难度结束与下一动作的起始之间具有逻辑性的动作；伴随动作是指在完成某一动作过程的同时，身体各个部位充分表现，参与其中，具有一定观赏性的动作。

不同的身体动作并结合不同的器械技术，在进行个人项目成套动作艺术性编排的过程中，可将不同的动作元素加入成套动作中，不同动作元素的添加，给成套动作造就出不同的效果；过渡与连接动作中，增添器械技术的运用，不仅体现不同器械之间的特性，还充分利用这一细微的连接动作给成套动作带来意想不到的效果。艺术体操成套中每一个动作都应是密切相连的，裁判与观众关注的绝非是优雅美观的单个动作或难度，技术动作、美观动作、连接动作是成套编排的重要体现者，每一细腻的动作都应以动为主、以瞬间造型的静态动作为辅，停而不断、行而不乱，由一个动作连贯、有逻辑地过渡到下一个动作，没有不必要的停止或延长准备动作，通过身体和器械运动创造一个统一的艺术形象和指导思想，更好地突出编排的主题，达到动作流畅自如的整体效果，使成套动作呈现出一件完美的“艺术作品”。

在新周期规则中，艺术体操个人项目成套动作中过渡与连接动作所具备的隐性价值绝不亚于身体难度、舞步组合、结合旋转的动力性动作和器械难度选编的价值，成套动作一旦缺乏连贯美、流畅美、观赏美，则失去了成套动作的风格和主题，影响着成套动作编排的一致性，也就不能称之为完美的编排，要求编排上要彰显出过渡与连接动作在成套动作中所具备的隐性价值，在身体动作形式的选择上丰富多样，各具特色，贴合成套动作主题，不仅满足于规则规定的硬性要求，同时将不同风情的舞蹈风姿与音乐结合，近乎完美的演绎在连接、顺次、伴随动作之中，勾勒独特人物形象，展现特色魅力，将古典舞舞步、交际舞舞步、民间舞舞步、现代舞舞步等一系列不同风格特色的舞蹈品种，经过糅合与改进，融入于成套动作之中，在赛场淋漓释放，运用艺术体操的独特风格来展现运动之美，将艺术体操个人项目成套动作作为一件精美绝伦的“艺术品”呈现在裁判与观众眼前。

编排艺术体操成套动作时，首先是音乐的选择，它决定了全套的风格，一套高质量的成套动作，不仅需要有高超的技术表现，完美的动作表现力，还需音乐与动作的默契配合。在个人项目成套动作中，运动员的身体姿态美、各项器械技术运用体现的空间美等，要与音乐的重音、乐句、节奏精准相符，强烈对比体现动力性变化。若教练员仅是注重于运动员的身体动作与音乐合拍，忽略了如何去演绎所选音乐中蕴含的情感、表达的意愿、其中的情绪，那么再优秀的曲目，再优美的动作也失去了锦上添花的效果。音乐可以通过刺激中枢神经，使运动的各部位兴奋化、节奏化，是养成良好动作节奏的有效途径。不同类型的音乐均可以改变人的心境，使运动员的心律速度发生变化。合适的伴奏乐可以提高运动员的兴奋感，对运动员身体动作本身产生的积极影响，减少运动员训练的单调、枯燥和疲劳。在进行个人项目成套动作演绎的过程中，运动员动作需强调音乐的内力，动作与音乐的融合给力，音乐重要的戏剧张力，若运动员并未将音乐所表达的"故事"、所叙述的情感一一表达，仅满足于身体动作与音乐"表面"节奏相符，对音乐内在的旋律视而不见，将导致创新编排的个人成套动作佳作变为音乐原唱家眼中的"噱头"之作。音乐是有节奏、旋律或和声的人声或乐器音响等配合所构成的一种艺术，同时也是人们在现实生活中，通过声音与乐器共同来表达自身情感的一门审美与享受的艺术。可见，仅重视与音乐节奏的配合，而忽略音乐实质上的不同节奏模式，带来的仅是动作机械、音乐简化的成套动作，并未给裁判与观众带来出乎意料的效果，因此，运动员对音乐内涵的理解，动作与音乐的完美配合，对提升个人成套动作的艺术价值具有非常重要的意义。音乐与动作的完美相契，并不只是"合拍"，而是根据音乐结构与节奏模式，编排在具体重音或节拍下的具体动作，不仅符合音乐韵律又贴合音乐风格，更要利用动作强化音乐，创造出特殊的艺术效果。

所谓动力性变化，是指在艺术体操个人项目成套动作中，动作的活力、力量、速度以及强度必须与音乐节奏的动态变化相符，且在各个方面的对比表现出的动力性变化。运动员通过身体动作去表现音乐所要表达的内心感受，利用身体动作和器械动作的有形动作诉说无形的音乐，创造更为丰富的，更具感染力的成套动作，音乐与动作结合一体，编织出独特的个人成套故事，营造不同色彩的艺术效果，为艺术体操个人成套动作注入新鲜的活力。因此运动员应注重更多的是动作与音乐节奏契合一致，身体动作与音乐变化的"对比"要优于器械动作，通过自身动作的丰富多变与音乐形成明显的对比，体现音乐同时更具动力性变化，但运动员为了清晰表现动作，使得与音乐的变化只在力量和强度上出现鲜明对比，而活力和速度对比体现微妙，器械动作在跟随音乐节拍变化时，忽视中间弱拍，只强调音乐开始和结束的重音，器械动作的完成一步到位，导致器械动作“一蹴而就”，仅是在速度上体现出与音乐的合拍，器械动作在活力、力量、强度上却没有明显的对比，器械成为身体动作的“附属品”，身体与器械需同步完成。

身体表现力是人内在的情感在外部动作表现的形式，表现力是运动员自信心、自我陶醉、热情感染观众能力的综合反映。表现力在艺术体操个人项目中详尽的来讲，是运动员在运动赛场所表现出的自信，以及通过自身的身体动作表现来体现个人成套动作的风采韵味。身体的表现力不仅只是运动员的头、胸、躯干和四肢的完美体现，面部的表情，还在于脚尖的勾绷，膝盖的屈伸。正因为运动员在场上需要表现出流畅舒展的动作，唯有把脚尖绷紧，膝盖绷直，让脚与腿部形成一条直线进而呈现出笔直的美感，正因如此，艺术体操这一项目才多次被广大媒体记者誉称为“脚尖上绽放的玫瑰”。竞赛场上首先映入观众与裁判眼前的便是艺术体操运动员唯美的身姿，身体是客观存在，这一优美的身姿体现与运动员举手投足间的动作表现便是呈现给观众与裁判的“第一印象”，是艺术体操成套动作美的直观表现者。人的形体运动是内心情感的信号表征，是人之情感的形象性外化表现，而身体的表现力又依托于运动员对音乐的理解、身体动作“情感”的表达及面部表情的真情流露。身体表现力应是身体各部位充分参与，其动作是力量、美感和优雅的结合，并创造出灵活柔软、精妙灵巧，有幅度、有特点，张弛有度且与观众和裁判进行“交流感受”的动作，利用动作“情绪”诉说成套“故事”，如此方可描绘出有“故事”情节的成套动作。艺术感染力，就是艺术作品表现出来的人物情感，故事内涵以及艺术思想能够让观者产生一定程度的共鸣，使其能够深刻感受到艺术作品的魅力并沉醉其中，运动员身体表现力发挥到极致是自身感染力的体现。运动员只有在完成身体动作强调规范的同时，全面演绎成套动作主题，诠释内心情感，引发裁判与观众的共鸣，个人独特风格才得以展示。身体表现力不仅仅是针对运动员完成动作质量的好与坏给予评定，更重要的是对运动员实际所完成的动作“美不美”给予肯定。艺术体操的精髓在于艺术的魅力，艺术美则是艺术体操的内在基础，将身体表现力的每一细节贯穿于成套动作始终，恰恰是成套动作艺术美的完美展现。实足的身体控制能力，自然流露的音乐情感，跃然脸上的内心感受，丰富的肢体语言，汇聚成具有力量的、美感的、优雅的动作，为身体动作的完美完成增添助力，使裁判为之赞叹，观众为之惊叹，才可彰显出艺术体操个人项目成套动作独特的风格魅力。

多样性是艺术体操个人项目成套动作艺术组成部分之一，是艺术体操个人成套动作艺术性编排的重头戏，为成套动作在特定时间和空间内的呈现增添多元效果，多样性由运动员方向与轨迹，身体动作移动的水平与形式，器械动作的不同运用形式共同筑就成套动作编排的多样化空间。其艺术性编排多样性让观众与裁判在有限的时间和空间里，通过运动员在固定区域内动作变化的多层次，身体表现的最极致，给予人们美妙的视觉享受与情感的震撼。运动员身体动作包括运动的方向与轨迹和移动的水平和形式，运动的方向与轨迹给人以直接的视觉冲击，移动的水平与形式塑造个人成套动作不同的空间层次。在成套动作中，体现移动水平与形式尤为突出的则是舞步组合，在舞步组合中，需根据不同的情态进行表达；两种变化移动的形式；很多步伐只有方向的改变、步伐小；舞步开始后较长时间缺乏移动或者在地毯上只用双脚脚尖的走步或跑步，等等，舞步组合均视为无效。完成器械动作应在不同身体部位、不同方向、不同平面上，并使用不同技术等。器械由于形态、重量、材料和性能各不相同，在器械技术和运用方式上也有较大不同。不同的器械体现出的不同特质，充分利用器械本身的特点，选编突出器械本身典型特征的技术动作，且通过身体不同部位的运用，同一技术动作采用不同的运用方向，不同的轴面、不同的空间运用等各个角度诠释艺术体操个人项目成套动作的艺术性编排。同一器械动作在不同身体部位的运用以及不同器械动作在同一身体部位的运用，不仅凸显运动员运用器械的娴熟能力，同时展现出艺术体操个人项目成套动作艺术性编排的新颖与巧妙。运动员身体动作的表现形式是器械多样性运用的前提条件，身体动作不同的运动方式与路线，使器械动作得以在不同层次、不同方向、不同部位体现多样性的运动形式，在实际的编排中，应更多地考虑器械本身的特点，利用其典型特征进行多样化编排，运用不同的技术完成多样的器械动作，合理利用空间，来充分展现个人项目成套动作空间层次感，最大限度展示艺术性编排的特点。

艺术性是艺术体操的本质特征。艺术体操是在不同题材，不同形式的音乐下运用器械和身体难度表达成套动作的主题内容，具有高度的艺术审美性。在艺术体操训练过程中，不仅进行芭蕾基训的训练，还可以加入中国古典舞身韵的组合训练。艺术体操中融入中国特色的音乐、舞姿动作、服装配饰都可以让中国观众不仅从视觉上和听觉上都有着强烈的冲击感。中国传统文化塑造出的艺术美感，结合西方的艺术体操项目，借助中国元素的广泛内涵，创新创编艺术体操全套动作。以中国元素的艺术化表达手段来提高和帮助观众来获得更高的审美体验。要培养艺术体操运动员的艺术性，在练习时加入乐感、动律、舞蹈感的训练，艺性的培养不是一蹴而就的，应该努力营造氛围，在培养中也应该注重个人个性的发展，运动员和教练员重视艺术性及个性化地培养。

据我国艺术体操项目目前的发展情况来看，艺术性是艺术体操的本质特征。艺术体操是在不同题材，不同形式的音乐下运用器械和身体难度表达成套动作的主题内容，具有高度的艺术审美性。在艺术体操训练过程中，不仅进行芭蕾基训的训练，还可以加入中国古典舞身韵的组合训练。艺术体操中融入中国特色的音乐、舞姿动作、服装配饰都可以让中国观众不仅从视觉上和听觉上都有着强烈的冲击感。中国传统文化塑造出的艺术美感，结合西方的艺术体操项目，借助中国元素的广泛内涵，创新创编艺术体操全套动作。以中国元素的艺术化表达手段来提高和帮助观众来获得更高的审美体验。要培养艺术体操运动员的艺术性，在练习时加入乐感、动律、舞蹈感的训练，艺术性的培养不是一蹴而就，应该努力营造氛围，在培养中也应该注重个人个性的发展，运动员和教练员重视艺术性及个性化地培养。2021 年东京奥运会中国代表队的敦煌元素，从音乐选择到服装设计，都紧紧贴合我国敦煌文化，敦煌的飞天造型和手势造型等都与主题紧密贴合。在创编过程中锁定主题，选取不同的音乐、动作，从而把中国元素融入其中，在艺术创作中焕发中国元素的光芒。进行艺术体操创编过程中，不是将中国元素生硬地融入其中，而是要在创编中把握作品的主题内容，将中国元素合理地运用到艺术体操创编中，实现中国元素更高层次的内涵表达与艺术演绎。

第二节　舞蹈动作编排在艺术体操中的运用

艺术体操是一种融合了多种艺术形式的美的运动，它在继承竞技体操的框架基础上，汲取了芭蕾舞蹈的纯净体态，吸收了民族民间舞的舞台表现力，融合了武术、杂技和戏曲等众家之所长，将多种艺术文化进行杂糅提炼，并且形成了新的有思想、有结构、有层次深度的艺术形式。这是艺术体操所独有的魅力所在。艺术体操注重韵律和节奏，构成艺术体操成套动作的动作元素也不只局限在体操的力量性上，而是富有节奏感、表现力和审美价值的，具有艺术柔软性。艺术体操的编排和创编是决定一个艺术体操成套动作成功与否的关键，因此艺术体操的创作编排在艺术体操中有着至关重要的地位，直接关乎影响着艺术体操的比赛成绩。随着艺术体操的不断发展，艺术体操成套动作中所包含的多文化艺术特征越来越明显，尤其是在艺术体操比赛中体现的艺术性越来越重要，对艺术体操的艺术价值和主题价值的关注度也越来越高，舞蹈创编思维也越来越多地融入艺术体操的编排中。

艺术体操对于运动员的成套动作风格有着更大的包容度和创新性，不同的国家在动作的编排风格上参考借鉴本民族特色元素，融入艺术体操编排中来显示自己独有的文化特征。因此世界艺术体操的动作创编呈现出多源性的文化特征和百舸争流般的发展势头。艺术体操是动作和表现形式共同作用的结果呈现，强调一定规范性的同时对各民族文化元素和特征也有着极大的包容性，给予了关注和鼓励，这样对于艺术体操的层次内涵起到了丰富和扩充的作用，也对艺术体操整体的发展有着不可取代的贡献价值，使艺术体操的内涵价值不再固守一种或单一的艺术价值，艺术价值多样丰富，使艺术体操变得更加开放和包容，所以说艺术体操成了一种承载人类文化特色精髓的肢体艺术表现形式。

艺术体操优异运动成绩的创造是多元素综合效应的成果，随着竞技性艺术体操运动技术的更新与完善，尤其是每一个奥运周期中评分规则的修订和变化，引导着艺术体操项目的发展。艺术体操是一项女子特有的艺术性极强的竞技运动项目。一套完善的成套动作，可以被称为一件成功的艺术品，给观众们美的享受。因此，艺术体操吸引人们的独到之处，在于它具有强烈的艺术感染力，能使人们置身于艺术的氛围当中。新颖、独特、惊险是艺术体操成套动作创作的灵魂，也是体现其艺术价值的前提，呆板、陈旧的创作不会使人产生共鸣。在比赛中，得分的差异不仅体现在成套动作的难度和完成质量上，还体现在成套动作编排的艺术性、运动员之间完美的配合和动作表现力、伴奏音乐的渲染、体操服饰和器材外观的设计等方面。成套动作的艺术性通过上述因素呈现给观众和裁判，最终转化成比赛的最后得分。成套动作直观的艺术体现依托于身体动作表现形式与器械技术运用形式，艺术的根本任务便是彰显成套动作的鲜明主题，只有当身体动作和器械动作的表达形式符合主题思想、连接有逻辑，才能为成套动作的编排注入生机与活力。编排是衡量成套动作艺术性的重要标准，是成套动作流畅完成的基本保障，由此，运动员应发挥创新意识与想象力，个性特征与主题相融，增添民族特色的舞蹈元素，充分利用身体动作的不同层次、不同形式及不同轨迹来表现动作连接的过程美；利用器械动作是身体的延伸，根据各项器械的典型特点，增加器械运用的动作元素，创编不同身体部分，不同方向的器械动作运用来展现动作连接的多维空间效果。将巧妙、连贯、逻辑的连接动作替代无意识的身体动作和器械动作，淋漓尽致的表现在成套动作的每一细腻环节之中，塑造独一无二的自我形象，给观众和裁判员以强烈的震撼力，突出成套动作编排富有内涵的主题思想，赋予成套动作编排更高的艺术品位。

舞蹈和艺术体操都是用肢体说话的艺术，两种艺术形式都是刚与柔、力量与婉约的结合。在艺术体操的创编中，核心动作的设计是在构思创编阶段必须要做到的一项工作，核心动作的设计直接反映出成套动作创编的新颖度和技术价值。而在舞蹈艺术创编中，与艺术体操动作类似的就是对于主题动作的设计，虽然舞蹈创编中的主题动作可能不及艺术体操核心、动作设计一样，追求难度和技术价值，但却是整个舞蹈作品主题情感的直观反映，在这一点上二者有着惊人的相似。但舞蹈与艺术体操在动作设计的编排上也有不尽相同的地方。在艺术体操里动作设计的编排，除了依据运动员个人竞技水平和表演风格之外，根据音乐特点情绪设计的同时，动作设计多突出体操的特点，具有对称性和操化性，同样要完成艺术体操竞赛评分规则里对动作种类和难度的规定要求，在规则里对动作种类的出现次数和难度都有明确规定，在有限的时间内表现出艺术体操技术动作的竞技性和力量美的特点；而在舞蹈创编中动作设计的编排，动作是为主题思想服务，动作表现力多柔软婉转且情感浓烈，既有技巧展示又有表演形式，有肢体语汇又有叙事情节，在动作编排上常常依据想要表达的主体情感，甚至还有一种与艺术体操的对称性动作手法完全相反的是，在大量对称中出现不对称，打破平衡的画面更能引起美感，在对称与不对称中又有分散与集中之分，有时更是有意的要求设计所谓的“乱场”无不是为了渲染一种意境或烘巧一种气氛，为表达主题意义做铺垫。

舞蹈创编思维过程素材来源广泛，创作动机清晰，对于音乐、素材处理和主题形象意义的突出有非常细致的把握，舞蹈创编思维的酷入可为艺术体操编排提供丰富的动作素材，使艺术体操的艺术效果和主题风格更加突出。同时，通过比较舞蹈与艺术体操编排在空间运用、动作设计、音乐运用、队形设计、器械运用和主题情感方面的创编细节,发现舞蹈创编对于空间的运用、动作设计、队形的流动和音乐的选择,及器械道具的使用上都由主题情感作为出发点来展开,而艺术体操在这几个方面的编排细节是以竞赛评分规则为依据展开的,主题情感的表达并不突出,由此发现艺术体操和舞蹈在创作编排上存在一定的共通性和相似性,这为舞蹈创编思维与艺术体操编排的结合提供了可能性。

在舞蹈创编中,动作的设计来源于生活。民族地域不同,舞蹈的动作元素也各不相同,例如蒙古族舞蹈,蒙古族被称为“马背上的民族”,草原的迁阔,以马代步的生活习惯养成了他们挺拔、昂头的体态特征,由此形成了蒙古族舞踏中特有的“后靠、挺拔、稳沉”的体态韵律,并且由骑马奔驰的状态产生了蒙古族舞特有的“摇篮步”。也正是这样才有了中国舞蹈丰富饱满的动作元素,形成了鲜明多样的舞种风格。由于舞蹈创编的素材来源广泛,动作元素多种多样,因此舞蹈创编中常常会用到利用动作元素编舞的思维方法,动作元素可能是一个造型,一个舞姿,也有可能是一种韵律节奏,舞蹈编导以一种动作元素为核心,通过改变动作的动态和节奏进行创编,这样不仅能够使舞蹈动作丰富变化,而且能够强化突出舞蹈作品的风格特色。艺术体操的编排可以利用舞蹈中丰富的动作素材库,运用舞蹈创编中动作元素的编舞思维,选择具有特色的动作元素运用到艺术体操动作的设计表现上,在原有动作元素上加延伸和变化,这样不仅可以使运动员的动作表现更加圆润舞蹈化,而且可以使成套动作的动作设计富有新意,表现风格特色更加鲜明突出。例如,在艺术体操规定套路五人带里,就融合了旁提等多种古典身韵的动作元素,旁提是古典舞身韵里的一个基础元素,简单地说是随着呼吸带动上半身提旁腰。这些古典身韵动作元素的融入使运动员的动作表现柔软却富有张力,更加显示出带的灵动和飘逸,在民族新春序曲的伴奏下,使其风格更加流动鲜明。因此,舞蹈创编中的动作元素可以为艺术体操的动作设计提供丰富的素材来源,也可为成套动作增添鲜明的风格,使我国特色的舞蹈元素得以彰显。

由于舞蹈和艺术体操各自分属于体育和舞蹈两个不同的学科,在学科特质上有本质区别,因此舞蹈创编思维在艺术体操编排中的融入和运用并不会改变艺术体操竞技性的学科本质,舞蹈编创思维在艺术体操编排中的融入运用是要保证两学科本质特性的基础上进行,不能生搬硬套,要科学合理地融入运用,才能将二者有机结合发挥最大价值。只有了解了这种异同关系,才能更好地相互借鉴,提高艺术体操的艺术价值和创编品质。

第三节 艺术体操队形及调度变化的艺术性分析

艺术体操和舞蹈都属于空间艺术，在创编过程中，舞蹈和艺术体操的创编在空间上都保持了高度的流动性和构图艺术。在空间方位和区域的划分上，艺术体操场地上的基本方位以裁判席或主席台定为方位1点，按顺时针方向每45°为一个基本方位，将场地划分为8个点，区域分为右前、正前、左前和右后、正后、左后六个部分。这与舞蹈中对于舞台方位和区域的划分不谋而合。在空间层次上，舞蹈和艺术体操对于空间层次的划分是纵向的，在舞蹈编导理论中，自下而上分为一度空间、二度空间和三度空间。也就是说在舞蹈纵向的空间运用是通过舞者自身动作在一度、二度和三度空间的流畅转化完成的，而艺术体操也极为相似地根据运动员及器械的特征由低至高纵向详细分为超高、高、次高、中空间和低空间五个层次，粗略也可分为低空、中空和高空三个层次，所以说二者在空间层次的划分上也是有着相同之处的。

赵亚楠在对集体项目动作编排的研究中认为，协作动作与队形变换之间存在着紧密地联系，独特的队形变化使协作动作展现出多元化的视觉效果，巧妙地为成套动作勾勒出独特的主题框架。谢颖在艺术体操集体项目的艺术呈现的研究中，将比赛中常用的队形总结归纳为成型队形和过渡队形两大类，并对他们的运用情况和运用效果进行了详细的研究和说明，认为不同的队形变化所产生的空间呈现也各不相同：同时提出今后应重视队形编排的创新性与独特性，从而为成套动作提升更高层次的艺术美感。申琳在研究艺术体操集体项目的视觉影响时，以平面构成为主要基准，通过对国际规则的解读可知，强调艺术性的编排对艺术体操作品的展现是十分重要的，并且得出了以下结论：斜线的运动路径可以打破规整的格局，曲线则体现温柔与舒缓，队形的不规则可以呈现视觉的美幻感，跟随节奏的速度有助于展现画面的流动美、节奏美等。

世界优秀运动队在成套动作的创编中，为了使成套动作不断断续续，更加流动自然和富有变化，体现一种一气呵成的感觉，常常在队形的构图流动上过渡队形明显多于固定队形，这样整体动作衔接化较自然，不会给人断断续续的生硬感觉。过渡队形数量与固定队形数量拉开了距离，也就说明在一定的时间限定范围内，成套动作的流动更快、动作变化更富有花样和动感。队形是指运动员在完成各种难度动作和舞步动作时，利用人和场地之间的关系构成的各种样式的图案。队形的设计往往要求自然流畅、灵活巧妙，丰富多样的队形图案及巧妙复杂的队形变换给裁判的视觉带来非同凡响的视觉冲击感。因此，队形是艺术体操集体项目成套动作艺术表现和主题思想体现的基本框架。

舞蹈创编思维中对于队形的构图运用是出于对整个主题情绪的烘托，队形流动较为自由。艺术体操创编中集体项目的队形流动常常是以竞赛要求为准则，在队形流动上讲巧变化，追求器械动作配合和艺术表现力，不同的队形流动呈现不同的艺术效果。在舞蹈和艺术体操创编中，在集体项目中常常用队形的流动连接起整个成套动作的片段，组成基本架构或传递情境。在舞蹈创作中，群舞创编常常运用一些方形、圆形、三角和椭圆等形式的构图以及满天星、正倒三角形、V 字形、放射形、竖 8 横 8、大小圆圈等形式的基本队形来展现整个舞蹈的流动和空间动态结构，甚至形象化地具体表现某种特征或者主题形象和情绪。艺术体操在队形的设计上与舞蹈创编大同小异，常用的队形有梯形、字形、十字形、字形、弧线形、圆形、三角形、箭头形、直线形与不规则图形，不同的队形及流动会给艺术体操带来不同的造型姿态，表现出不同的艺术效果，产生的空间色彩有所不同。队形作为构成成套动作表现形式多样性的重要途径之一，图形的有效组合大大提高了成套动作的艺术美感。依照是否构成相对稳定形态，将艺术体操集体项目队形划分为成型队形和过渡队形两大类。成型队形具有平稳、整齐、端庄、对称的艺术效果，但是过多地使用，易产生乏味之感；过渡队形变化速度快、流动性强、运用丰富，使成套动作的场面流畅、活跃，更富有立体感。

有研究结果表明，在目前的艺术体操编排中，我国集体项目在队形运用时，存在着队形图形数量少、队形重复过多以及异步队形变化的运用中方式偏少、表演效果较单调的问题。因此，应在艺术体操的编排中增加队形图形和队形流动的创新。舞蹈创编中的“乱场”可以对艺术体操队形的流动和艺术效果的加强起到一定的借鉴作用。舞蹈创编中的“乱场”形式常出现在一个舞蹈作品的中后段，为了突出舞蹈的情绪和加强艺术效果而设定的一个队形流动方式，通常是在上一个固定队形的基础上，舞蹈演员通过各自的流动方式散开，依据作品的主题情绪做自由地发挥，如果将这种乱场的形式运用到艺术体操编排的舞步组合中，运动员可在前一个队形的基础上，以各自的流动方式散开在音乐中做自我表现和发挥，发挥完毕之后可以再次聚集到一个固定队形上做接下来的动作串联。这样一种队形流动方式的加入，一方面可使运动员各自的优势得到发挥和展示；另一方面，这种“先散后聚”的队形流动方式，会增加表演的艺术效果，进一步增强艺术感染力。

在艺术集体操中队形包含的各种变化方式都发挥着不同的作用与效果，合理地运用这些变换方式则可以很好地提升成套动作队形的变化质量，不仅仅是局限于简单的就近原则等变化方式，如疏散与聚集可以形成强烈的疏散对比；分解与组合可以打破队形的固化形态而重新组合创造新的队形；分离与交叉容易在混乱的假象中突然发现规律的运动轨迹；流转与骤停则在持续的流动与转动中戛然而止的运动方式，这些都是通过路线的移动、形状的改变、动静的互衬等来构造实际的或是意象的画面，在有形和无形中巧妙地完成队形变化和构图。这种多变的方式在强调有规律的移动轨迹，使队形变化不会显得生硬，同时画面也变得生动，增强队形变化的流动性。在组成图案或队形时，变换的过渡方式要自然而有规律，使变化过程中运动员的运动轨迹、队形的流动轨迹都应该具有明显的或者是有规律的变化，同时要保证轨迹的清晰流畅。其次，艺术体操集体项目的队形变化方式不论是聚集与分散、分解与组合、还是分离交叉、流动与骤停，都应时刻注意艺术体操这项运动的专业特征，在多样的变换方式中要时刻注意艺术体操的这些技术动作的特点。并且艺术体操要求所有的动作都必须流畅地进行，表现出力度和速度、幅度和变化。因此，在队形的变化方式上也要保持变换的流畅性，才能更有利于凸显出艺术体操这项运动项目的专业要求。这里的专业性不仅仅是成套队形的专业性，而是说在队形变换中应考虑运动员的技术水平。根据运动员的整体技术能力、个别技术难度等来考虑，安排最适合的变换方式和队形，要顾全大局、取长补短。而不是只一味地追求变换方式上的多、快，这样反而会适得其反，容易使整体效果显得混乱、繁杂又无美观可言，使套路所要表达的视觉效果大打折扣。因此在艺术集体操队形变化中保证变换方式的总数量是十分重要的，但是不能一蹴而就，充分使用多种变换方式来提升视觉效果，并且在选择时要充分考虑运动员的身体能力、成套动作的内容与主题，合理选择队形的变换方式。

动与静的队形构图都是舞蹈调度的一种形式，动静结合是舞蹈构图常用的表现手法。在艺术集体操成套动作中静态队形由于在位置上不用发生移动和改变,有助于提高运动员动作的完成质量,有助于展现出团队的一致性和动作完成的整齐度;使用动态队形形成的不仅是外形美观,在变换过程中所呈现的路线、位移等变化还可以形成一种意象的美感,更容易表现出整体的流动性,动态的运动形式更有益于激发作品和运动员的情感表达,使成套动作在整体效果上呈现出以活灵活现、栩栩如生的印象。单是动或静已经不足以满足于当代人们的审美追求,动中有静、静中有动更能形成意境和形象的和谐统一,化静为动、以动成静的相互融合、相辅相成使队形在成套动作中变换自如,有趣的同时更显高级。但是在完成时具有一定的难度,原因有两点:一是想要很好地完成这两种队形变换,一定要经过精心编排,包括运动员完成动作的节奏,要有序或保持一致,还应注意队形动与静之间的比例和配合。二是要想让动静结合队形和托举配合展现出良好的舞台效果,就必须要求运动员之间有高度的默契配合度,这就体现出运动员之间的竞技水平和反应速度是否在同一水平线上。因此动静结合队形在成套动作中也是不可忽视的部分。但无论是哪一种队形的运用都应在数量上有一定的限度,三种队形合理的搭配才能更好地提升整体效果。若长时间使队形处于静止状态,或过多地使用静态队形则会使成套动作缺少活力和动感,显得过于平淡和死板,若动态队形使用过度或处理不当,则容易使队形在变换时产生混乱的视觉印象,拉低原本的整体效果。

艺术集体操中队形的形状排列与图形设计最能体现出成套动作的整体艺术风格与观赏性,没有形状与图案的变换则会使整套动作显得没有美感可言,简单的线条与队形的重复变换则会显得枯燥乏味没有新意可观。一个队形的变化与设计表面看似很简单,实际上与动作、运动员、整体设计等许多因素都息息相关,无论是哪种队形都是通过构图来实现的。构图不仅仅包含平面的构成艺术,也包含立体的构成和抽象的构图。观众或者裁判多数是处在观众台上,从他们的视角观看比赛,艺术集体操的比赛地毯更像是一个尺寸为 13 米 × 13 米的巨大平面图,包括其边界线的设定,更像是给这张平面图一个有限的空间,在比赛过程中艺术体操所有的动作与队形都必须在这样一个平面图内完成,因此如何能使平面变得立体,创造新的视觉形象和视觉形式,是一个具有难度且不可忽略的队形编排要点。平面构图是一门视觉艺术,其中最基本的形态要素是点、线、面,而生产线之间所形成的关系便可以创造出无数具象的、抽象的理想形态和艺术造型。由于艺术集体操人数的限制、动作难度的要求,队形变化的形状构图是否协调和立体则显得尤为重要，对于对称与均衡、变化与统一、对比与调和、分割与组合等的选择，都应根据场地的限制、人数的分配、动作的要求等进行合理地布置，才会使成套动作的完成展现出更加协调的布局，队形变化的画面才会更加和谐，而不是生拉硬套，才能提升成套动作的整体质量，从而获得好的比赛成绩。其次，不同的舞蹈队形或者图案在视觉上的艺术呈现是各不相同，它们所表达出的含义、思想、情感也是各有所指。对称的规则性会使画面获得整齐统一、简单均衡或者庄严的特点，同时容易产生呆板、单调，没有创意的感觉；对比的差异形态容易产生疏密、方向、曲直、动静等相反要素的冲击感，形成画面强烈的反差，使人产生强烈的视觉冲击，能更快地调动观众紧张、兴奋的情绪等。因此，要在艺术集体操规定的有限比赛场地内构造出美观且立体的队形，就一定要围绕主题、音乐、结合整套动作等，更要注意场地的布置和范围限制，以点线面之间的关系原理为理论基础，利用运动员的身体动作表达、运动的路线、变化的队列形状等，勾勒出具有深蕴的代表性队形。而不是照葫芦画瓢，照搬别人的东西，要学会将自己民族的文化内涵继续传承进行下去。

在艺术集体操规定的比赛场地内，即 13 米 ×13 米巨大平面图的空间中是不具有任何意义和情感色彩的，只有通过队形的不断变化才能让这个静止的空间变得有层次感和画面感。空间的层次感来自横向空间、纵向空间、斜向空间、圆形空间等不同的构图，横向空间构图的感觉是宽阔、平稳、安定、寂静，通常通过在横线上向左右两边或向各个方向逐渐蔓延来体现延伸感。纵向空间构图的形式感是高耸挺拔，包括单线条、多线条和多种图形的纵向运动等，平面上有纵深感、逼近感、透视。斜线在舞台上是视觉空间最长的一条线，是最具动感、遥远感、动荡感、负担感、压迫感的路线，舞者的面向可以是多方位的，能使舞台充满活跃的律动感。圆形空间的构图象征着和睦圆满、花好月圆，其构图包括单圆、多圆、实心圆、空心圆以及不同方向的半圆形构图，其运动形式有顺时针、逆时针，以及顺逆交替等方向。聚集、分散型的构图多用在圆形空间，给人以强大的聚散张力和视觉冲击感，也可表现被包围时的紧张不安感、恐惧感、绝望感或者是被束缚的畏缩感等。在平面上的构图时可以利用错视觉的原理进行队形的变化，通过分割空间、延展空间、营造氛围、增加趣味、审美表达等营造不同的空间感觉，如重叠错觉、线段长短错觉、面积大小错觉、位移错觉、变形错觉等塑造不同的空间层次感，突破舞台空间的维度限制，同时使成套动作形象更加多元化。因此，要运用在不同的空间维度进行构图变化，有针对性地进行构图设计，创造丰富的舞蹈画面，凸显舞台空间的层次感和画面饱和感。不管选用何种空间构图,都必须以成套主题为主线,以技术动作为主要内容,准确地展现运动员的优长处为前提,一定要与舞蹈调度整体相呼应,保持舞蹈图形与舞蹈空间之间的相互关联,各种艺术元素巧妙运用才可以最大化为成套动作服务,从而形成更强的可视性效果。需要从整体上进行把握,合理地利用空间层次,塑造多重空间结构,增加空间的趣味感和秩序感,使画面丰富却不失层次感。

队形的变化是有节奏的、和谐的动态过程,因此队形在变换过程中的速度快慢与成套动作中很多因素是相互联系的,如运动员的反应速度、身体素质、技术水平等,成套动作的难度要求、技术标准等,音乐节奏的快慢等都是至关重要的影响因素。队形变化的速度是影响艺术集体操成套视觉效果的重要因素,变化速度的快慢反映了参赛队伍运动员基本功的扎实程度,以及反应速度的灵敏度。若其中一个运动员的竞赛能力达不到同一水平,则队形变化的整体速度则达不到既定标准,队形定位和动作到位不准确,同时队形变化的速度过快也会影响运动员技术的正常发挥,快速变化不够快,慢速变化慢不下来等类似的现象出现,都会使队形变化呈现出的效果达不到预期理想的画面呈现,变化速度的合理安排对队形变化来讲是十分重要的,所谓欲速则不达。变化速度过慢会显得整体拖泥带水,动作不干净,会对成套动作所展现出来的视觉效果产生一定的影响,从而使艺术价值和技术价值上产生双重分值的丢分,进一步则会影响整个参赛队伍的整体竞赛水平。在成套动作中使用快节奏的编排进行队形变化时,队形之间的变换间隔很短,运动员在完成时节奏卡点准确、到位清晰,动作显得干净利落,队形变化不拖沓,这就要求运动员的反应速度必须达到一致,且要足够的迅速灵敏,同时使用快的变化速度可以节省有限的时间,进行更丰富的队形变化来保证队形的数量,因此在编排队形时,变化的速度快慢一定要提前根据不同情况的需要,结合实际情况来做出合理地安排,是否可以完成预期的变化速度设计。一套完整的、优秀的艺术体操成套动作,其队形变化的速度应有快有慢,更要快慢分明,快则干净利落,慢则有序从容,使快与慢形成鲜明的对比,提升更佳的艺术效果。从而提高成套动作的艺术分值。

队形在变化时中间的连接起到了十分关键的作用,它确保各个队形能够有效地衔接起来,使队形之间环环相扣,并能保持成套动作整体的流畅性。同时对一些细节内容调整和修饰,确保成品动作准确无误,更加完善。不同的连接形式有效地控制着队形变化的节奏和速度，使运动员有时间和空隙来调整体力和情绪，如步伐类包括走、跑、跳等最基本的脚步上的变化，在距离较远、变化速度较快时运用得较多，可以使队形快速到位、不拖沓，且整齐干净；难度类的连接在完成质量良好、没有失误的情况下，可以根据难度水平直接进行分数的增加；滚动类连接动作多在地面上完成，在使队形变得流畅的同时，充分利用了空间维度的变化，无论是队形的层次还是动作的分层都起到了丰富视觉画面的效果；舞姿类连接方式可以依据成套的主题进行编排，充分利用运动员优美姿态的优势来提升成套动作的艺术美感，同时利用多变的舞蹈动作来表达运动员的情绪和成套动作的主题感；复合类连接可以均衡的分配成套动作的内容结构，不会使动作连接显得单一，增加了成套动作的创新性，同时也增强了动作丰富的表现力。除此之外，在艺术集体操队形变化中好的连接形式也可以成为成套动作的亮点和看点，帮助提升动作的编排质量，同时还可以弥补集体完成难度动作的短板。但若衔接速度过快或使用不合理，则会使衔接过程显得吃力，运动员在完成时稳定性也会出现偏移。同时，也可以在变换一个队形时同时运用不同的连接形式，既可以丰富成套动作内容，又可以提升视觉效果。因此巧妙设计和运用多种连接方式，根据成套动作的基本结构和节奏来调整动作，去选择单一连接方式还是符合类型的连接形式，来提高整套动作的完整、流畅性。

在舞蹈艺术里，所有动作队形队列的流动转化、灯光舞美道具的布置等细节都是以情感表达为出发点的，因此舞蹈中的队形设计及流动常跟舞台的道具布景产生互动，更多是为了烘托主题表达情感的，而艺术体操创编中，队形的设计流动是在场地限制内，在不同队形变化展现不同艺术效果和感觉的。同时，还要兼顾评分规则中对场地路线的使用上，这也是艺术体操成套动作中流动队形多于固定队形的原因。因此，艺术集体操队形变化的创编策略应遵循以下几点要求：队形数量丰富多变，重质轻量，层次对比定位鲜明，巧妙创新；变换方式轨迹清晰，凸显专业；速度节拍快慢分明，干净利落；形状构图立体协调，富含意寓；空间方位交纵重叠，错落有序；连接形式紧密流畅，搭配合理。

第五章　舞蹈创作思维运用在艺术体操编排中的意义

第一节　舞蹈创作思维

何群在《舞性思维初探》一文中提出，舞性思维是人们对现实社会的舞蹈化思维，是思维主体把握舞蹈本体特征进行的思维活动，也是舞蹈创作的思维方式舞蹈创编思维是舞蹈编导者将大千世界的事和物、色彩和情感等舞蹈化的思维过程，是舞蹈编导者出于舞蹈形象的塑造、构建舞蹈结构、阐述故事情节等需要所采用的思维方式。由于不同的舞蹈编导者有着不同的思维发想，决定了舞蹈创编思维有着个体主观性的显著特征，同时正是因为舞蹈创编思维的整个过程在编导者脑海里就好比一幅流动的构图，也赋予了舞蹈创编思维的变化流动性。

在舞蹈的创编思维过程中，首先，舞蹈创作动机很重要，优秀的舞蹈作品都是舞蹈编导在对生活素材的不断捕捉中积累起来的，生活素材的积累可以使编导者保持活跃的创作动机，涌现源源不断的思维闪光点。作为一名舞蹈编导，必须要有一双善于发现的眼睛和一个灵活清晰的头脑。编创过程是一条比较艰辛的道路，其实在投入真正创作之前，必须要有一个较为漫长的探索思考阶段，这个阶段往往决定着未来作品的成败。舞蹈创作不同于其他艺术门类，他们可以选择用语言、文字、画笔、声音等来描绘内心的情感，可舞蹈却是一个哑剧式的肢体语汇艺术。舞蹈编导既是一个具体实践创作的人，而他又必须承担编写舞蹈剧本和构思舞蹈结构，舞蹈编导必须把自己分饰两角，一个是跳出舞蹈界限的编剧，而另一个是舞蹈编创者本身。舞蹈艺术是通过编舞者的想象，编造内心的审美理想。舞蹈的创作需要对某种事物自然而然地流露出深刻的情感，而后产生一种欲创作的心理愿望，并经过多次考究，选择适当的主题，完成初步的艺术构思——即“前期构思阶段”。其间，包括舞蹈动作的各种舞蹈元素也随之形成，之后才可进入真正的创作阶段。舞蹈编导通过收集素材观察生活，观微内心、活动，体会深层情感，将这些经历转变为身体动作的一部分，不管所构想的艺术形象或人或物，都会在创编中注入自己所观察体会到的感情。优秀的舞蹈编导会在观察体验时，脑海中会产生浮现很多舞蹈化的姿态、动作手势甚至是片段，这些所有的片段通过一定的结构形式展现出来就构成了一部作品，作品中所有的形象都应该反映渗透着编导者的爱与恨、纠缠与牵挂，这样才会使艺术形象成为有血有肉的、生动的存在，这是进行舞蹈艺术创作的第一步。

其次，在舞蹈创编中，主题的存在和意义的体现尤为重要，主题思想决定了一部作品的审美价值和品质。主题是舞蹈编导者想要通过作品传递给观众的灵魂思想，在创编思维中任何的小节或者因素都是围绕主题展开的，生活素材、肢体语汇都必须服从于作品主题。它就好比一个具有强大吸力的磁场，将素材、肢体和舞者情感强有力的统一，这是主心骨，是保障。创作主题是创作者为了表达内在的思想和情感，而使用的主题思想的表述。创作主题是在经过感物生情后产生的一种创作欲望，并对所产生情感的事物迸发出灵感后，对想要诠释的某个事物的演绎。一个专业的舞蹈编导，不仅要熟练掌握编舞技法，更需要充分把握作品的主题，这两点是极为重要的。把握不好主题的选择问题，纵使主题有再好的立意，却缺失了舞蹈的抒情性、可舞性，那么这个主题终究是失败的。有人会说，作为一名舞蹈编导，什么主题的舞蹈都要能驾驭。但是舞蹈的肢体动作是一种用感觉的抽象形容，虽然可以用舞蹈的肢体语汇来表现，可是不能像话剧演员一样，大声告诉观众，只能用舞蹈最独特的方式进行虚幻式的表达，用面部微笑、享受的神情；用手脚舒展、延伸的肢体，用类似这样的方式来告诉观众舞者的感知。这样的方式既告知了观众这一事物的变化，同时也间接性地传达给观众对这一事物的思想情感。如果想要创作一个有深刻意义的舞蹈作品，在揣摩、推敲、磨合主题的这个阶段就需要花费很长的时间。那种只想着创作一个作品，就想要一步登天的编导，也只能创作缺乏内涵的作品。而真正肯花心思的编导，则能创作出实实在在，却耐人寻味的作品。这一切都离不开“主题”。因为，主题牵制着编导创作过程的每一步，而舞蹈的全过程演绎，包括舞美、声光电及舞蹈动作的每一次展现，只有充分服务于主题，才可能诞生一个理想的作品。因此，作品主题一旦确立，就代表着前期构思阶段即将告一段落。主题是创作的根本，一切围绕主题展开的创作，才是真正的创作。主题是由创作心愿、动机、积累一步步蜕变而成的。苏联文学家高尔基在《论文学》中对主题思想所进行的一段论述，应该是最好的诠释：“主题是从作者的经验中产生，由生活暗示给他的一种思想，可是它蓄积在他的印象里还未形成，当他要求用形象来体现时，它会在作者心中唤起一种欲望——赋予它一个形式。”主题是作品的灵魂，人没有魂魄就是行尸走肉，作品没有主题也只是一个空壳。

最后就是舞蹈构思，舞蹈作品有了素材有了主题，将所积累的素材进行艺术化思维，将肢体语汇进行舞蹈化处理，设定情节人物，规定舞台布置道具，这些都是舞蹈创编中不可缺少的部分，让舞蹈成为真正有血有肉的艺术。创作主题是创作者为了表达内在的思想和情感，而使用的主题思想的表述。当然，在舞蹈创编的过程中根据所得到的动机、素材和主题不同，创编思维的过程也会有所变化。如果创作动机和素材是来源于具体客观事物，经过舞蹈编导的舞蹈化的思维加工，最后转化为结果舞蹈动作，整个过程是由事物到动作的思维过程；如果舞蹈创编思维的对象时常以一个动作为起始，在这个动作上构想加工，串联相通，最终形成流动完整的成套动作，整个过程则由动作始，以动作终；如果舞蹈创编的思维过程起始于舞蹈编导者想要通过舞蹈动作传递出什么样的主题意义，从而在动作语汇中筛选提炼出最适合的舞蹈动作，这种思维过程就变成了由文字意义到动作的思维。所说，舞蹈创编思维过程本来就是一个打破又重建的过程，对创作动机、素材和主题不断加工的过程。

第二节　艺术体操创作思维

一个完整的艺术体操成套动作通常包括开始部分、中间部分和结束部分，这三个部分是构成成套动作最基础的段落模块。开始部分重点在于利用起始姿态造型抓住观众的注意视线；中间部分是整个成套动作组成的主体高潮，所有突出运动员个体能力特征和风格的动作编排都在这个段落；结束部分的任务则通常作为对于艺术美的延伸。三个部分有各自重点的表法，各司其职，再汇总于艺术音乐里，使观众得到美的享受。艺术体操编排也建立在抽象的思维依据和结构基础之上，围绕艺术体操项目的主导因素而铺展开来，最终要得到完美流畅的成套动作结构。以田麦久的项群理论来讲，艺术体操作为难美性项群的典型代表，该项目的核心主导因素便是“难、新、美、稳、准、力、智”，不同的主导因素给予不同的制胜支持。“难”是艺术体操项目制胜基础；“新”是艺术体操项目制胜法宝；“美”是艺术体操的制胜核心；“稳”是艺术体操项目制胜技术保障；“准”是艺术体操项目制胜品质保证；“力”是艺术体操项目制胜前提条件；“智”是艺术体操项目制胜决策能力表现，各个因素相互制约互相统一。对于艺术体操来说，毫无疑问“难”是生命，“美”是灵魂。第一，艺术体操的竞赛评分规则是艺术体操教练员进行成套动作编排和调整的重要导向指标。它不仅仅是裁判员进行评分的依据，也是运动员和教练员编排成套动作的依据。规则不是一成不变的，它随着艺术体操技术的不断发展而不断变化，这种变化对艺术体操运动员竞技能力的结构组成以及动作编排有着重要的影响力，教练员也严格按照规则里规定的动作类型、动作难度以及数量等要求，参考艺术体操的评分分值结构来进行艺术体操成套动作的编排。第二，艺术体操技术发展的总趋势也是编导者进行艺术体操成套动作构思编排的依据主线。教练员要想编排出具有新意、结构合理严谨的成套动作，就必须认真分析艺术体操发展的趋势，敏锐捕捉当前艺术体操技术动作的前沿潮流，并且尽可能预见未来技术动作发展的可能性，在动作技术和动作风格上不断创新，充分体现器械与人的特性，追求艺术价值的完美度。因此，技术动作的发展趋势是艺术体操编排构思的依据主线。第三，运动员竞技能为的个体特点和所用器械的特征也是影响艺术体操编排的主要依据。不管是徒手类项目还是手持轻器械类项目，艺术体操的编排都应依据运动员的个体形态素质、优势短处以及技术能力的特点，在充分展现所用器械的特点的基础上进行创编。

因此，艺术体操创编的思维过程中，要考虑兼顾动作要素、音乐要素、空间要素和时间要素这四大要素，在成套动作创编之前，教练员和编创者要深刻熟悉了解运动员的个体能力特点，清楚运动员竞技能力的“长板”和“短板”，确定编排的总体思路，确定参赛乐曲编排和核也动作的设计难度；然后在总体构思的框架上，以音乐为主线，分别铺展开三个基础结构的组成段落，根据音乐的气氛节奏分段进行巧始、中间和结束部分的动作编排；最后就是成套的串联，修改调整不恰当的动作，不断加工美化使每个段落衔接流畅、融为一体。

第三节　意　义

艺术体操是一种融合了多种艺术形式的美的运动，它在继承竞技体操的框架基础上，汲取了芭蕾舞蹈的纯净体态，吸收了民族民间舞的舞台表现力，融合了武术、杂技和戏曲等众家之所长，将多种艺术文化进行杂糅提炼，并且形成了新的有思想、有结构、有层次深度的艺术形式。这是艺术体操所独有的魅力所在。艺术体操注重韵律和节奏，构成艺术体操成品套路的动作元素也不是局限在体操的力量上，而是富有节奏感、表现张力和优美度，具有艺术柔软性。这种从舞蹈艺术舞性思维里延展而来的柔软性和艺术表现力也成了艺术体操与其他体操项目本质区别的关键。艺术体操在秉承体育强身、健体、显志的基础上，完美融合了舞蹈的柔软姿态，这一点在艺术体操运动员的基础训练中显而易见。在训练中，舞蹈的基本功和姿态的训练是一直贯穿在艺术体操运动员基础训练始终的元素，从手位到脚位，从姿势体态到柔初性训练，从基本擦地到抱腿踢腿，再到技巧训练，很大限度上复刻了舞蹈芭蕾的训练。因此在艺术体操运动员的平时训练或比赛中，有别于其他体操项目的高度力量性和难度水平，我们常常看到的是优美挺拔的舞蹈姿态和流畅婉转的舞蹈动作,看到一种力量与柔美共存的矛盾线条美,这与艺术体操基本训练中舞蹈的融入是分不开的,同样这也正是艺术体操中时刻体现的“艺术”柔软所在。体育与舞蹈虽然存在不可分割的联系,但体育无论怎样舞蹈化,也还是体育,它们有着区别于其他学科的本质特质。也就是说,艺术体操归属于体育,舞蹈创编思维的融入虽然并不会改变艺术体操的竞技性和运动的本质,但是它却可以融入渗透、影响提高艺术体操的艺术价值和品质。舞蹈创编思维对于艺术体操的影响意义不可小觑,它的影响主要在于艺术效果的呈现上,对于艺术体操这种典型的难美型项目来说,美的展现是艺术体操的灵魂,舞蹈创编思维的融入使动作的设计编排更加丰润,提高了编排舞蹈动作的优美性和丰富程度,使肢体动作和音乐不再貌合神离;舞蹈创编思维的“走心”风格和向心性使运动员的情绪表达更加多样,细致走心,突出了艺术体操的“艺术”,大大提高了其艺术性和观赏度,使艺术体操朝着优质健康的方向发展,迸发出更加强烈的艺术魅力。

舞蹈编导或是艺术体操成套动作的编排,都是通过将素材筛选抽离,提取出精髓,在创作思维的指导下,或抽象或具体地进行加工塑造,将人类的肢体表达赋予美的含义的艺术口类。对舞蹈与艺术体操的比较研究,其实包含了人对于艺术感知的隐藏的关联性的研究。舞蹈的表现主义美学就是艺术家的主观印象去反映客观世界,传递内心情感。舞蹈艺术家在创作舞蹈作品过程中,通过对客观素材的镜头捕捉,经历思维活动艺术化的审美构建,通过肢体动作的不断拆分组合,最后反映出编创者的一种情感寄托。这种情感或忧伤或欣喜、或传递或叙事,恰恰都成了舞蹈编导构思和编创这个舞蹈作品最初出发的原点,这也是舞蹈与艺术体操及其他体育学科的本质区别所在。舞蹈同其他体育学科一样,都有表现都有美学,但是不同于体育对于更离更快更强的追求,舞蹈是从情感诉说的这一原点出发,通过四处发散的想象、丰富的肢体直到完成其美学表现力。换句话说,基于表现主义美学的视角,舞蹈其所有的肢体语言和外在动作都是为情感主线服务的。

舞蹈艺术和艺术体操的创编都是一个抽象到具体的结构转化过程,即由抽象的思维活动到具体实际的成套艺术作品的诞生。在这个过程中,舞蹈和艺术体操创编都有着各自不同的思维过程。

身体动作的创新、器械动作的创新、艺术表现力的创新是艺术体操编排理念的核心，围绕这个核心，编排中尤其注重动作形式上的唯美主义，无论是单个动作、组合串及成套动作，都是依靠动作之间的连接来体现其节奏变换和欢快、活跃的情绪与美的传递。在不断提高对舞蹈动作元素借鉴、理解与运用的基础上，创造出了许多富有时代美感的体育艺术作品，不但极大地丰富了艺术体操身体动作、器械动作和艺术表现风格的数量和种类，提升了身体动作和艺术表现力的水平，同时，也在充满竞争和挑战的时代发展中，引领并推动艺术体操向着更高的境界和水准不断地创新与发展。主题表现的编排理念，就是在与时俱进的自我审视与创新发展的基础上，对舞蹈创作理念与编舞技法借鉴后的理念突破。

在舞蹈艺术的发展过程中，对主题表现的认识同样是逐步深刻的。从远古取人悦目却毫无主题的身体线条与优美体态的表现，到今日犹存的或刻意于身体技术、高难度技巧的表现，而无论其是否有主题表现的意义，或仅是一点浅薄的、不足动以人心的，甚至是毫无意义的主题表达，均令舞蹈艺术精深的文化内涵、丰富的舞蹈语汇和优美的肢体语言难能体现，更谈不上释放出感动心灵和诠释生命的艺术震撼，从而让舞蹈这门历史悠久几多辉煌的艺术形式，几乎跌入到仅有其表的窘况。因此，有了舞蹈美学的争论与研究，有了舞蹈人类学的争论与研究、有了舞蹈哲学的争论与研究，在逐步深刻的争论与研究中，催生出舞蹈生命的蝶变，有了体现生命哲理的主题选择、主题提炼和主题表现的创编理念，有了舞蹈艺术历史、现代、将来的永远的璀璨。

艺术体操编排理念的突破也大似如此，在相对短暂的历史发展中，编排创新的触点主要焦灼在身体动作、器械动作和体美表现上。由此，“难、新、惊、巧、绝、美”成为编排创新的追求，于是，有了高难度、高技术配以体美表现的体表美，有了近似雷同、直逼人体运动极限能力的、体现身体柔韧性、力量性、惊险性的体育属性的竞技美。体育属性是艺术体操的发展之本，同样，体育属性也在自然法则的规律中，局限了艺术体操编排理念的突破。局限体现特性，可以催生精品，同样也会缩短艺术体操从起源、发展到消亡的时间。于是，在体育与艺术相融发展的时代背景下，在借鉴舞蹈艺术历史发展的基础上，创新发展中的艺术体操对艺术价值的理解和编排理念的创新终于有了质的突破。

1997 年，在国际体联颁布的国际规则中，首次做出了对艺术体操成套动作艺术价值评判的规定，渗透出舞蹈在艺术体操中的崇尚地位与对舞蹈美感精髓的理解，影响并开始改变艺术体操在编排实践方面的惯性思维。例如,艺术体操成套编排中,长期惯用的转体难度前用“大弓步”或“大四位”预备造型姿势的停顿;又如,大跨跳前的“并步跳”接2步助跑这一机械生硬的连接方式,都将不再成为现代艺术体操成套编排流畅性连接动作的合理标志了。在2009年后的国际规则的变化中,更是逐步地或取消、或降低了超难度、超惊险类动作的数量和加分值,在逐步提升艺术价值分值的同时,对成套动作的编排做出了要有主题表现的规定(包括音乐主题表现)。在最新的2022—2024版的新周期规则中,更是直接加入了“艺术分”作为评分的一项分值,分值与完成分相同,成为评分的三大项之一。这就意味着在艺术体操成套动作的编排中,要彻底转变对超难度和超惊险类动作片面追求的编排理念,要借鉴舞蹈创作中题材选择、主题提炼与主题表现的理念和方法,探索基于体育属性的体表美与基于艺术属性的意境美相结合的发展之路;从而,将艺术体操与舞蹈艺术相互学习、相互借鉴、相互汲取与相融发展的关联,推伸到更深远、更广域、更紧密的历史阶段。

一个完整的艺术体操成套动作通常包括开始部分、中间部分和结束部分,这个部分是构成套动作最基础的段落模块。开始部分重点在于利用起始姿态造型抓住观众的注意视线;中间部分是整个成套动作组成的主体部分,所有突出运动员个体能力特征和风格的动作编排都在这个段落;结束部分的任务则通常作为对于艺术美的延伸。三个部分有各自重点的表法,各司其职,再汇总于艺术音乐里,使观众得到美的享受。艺术体操编排也建立在抽象的思维依据和结构基础之上,围绕艺术体操项目的主导因素而铺展开来,最终要得到完美流畅的成套动作结构。以田麦久的项群理论来讲,艺术体操作为难美性项群的典型代表,该项目的核也主导因素便是“难、新、美、稳、准、力、智”,不同的主导因素给予不同的制胜支持。“难”是艺术体操项目制胜基础;“新”是艺术体操项目制胜法宝;“美”是艺术体操的制胜核心;“稳”是艺术体操项目制胜技术保障;“准”是艺术体操项目制胜品质保证;“力”是艺术体操项目制胜前提条件;“智”是艺术体操项目制胜决策能力表现,各个因素相互制约互相统一。对于艺术体操来说,毫无疑问“难”是生命,“美”是灵魂。

因此,关于对舞蹈和艺术体操创编思维过程的分析,可以得出舞蹈艺术和艺术体操的创编都是一个抽象到具体的结构转化过程,由抽象的思维活动到具体实际的成套艺术作品的诞生。舞蹈的创编思维是由素材动机和主题而展开，艺术体操的创编思维过程则要依据艺术体操的项目致胜因素而展开，相对于舞蹈创编过程中华想要表达的情感主题和考虑细枝末节的纷繁复杂性而言，艺术体操的编排结构就简单明了很多，组成结构段落清晰分明，兼顾考虑项目制胜因素，共同构成艺术体操创编的思维过程。

第六章 舞蹈创作思维在艺术体操编排中的运用

第一节 动作设计

运动训练学中提到动作结构的类别取决于动作要素，影响整个动作的价值取决于动作要素的数量，而动作要素主要包括动作之间的连接方式、动作轨迹、身体姿势、动作时间、动作速度、动作力量、动作节奏和动作速率8个。动作要素的质量高低从而影响整个动作技术难度价值，而在艺术体操成套中构成跳跃类难度动作结构分为动作技术、动作连接方式、身体姿势和动作数量四个要素，在配合与之相适应的器械基本动作和器械难度，形成一个完整的难度动作。

一、身体难度

在艺术体操中，身体难度动作的分值在艺术体操难度动作总分中占比非常高，同时其有特殊的技术特征，身体难度又是器械难度完成的基础，运动员完成这类动作需要有较高的技术水平。评分规则中对于身体难度动作的技术规范非常苛刻，如果运动员在比赛中完成的难度动作不符合评分规则的要求，则被视为无效，不能得到相应的分数。运动员必须全面提高各类型身体难度的技能水平，力求每一技术动作的精雕细琢，在比赛中高质量地完成身体难度动作，才能获得高的分值。

俞晓艳在《我国艺术体操个人运动员身体难度动作研巧》中认为，通过对艺术体操各类型身体难度动作发展的情况及我国运动员比赛中身体难度的完成情况进行了深入分析，并得出如下结论：我国艺术体操运动员成套动作的难度数量多，类型应用较为丰富，但单个身体难度起评分低，价值不及国际高水平运动员；我国运动员身体难度完成的扣分点主要集中在：失去平衡；有多余动作；姿势缺乏幅度、落地重；平衡姿势不固定；转体姿势不固定、不准确；转体过程中脚跟支撑、小跳等方面，完成质量低；运动员和教练员训练水平、成套动作的编排问题是影响我国艺术体操运动员身体难度技术完成的主要因素。

高元元和胡效芳在《从2009年版规则看艺术体操身体难度的发展趋势——基于新旧规则的30年演变研究》一文中对艺术体操身体难度的发展趋势进行了总结和归纳：第一，身体难度总数量呈现出缓慢增长和逐渐回落的趋势；第二，评分规则对四大类身体难度的均衡发展起到有效的调节作用，但平衡类身体难度动作的发展仍然较慢；第三，合理调整运动员成套动作中难度的数量，有利于艺术体操项目的均衡发展。

王渝蓉在《从近10年艺术体操规则的演变探寻个人项目的发展趋势及对策》一文中通过对近10年的规则变化进行研究，总结出艺术体操个人项目的发展趋势：身体难度动作朝着竞技化的水平发展；要求器械与身体动作完美结合；高规格的动作完成是艺术体操走向"完美"的要求；人性化和竞技化的和谐并存。根据艺术体操评分规则的发展趋势，在训练中主要从运动员的专项身体素质和器械使用熟练度等方面来提高其竞技能力，进加强对运动员艺术表现为和心理能力的培养。教练员应以最新版国际艺术体操规则为导向编排个性鲜明、独具特色的"艺术精品"。

跳跃类身体难度动作是艺术体操最有代表性的动作之一，这不仅可以是运动员体力、弹跳素质和技术训练水平的主要标志，在空中的开度、身体姿态运用的器械动作会在比赛时给评委和观众留下眼前一亮的视觉冲击。艺术体操跳跃动作分为大、中、小三种跳跃类型，跳跃类身体难度动作基本过程包括屈膝下蹲（助跳、上步和起摆、缓冲）、蹬伸（起跳、离地）、腾空（动作造型、保持姿势）、落地（准备着地、缓冲、连接与修正动作）。因此在艺术体操跳跃类身体难度想取得完成高分，运动员就必须在腾空时具备一定的高度，空中保持优美姿态，动作幅度足够大。跳跃类身体难度动作的完成对选手的基本身体素质提出了更严苛的要求。在进行跳跃类难度动作时，选手自身的肌肉耐力以及瞬间爆发力是完成高质量动作的前提，在此基础上，还需要选手具有良好的身体稳定能力、控制力、平衡力和协调性。这充分说明难度不仅体现在数量上，同时也表现在动作变化的内容丰富上。只有动作组合连贯、协调且具有柔韧性和灵活性，才能给予观众感观上的美。不同的跳跃类身体难度动作有不同的跳跃动作技术，每个动作技术都由动作的基本结构和技术组合组成，是这些动作的技术结构决定了不同的价值，是不变环节，决定了难度动作的内部属性。运动员动作技术稳定程度决定了在动作结构中起主导和关键作用，直接影响运动员的竞技能力水平和运动成绩。难度动作的外部表现形式主要由难度动作中不同的难度要素、动作的表现形式和不同的连接方式决定，从而获得难度分值的作用，这也是可变化环节。

平衡类身体难度中，身体的平衡是保证规范完成一切动作的前提和基础，需要在动作进行时能够对身体各个部位的力量进行精准的控制和利用，做到收放自如。平衡类身体难度动作不仅体现在每个动作的规范性和高标准上，还对各个动作之间的连贯性、流畅性和时间限制等提出了更高的要求，这无疑加大了运动员对于各个动作的时间控制和动作取舍以期得到更高分值等问题之间进行协调把握的难度。平衡是在不同的环境与条件下，保持身体姿势稳定的能力。从生物力学层面分析，平衡类动作是以身体某一部位作支撑，达到并保持某种身体姿态的动作。实现平衡的首要条件是身体重也投影需要在支撑面内，影响平衡的要素则是身体重心、支撑面及所有方向上的力与速度。身体重心越低、支撑面越大，各方向的合力于速度越小，平衡的稳定性就越好。要准确的完成平衡类动作，需要遵循以上基本原理。因此，一名优秀艺术体操运动员的协调把控能力往往体现在平衡类身体难度动作中，也是一个优秀艺术体操运动员专业素养的集中表现。

在完成转体类身体难度动作时，不仅要求艺术体操运动员既要有强劲的肌肉爆发力作为转体过程中旋转速度和旋转时间的支撑，还需要运动员自身具备良好的身体控制力、平衡力、协调性等身体素质能力，用来作为旋转过程中保持身体稳定、持续的基础。这无疑从侧面反映出，能否高质量地完成转体类身体难度动作，集中体现了艺术体操运动员身体体能的综合应用。从另一个角度来看，转体类身体动作难度的技术比其他两大类别的难度技术动作的要求更高，并且，在价值层面也处于更高水平。

随着现代艺术体操技术的迅猛发展以及规则的跳跃式变化，推动艺术体操项目在不断地改进与创新。在成套动作中，结合旋转的动力性动作从单一的惊险元素逐渐发展成为难度的重要组成部分将动力性动作分布在开始部分能给裁判和观众一种难中求险的感受，并且引起观赏者的注意力，以及对整套动作的期待，给人以紧张、刺激的视觉盛宴。中段则是整个动作中的主要部分，是整个动作推向高潮和不断发展的重要组成部分。这一部分的动力性动作能保证分数与质量，将所编排的动力性动作完美地呈现出来，更能提升赛场的紧张气氛，加深观赏者的印象，有利于运动员的得分。同时，这个时间也是运动员体力还好的时间段。最后部分不仅是对运动员体能素质的考验，也是对运动员运动技能的肯定，大多运动员到接近尾声时体力不足，容易出现器械落地、抛物线不准确等失误。而体能素质高的运动员，最后部分为了达到最高水平去尝试高难度的动作，因此可以得到高分，打造亮点，使观赏者的焦点再一次聚焦到运动员的表演上，达到意犹未尽的效果。无论是将动力性动作安排在成套动作的哪一部分，都有每一相应部分存在的优势。因此，教练员都应该根据不同运动员的个人特点、音乐特色以及运动员所能达到的能力去编排动力性动作，以此提高成套动作的完成质量来获得更高的总体分值。

随着艺术体操身体难度的发展，教练员与运动员对身体难度技术训练的期望已经达到了一定的高度，传统的单一身体难度动作训练形式已不再是重点。因此，想要进一步提升身体难度的完成水平，应率先重视运动员自身的素质能力，秉承“超前原则”即能力发展先于技术训练。身体素质能力应大于技术能力，保证技术动作的规范性、准确性，避免因技术超难、身体素质不足导致动作变形，进而影响个人技术发展。而不同的身体难度完成形式、结合类型要融入训练中，丰富身体技术训练方法和手段，以此适应身体难度动作发展的需要。

二、器械难度

以器械难度的角度来分析，器械难度动作为现阶段个人项目成套中最重要的难度类型之一，无论从编排到完成，都体现出运动员个人竞技能力和器械技术水平。由于难度总分不封顶，国外高水平运动员器械难度得分及数量逐年快速递增，编排形式大胆创新，并与各类难度动作融为一体。而我国运动员在完成器械难度动作时，常选用较为常规的动作而缺失巧妙新颖的器械难度设计，导致单个器械难度动作堆积，结合类型单一。编排思路以求稳为主，进而限制器械难度动作创新。因此，应转变器械难度创编思路，突破在创编中仅仅满足于不扣分求稳的倾向以及低价值、结合类型单一的编排形式，打破常规器械难度动作完成形式，将器械难度与空间、视觉、身体表现相结合，增加器械技术多样化选择，丰富不同器械难度动作之间的巧妙连接，使动作流畅且具有加分价值，提高器械难度观赏性。

赵颖在《中外艺术体操个人项目器械难度动作比较研究》中指出，难度动作中器械难度动作数量呈上升趋势，而根据新规则的变化，器械技术发展的总趋势是随着器械难度数量的增加，复杂超难的、巧妙的、高价值的器械难度动作被选编进各项成套动作中。遵循动作类型灵活多变、器械运用突出惊险性、身体动作与器械动作相结合、器械动作舞蹈化的编排理念。注重器械动作创新，把独特的创新动作作为突破口，以新出奇，以巧出奇，要用开放式的创编思维，大胆设计，勇于挑战，根据运动员特点，把握扬长避短的基本原则，为运动员进行有针对性的“量身定做”并适宜发展的新难度动作，提高动作的速率、准确性、稳定性。

樊铭在其《中国艺术体操个人运动员器械技术水平及影响因素的研究》一文中对艺术体操器械技术的发展趋势做出了有力的研究；器械运用的多样性；准确规范的器械技术、身体难度与器械技术动作创新结合；紧密和流畅、巧妙的器械连接动作将是艺术体操器械技术主要的发展动向。我国运动员器械术组动作使用不够充分，成套动作对各项器械的特性突出不足；器械基本技术的不规范，增加了扣分；器械运用多样性缺乏，用身体其他部位运用器械动作数量少；身体动作与器械动作的创新性结合少等。

汪敏等在《我国艺术体操后备人才器械技术运用的现状及问题剖析》一文中通过研究得出结论：苦术体操器械技术将向着“难、新、阴”方向发展。我国少年艺术体操运动员器械技术方面的薄弱环节是：绳操动作中器械技术没有充分发挥项目本身的特点；圈操运动中从圈中穿过动作运用少；球操中的典型技术动作如球在身上自由滚动没有充分体现出；棒操动作的小五花存在技术水平不高；带的小抛和抛接使用少，类型不够丰富。器械静止多，失误率较高，显示出运动员的器械技术基本功不够扎实。

缑小燕在《艺术体操项目中圈器械技术与身体动作赖合之研究》中通过分析对比，得出下结论：器械技术与身体动作的称合是现代艺术体操技术的发展趋势，也是衡量艺术体操运动员专项技术能力的重要指标。柔韧和平衡类身体难度是我国运动员水平较强的难度动作类型。但在动作的做法以及和器械的耦合上，我国运动员的动作难度值相对偏低；我国运动员较少去选择高难度高分值的跳步和转体动作；集体项目应该充分利用好分组运用器械结合难度的活力性，是我国集体队伍在成套编排中应该考虑的。

在器械种类上，艺术体操对于器械的使用是在艺术体操的规定器械范围里面，并且集体项目中所使用器械的规格一致，而对于舞蹈来说，道具的使用没有硬性规定和局限，任何一个客观事物都可以成为舞蹈创编中运用和互动的道具。因此在器械道具种类的使用上舞蹈的范围就要比艺术体操的器械使用大得多，自由得多。另外在器械的运用上，舞蹈创编中常常要做到的是器械道具与舞蹈演员之间的互动与交流，甚至可以直观从互动中看到作品想要表现的主题情感；而艺术体操中与之不同的是，运动员对于器械的运用和与器械的互动，要考虑和兼顾竞赛评分规则中对于技术难度的要求、运动员的个体及配合的情况。

艺术体操个人项目中圈、球、棒、带四项器械都有其特殊的器械技术类型，不同的器械特点拓宽了器械难度动作的可选范围。在创编过程中，需依据运动员竞技能力、器械技术水平、技术特长、竞技异同性等方面，结合运动员个体特征，进而体现器械难度动作复杂性、多样性。圈是四种器械中面积最大的，圈与身体进行结合时不仅可以让圈在地面或身体的特定部位滚动，并且具有可以让身体穿过的独有特征，充分展现了圈形状特征的技术动作特点。在东京奥运会参加艺术体操决赛的十名优秀运动员采用了穿圈、转圈和抛接等技术性动作，在动作类型上较为丰富，使得圈的技术应用多样化而能够在各个动作衔接上流畅。球的特点是滚动性强而曲面光滑，体积相对小而弹力较大，大抛接和球在身体不同部位的滚动控制成了决赛选手们技术熟练掌握的集中体现。通过控制球在身体不同部位的滚动和不稳定性平衡增加了球的技术应用的惊险性和可观赏性，成了运动员极力追求的高难度动作。棒与其他三类器械的不同之处在于两个器械的同时使用，其中最具代表性的棒操技术动作是抛起在空中的转动。比赛中，运动员常常将滑动、旋转、大抛接等器械技术动作应用于成套编排中，这使得技术动作更具吸引力和多样性。与此同时，在使用棒时，要求艺术体操运动员充分掌握并且利用器械的特性，在动作延伸中将身体与器械完美融为一体，展现更具特色的动作组合。

艺术体操运动员要手持各种不同的轻器械完成各种器械动作如抛接、滚动、转动等和身体动作如跳跃、转体、平衡等。对于艺术体操，不管使用何种器械，对动作来说，都是起辅助作用的，应把它们看作是身体某一部分的延长，起到加大整个动作幅度的作用。为了使身体动作和器械动作有机地结合，应在掌握基本身体动作之后才能运用器械。如果在使用器械时，没有身体动作，那么器械动作难度再高，也不能成为艺术体操，因为那种单纯使用器械的动作与杂技演员的动作没有什么区别，这就失去了艺术体操的基本特点。

创新是艺术体操评分规则不断更新改革的主导思想，随着器械技术的发展，器械难度动作已然成为艺术体操个人项目中最重要的难度类型之一，而运动员器械技术水平是完成器械难度动作的关键。因此，依据规则要求，丰富器械技术训练形式、加强运动员器械技术训练的全面性对提高器械难度动作至关重要。运动员个人技术水平是获得器械难度最终得分的重要因素，也是体现运动员竞技水平的关键。应根据不同器械特点，丰富器械技术训练方法和手段。运动训练手段是指在训练过程中，提高某一竞技运动能力所采用的练习方法。例如，单带棍双带练习，重量增加对出手的速度、力度、准确性要求更大，以提高器械技术水平和能力为目的。双手各持不同器械练习，因器械特点不同，保证准确的完成动作对注意力、手的灵活性、协调性需求增多，以提高身体协调性为目的，进行系统的、准确的器械技术训练。

因此，应高价值、多数量的器械难度动作是获得高分的关键，应选用富有器械特点的器械技术动作，而多种类、多样化的加分标准是构成器械难度完成形式的主要因素，应将各类加分标准与各项高价值器械技术相结合，提高单个器械难度价值和最终得分。丰富运用器械难度动作结合类型，注重单一类器械难度动作数量及分值，尽可能多地完成高价值器械难度动作；重点关注身体难度结合器械难度动作，保障身体难度动作的完成价值；突出舞步结合器械难度动作的编排价值，体现我国个人运动员技术特点、动作风格、民族特征。

三、协作难度

杨国华在我国艺术体操集体项目协作动作及空间运用的研究中提出，作为区别集体项目与个人项目的重要特征之一，协作动作是提高成套动作艺术性、观赏性与惊险性的关键，不仅能充分体现运动员之间、运动员与器械、器械与器械之间的相互配合，也强调了团队合作精神的重要性。赵亚楠针对我国集体项目中协作动作的呈现形式进行分析研究后提出，团队配合关系是艺术体操集体项目的根基，运动员自身技术水平的不断提升，合作技术也会得到持续性的创新发展。集体运动员之间的互相合作是集体项目中协作动作的主要体现,高分值、多样化的协作动作是集体成套展示技术和艺术性的重要途径,选编数量与类型是协作动作为成套带来多样化视觉体验的基础。周海洋,朱振楠在关于新周期规则中艺术体操集体协作动作发展趋势的研究中提到,协作动作作为集体成套中最具代表性的招牌动作,可以很好地展现运动员相互之间的配合关系。规则重点加强完成协作动作时的稳定性,而稳定完成的前提则是合理选择协作动作,合理的选编是协作动作获取高分值的根本,稳定且高质量地完成更是协作动作的基础保障,两者互相渗透互相促进,只有两者的基础稳定才能更好提升协作动作的惊险性。孙弘佳在《中外艺术体操集体项目成套难度动作技术的对比分析》一文中提出,现阶段协作动作是集体队伍获取高分的关键,因此,协作的编排数量以及加分因素的运用也愈发受到中外各优秀集体队伍的重视。协作动作的编排不仅在于数量上的累计,还要重视编排的艺术性、多样性、协作的默契合作以及创新性。部分集体队伍为保协作动作的顺利完成,采用的大多都是中小抛动作,视线外与连续大抛却很少采用,由于多人配合从器械上方或中间穿过的协作类型较为复杂,集体队伍均少有尝试,因此一套完美的成套动作不仅需要合理、独具创意的编排,还需要坚实的基本功。汪敏,吕铭亚,朱振楠通过研究我国艺术体操集体项目协作动作的选编路径后谈到,协作动作的分值在难度体系总分中的占比不断上升,表明协作动作已经成为现如今艺术体操集体项目难度发展的大趋势,是评价成套动作技术水平的关键要素。在一套完整的成套动作中,协作动作的数量不仅提高了难度动作价值,更为重要的是拓宽了成套动作的容量。因此,在选择高难度、类型复杂的协作动作的同时,应对不同类型进行补足,提高集体成套整体的艺术表现力,扩大成套难度动作的创编空间。丁芳芳根据规则的演变,进一步分析影响我国艺术体操集体项目难度发展的因素后提出,协作是区别集体与个人项目最大的特征,运动员通过相互之间巧妙的配合充分展示了集体项目特有的魅力。

综合学者们的观点,我们可以看出,协作动作是集体项目区别于个人项目的重要特征之一,是提升成套动作编排艺术性、惊险性以及观赏性的关键,协作动作充分体现运动员与器械之间的完美融合,着重强调团队间的配合精神,也是突出集体成套编排风格的亮点之一。协作动作发展至今成为艺术体操集体项目难度结构中的核心要素,同时也将其列为集体项目发展的主流,足以证明国际体联对于协作动作的发展非常之重视,预示着未来艺术体操集体项目的技术发展会更加重视协作动作,从而展现集体项目特有的魅力。优秀集体队伍一个完美的协作动作需要由独具创新的编排与高质量地完成所共同呈现,协作动作完成的好坏也是集体项目竞赛成绩的主要决定因素之一。因此,要想在比赛中获取理想运动成绩,就要求运动员必须精准地完成所编排的所有难度动作。器械掉地等失误的出现不仅会造成难度的价值失效,并且还将严重影响成套动作后续的完成质量,严重干扰运动员比赛时生理、心理及器械技术的呈现效果。所以"完成"的好坏在一定程度上也决定着比赛的走向。

2017—2020 版艺术体操评分规则指出难度动作编排价值没有上限后,协作动作的数量在成套中的占比不断攀升,在 2022—2024 版艺术体操评分规则的引导下,成套中协作动作的编排应当由高数量时代向高质量时代所迈进。严格按照 2022—2024 版评分规则对于各协作动作类型的规定数量进行编排的同时,提高协作动作的内在价值,推动成套动作总价值的提升,从而全面提升成套的整体编排层次。从当前艺术体操集体项目的发展趋势可以看出,仅完成协作动作的基础分值已不能满足高水平集体队伍的编排需要。通过评分规则可以看出交换难度的完成形式有很多种,5 名运动员通过完成不同形式的交换难度动作,增强视觉效果凸显交换难度在完成形式上的花样性以及层次感,体现集体项目的团队配合的同时也增强集体项目成套动作的观赏性。在编排价值方面通过运用多种加分因素增加交换难度动作的编排价值,是目前提高交换难度编排价值的关键性因素,在交换难度中运用多种加分因素,是高水平队伍技术能力的展现,增加交换难度动作价值编排,同时为交换难度动作创造更多的惊险性在视觉效果上带来强烈的冲击力。

因此,在艺术体操编创过程中,编创者不但需要保证动作的连贯性与整体性,还需要有意识地协调运动员相互配合的灵活性。而衡量动作灵活性的指标在于观众的感受,若对艺术体操技巧、动作规程不了解的观众,其在观赏艺术体操表演时能发自内心地产生震撼感,还能与艺术体操动作的表演者形成良好的情感共鸣关系,那么就证明这套艺术体操动作的编创呈现出良好的灵活性效果,而非各种艺术体操动作的简单叠加。基于此,若编创者无法精准确定艺术体操动作的价值取向,那么其在实践过程中可以结合音乐背景与艺术体操的价值,深入挖掘音乐曲目中呈现出的故事情节和氛围,以此为基础不断升华艺术体操的编创主题,从而基于整体角度创造出良好的氛围感,为艺术体操动作编创的整体性赋予更深层次地艺术价值。

四、身体素质

在艺术体操动作编创过程中应以锻炼身体素质为根本目的，实际上不同体操动作技巧对应的肌肉或肌群不同，其最终呈现出的艺术体操动作可视为肌肉美感的另一种体现，因此编创者在团队动作编排过程中，更倾向于选择身体形态相似、身高相同的运动员，但每个个体呈现出的肢体动作仍然存在本质上的差别。这就需要编创者从团队动作的整体性和对称性着手，尽可能在视觉效果上保持良好的平整性和统一性，从而有效减小运动员在肢体上呈现出的差距。但在动作幅度相对较大的艺术体操编排中，相关运动员仍需要在默契和技巧掌握上付出大量时间与精力，以此为整个团体动作的对称性提供基本保障。此外，编创者在团队动作编排过程中，还需要基于艺术体操这一层面严格把控运动员的运动技术技巧。

身体素质是局限我国艺术体操运动员身体难度动作发展的首要因素，具备优秀的基本身体素质是一名艺术体操运动员高标准完成成套动作的前提与保障。我国运动员在跳跃类身体难度动作方面，身体的肌肉爆发力欠缺，控制协调能力和柔韧性方面不够灵活敏捷，技术细节在规范性上还有待完善。在具体实操表现中体现在，重心控制不够好、落地平稳性较差、完成难度动作时略有停顿，从而不能一气呵成完成动作，并且缺乏应有的流畅性和连贯性。在平衡类身体难度动作方面，对身体深层肌肉的控制能力欠佳，以至于不能够平稳的保持身体的平衡性，从而限制对于时间上的把控能力。另外，平衡类身体难度动作的数量、类型贫乏，选择的动作难度价值较低。例如，在多数平衡类动作不能采用立足平衡动作，导致动作在完成质量上缺乏应有的精准度和完美性。相较国外顶级运动员，我国艺术体操运动员在完成转体类身体难度动作时，转体的速度较慢、时间较长，这体现了我国选手在肌肉瞬间爆发力与肌肉力量方面的不足。转体时要求运动员姿态稳定、持续，需要运动员拥有强大的肌肉耐力、控制能力、身体协调性等身体素质能力辅助运动员高效率完成身体难度动作。全面提升我国运动员器械熟练性、身体素质以及综合能力的专项训练，努力提升器械技术的运用能力及加分因素的多样化、规范化练习。并深刻解读规则导向以及技术的发展方向，为提高协作动作价值编排，增强我国运动员综合技术能力带来一定帮助。创新编排是提升成套品质的基础，完成质量是决定能否获取理想运动成绩的关键。运动员必须熟练掌握并完美展现成套编排中的每一处亮点，达到高规格高质量完成才能减少不必要的扣分。加强器械技术高质量、高规格、高难度的训练，深刻挖掘影响完成这一可控因素的问题所在，才能够保证成套动作获取理想分值，方可推动我国艺术体操项目跻身世界前列。

艺术体操与舞蹈之间在身体素质与技术要求具有相似性，可以在艺术体操训练过程中合理借鉴舞蹈的训练方法。合理开展舞蹈训练，能够提高艺术体操运动员在弹跳、转体、柔韧、平衡等关键技术以及学会控制肌肉的张弛交替，依次或同时的协调用力的能力。同时借鉴不同舞种的步伐完成艺术体操动作链接及空间的移动，可以使运动员在肢体、躯干的各个关节、肌肉群的控制、支配以及重心移动上呈现更加多样化。所以，有选择地将舞蹈训练中的方法运用到艺术体操的教学训练中，不仅有助于学生对艺术体操动作的理解和掌握，提高运动者的身体素质，达到艺术体操的教学和训练中形体节奏变化与内心律动的统一。

五、艺术体操与舞蹈

艺术体操和舞蹈之间存在着和谐互通，可以互相借鉴、互相吸收、协同发展现象。当我们把舞蹈“内在的无形运动变为身体外部的可视性运动”，怀着强烈的创造欲展现出人们最本质的、内在的，有时甚至最原始的心理状态糅合于艺术体操的创作编排和表现上，就能充分体现“空间艺术”与“时间艺术”性质的双重性，将美妙动听的音乐、矫健柔美的身体动作和灵巧惊险的器械动作与突出的情绪主题有机地组合起来。比赛场上，竞技艺术体操运动员高超的个人技巧能力，如跨跳后结环、高举腿转体180度等动作，因超越于舞蹈领域的人体技巧展现与力量表达而给人们带来视觉冲击，同时，又以自己的身体为语言作“心智交流”，负载着舞蹈文化的人文意境而使技巧之美提升为意蕴之美，让观众获得赏心悦目的审美效果。舞蹈形体能力是指学舞者的躯干、头部、四肢等的控制和协调能力。一名艺术体操运动员的舞蹈形体能力的强弱直接影响其运动技术水平的提高与发展。若要使艺术体操动作完成准确、优美、幅度大、质量高，就必须具备扎实的舞蹈基本功和较强的舞蹈形体能力，因此，各种把杆上的、地面上的、原地的、移动的基础性舞蹈练习，以及不同节奏与风格的舞蹈组合练习均成为艺术体操舞蹈能力培养的必要手段，这些练习可以促使运动员形成正确、优美、规范的身体姿态，可以建立“开、绷、直”的舞蹈意识，可以提高运动员的柔韧性、力量、速度、灵敏度和协调性等身体素质与平衡和控制动作等能力；如压腿、搬腿、控腿、踢腿，能提高腿部的柔韧性和力量；躯干弯曲与伸展能提高腰部的力量与灵活性；大幅度的身体波浪姿态及组合练习能提高运动员的控制力；变化多样的小跳、中跳及大跳练习能增强运动员的弹跳力和灵活性；各种姿势的静止提踵练习，能提高平衡能力等。另外，通过吸收各种舞姿技术，如阿拉贝斯克（Arabesgue）、芭塞（Passe）、代弗拉佩（Developpe）、阿提久（Attitude）等，构成艺术体操基本难度组合的系列动作，训练舞蹈形体能力，并可渐渐向极限发展，提升为艺术体操身体技术能力，极大限度地展现在竞技赛场上。

舞蹈中的难度主要是柔韧、转体（二位转、四位转、挥鞭转等）、跳跃（大跳、凌空越、大射燕跳、倒踢紫金冠、横飞燕等）、翻（踏步百翻身、点翻、串翻、吸腿翻身）和毯技（前桥、后桥、云顶、侧空翻）等。难度动作在舞蹈中处于被支配的地位，难度动作对于舞蹈而言只是一种表现手段，也就是说动作难度只是为表演者增添色彩，主要是为了能够充分表达他们想表达的情感并以此来获得观众的共鸣。例如，《爱莲说》里有个动作单腿跪地，一个小五花打在胸前，后腿勾翘与上身后仰所合成了一朵“莲花”的造型，用身体上的难度动作将“莲花”刻画成具有中国传统美的超凡脱俗的女性形态。演员用行云流水欲诉还休的肢体语言向我们表达了更高层次的审美追求，因此莲花的造型便是整个剧目的亮点。所以，我们说难度动作对于舞蹈来说只是表现手段，是更具抒情性的。此外，较高难度的动作也是检测舞者是否与专业的一个重要因素，但只限于检测素质这一点而已。因此，在舞蹈中难度动作只是一个重要的辅助，舞者要报以认真的态度对待，但这并不是舞蹈的全部内容。

艺术体操对于学习难度技术动作的意义与舞蹈大不相同。难度动作在艺术体操主要是与器械的抛接，跳跃，摆动和平衡的完美配合来表现的。在艺术体操中，难度动作占有着自己的主导地位。我们可以这么认为，难度动作是艺术体操的精髓与灵魂。难度动作是运动员体现能力好坏的一个标准。在比赛中难度动作对于体操运动员来说都是关乎最后成绩的重要影响因素。就艺术体操中的跨跳来说，最基本的跨跳只有 0.3 分，而跨跳接环有 0.4 分，跨跳 + 躯干后屈则有 0.5 分的高分；再比如基础的浮埃迪鹿跳只有 0.2 分，浮埃迪鹿跳结环有 0.3 分，而浮埃迪躯干后屈则有 0.4 分的高分。身体难度动作得分不高的运动员最终得分也不会高。以尚蓉为例，她在全国竞技体操个人锦标赛少年全能项目中以68.60分的成绩获得亚军，这是因为她在基本难度水平上又增加了难度，而且表现出色。因此，我们说艺术体操对难度动作是犹如生命般地重视。而舞蹈与艺术体操对难度技术动作学习态度的不同，也直接决定了两者之间显而易见的差异。

第二节　音乐主题形象建立

音乐的选择对于艺术体操来说是极为重要的，音乐会呈现出不同的风格节奏以及不同的情感。动作是音乐进行情感的抒发的一种体现。运动员需要对伴奏的音乐风格与整套的动作进行完美的表达。虽然音乐是多种多样的，但是在艺术体操中所使用的音乐很容易出现类似的情形，所以运动员的音乐风格需要尽量避免出现雷同，我国艺术体操运动员年龄往往偏小，平时多注重技术性训练，却忽视了精神训练，所以亲情感体验较弱，对情感的理解较少。所以需要对其表演艺术天赋进行挖掘，提升其情感把控能力。我国传统舞蹈的伴奏风格多样化，内涵丰富通俗易懂，较为容易理解，从中进行材料的选取，能够更好地将其与音乐进行结合，可以给人耳目一新的感受，从而获得创新性的得分。

在舞蹈和艺术体操编排中，所有的动作设计及构图流动都在音乐节奏变化中进行，音乐元素的运用在舞蹈和艺术体操中不单纯是节奏、节拍上这么简单，因此舞蹈和艺术体操在创编工作中考虑音乐的运用是要对动作起串联和协调的作用的，并且都要考虑到整个乐曲的风格对情感的抒发和气氛的烘托作用。此外，舞蹈和艺术体操在乐曲的选择上都会融入不同的乐器，增添新的特色元素。而在音乐的节奏方面，由于舞蹈包含民族的多样性，音乐的节奏也丰富多样，不同民族的舞蹈音乐节奏大不相同。例如，维吾尔族舞蹈就有着自己独有的固定节奏，而艺术体操的音乐节奏较为单一，与操类动作的节奏一致，8拍为一组。在乐曲的选择上要考虑运动员的个体特征及所用器械的特征来进行选择的，例如球和带常选用与其特征相符合的柔软优美的音乐，而圈、棒则常常使用显示速度气势的音乐；舞蹈艺术与之略有不同的是，一个完整的舞蹈作品最终是要传递表达一种情感或者叙事主题的，舞蹈中的音乐有时是为作品想表达的主题情感所服务的,主题在先,音乐选取在后,音乐在舞蹈中常常对舞蹈形象的营造及主题情感表达起渲染和铺陈作用;也就是说音乐在艺术体操创编里是主线,在舞蹈中时而转化为渲染工具等多种角色。

在一些先确定动作而后再进行选曲的编创过程中,需要编创者根据动作对音乐进行选择。而这时需要编创者在音乐类型和体操适配度等层面拥有一定的选择经验。许多编创者认为选择音乐无非是整体节奏对应即可,虽然理论上并无差错,但对应到细致的思考中便可明确,对于一些艺术体操的初学者和非专业运动员来讲,音乐的整体形态也能在一定程度上为学生的掌握度增加辅助作用。例如,节奏明确且创作时间比较接近现今时间的,即目前青年人比较熟悉和适应的曲目。因此,当学生在熟悉的基础条件下进行练习时,就会本能地带有一种乐观和饱满的态度。尤其在需要手持器械的艺术体操中,器械的旋转控制并不像控制肢体一般容易,因此,选择律动感和节奏间歇描述比较贴切的音乐,能最大限度地减少运动员在控制器械时的出错概率。

音乐主题形象的建立是舞蹈创编思维中常用到的手法。舞蹈编导先建立主题形象,再依据主题形象深入分析音乐细节,进行素材的收集和捕捉,舞蹈创编思维的素材来源离不开舞蹈编导者对于生活的细节观察,捕捉沉淀。在舞蹈创编中,要想最终呈现出来的舞蹈作品主题完美深刻,取决于舞蹈编导进行艺术创作的整个创编思维的过程品质,而创编过程的首要之重就在于对于主题的确定和音乐形象的建立。一个舞蹈作品的诞生可能素材来源于一朵花、一片叶。例如,桃李杯大赛女子独舞一等奖的获奖作品《一片绿叶》就是舞蹈编创者以叶子作为主体形象,生动体现了叶子或随风摆动或迎雨飘摇的姿态,有了舞蹈编导对树叶主题形象的建立、音乐的深层次处理以及叶子各种姿态的细心、观察和细节捕捉才会使舞踏表演更加形象写实;例如舞蹈作品《老伴》就刻画建立了一对携手相依的老人的主题形象,从而舞蹈编导对日常生活中老人的生活中吵架拌嘴的细节和温暖的瞬间等生活细节的观察,最终形成一段主题深刻的舞蹈作品。因此,舞蹈创编思维中对于音乐主题形象的建立的手法,可直接影响这个舞蹈创编接下来的思维走向。

而在目前的艺术体操编排中,很多教练员往往考虑的是动作与乐句的节奏和情绪是否相符契合,但是这样就造成了只是在音乐节奏中做到动作和技术难度的串联,动作与音乐形象不一致,内容和意义不一致,音乐与动作貌合神离的现象。随着艺术体操不断地包容发展，艺术体操比赛也越来越要求参赛的成套动作要有一定的主题意义，而这些恰恰都是舞蹈创编思维里一直沿用的编创手法。如果在艺术体操创编中，教练员运用舞蹈创编思维，不单单局限在乐句的节奏变化上，深层次地分析乐曲，体会情绪构建主题内涵，设计音乐主题形象，根据主题形象的特征设计肢体动作，就会使成套动作的呈现更加有带入感，在比赛中更能够感染观众和裁判员，获得高分。乌克兰艺术体操世界名将安娜贝索诺娃就是将音乐主题和形象的建立、角色情绪贯穿到极致的一位运动员。在比赛中，贝索诺娃不像其他运动比赛选手一样，生硬单一的技术动作串联，而是将整个音乐形象和细节深层次地处理，流畅自然，选择的配乐风格也多变鲜明，她参赛的成套动作的技术难度也许不是最高的，但她的成套却总是有着让人难以拒绝的魅力，不仅能抓住你的眼球，更能带动你的情绪跟随着她的表现一起跌宕起伏。其中最经典的作品就属《天鹅湖》的圈操，以《天鹅湖》为例，在成套动作中天鹅湖音乐的伴奏为背景，贝索诺娃化身一只美丽优雅的白天鹤，姿态高贵婉转，舞蹈动作的编排也时刻与“天鹅”的形象紧紧相依，时而扇动翅膀独自垂影自怜，时而脚步轻轻点水，时而情绪激烈悲壮，时而自作娇羞，所有的元素从动作编排到情绪都围绕“天鹅”的形象展开，就连最后的结束造型也化成一只天鹅盘卧在湖边。因此，在艺术体操创编过程中有了舞蹈思维里对于音乐主题和形象深层次的细节处理，可直接了当、从始至终地让观众和裁判员进入角色意境，获得最完美流畅的艺术感官体验。不同的编导对于不同的音乐会有不同的理解与把握，建造的主题形象和动作描述都不尽相同，显示传递的风格也多种多样，这也恰恰是舞蹈创编思维中音乐主题形象的建立在艺术体操编排中发挥的魅力所在。

第三节　编　排

随着竞技性艺术体操运动技术的不断更新与完善，尤其是每一个奥运周期中评分规则的修订和变化，要求我们多维化提高我国艺术体操集体项目动作编排艺术呈现力。

艺术体操项目基本编排主要要求是主题鲜明和动作流畅，编排的意义在于创造一个艺术形象，通过对成套动作的编排来塑造现实生活中的艺术形象，整个编排对情感的把握是艺术体操的精髓。为了使艺术体操个人项目基本编排更好地突出主题的鲜明性、情节编排的逻辑性以及艺术的创新性，需要在编排的开始要进行谨慎的编排构思，只有良好的构思才能为艺术体操奠定一个精准的感情基调。同时，在协作动作编排中考虑多种因素，符合竞技艺术体操的项目特点，充分体现于运动员与器械动作的完美结合。在成套动作编排中，运动员与器械的使用一般应追求场面的流动性、动作的协调性、技术的多样性、姿态的优美性构成和谐统一的整体画面。

舞蹈鉴赏是人们看到动态美对人体产生的一种审美活动，是由人们创作的舞蹈作品，反映出综合和综合测试的艺术美。在观看舞蹈作品时我们要懂得舞者反映的社会生活、人物的思想感情，以及舞者对这种生活现象的审美评价。艺术体操不同于舞蹈，艺术体操的成套是由跳步、转体、平衡、柔韧构成的。我们在观看比赛时要注意观察运动员转体时度数是否够、姿态是否优美，跳步主要看腿离地面的高度，落地是否轻盈；做平衡时看时间是否够；柔韧要看动作是否到位，总的来说鉴赏艺术体操是看运动员的动作是否标准和是否拥有艺术表现力。由此我们可以看出，在鉴赏舞蹈和艺术体操时都看自身的表现力。但舞蹈更注重舞者在作品中塑造的形象能否与观众产生共鸣，而艺术体操更看重的是自身的基本素质。

舞蹈和艺术体操都是用肢体说话的艺术，两种艺术形式都是刚与柔、力量与婉约的结合。在艺术体操的创编中，核心动作的设计是在构思创编阶段必须要做到的一项工作，核心动作的设计直接反映出成套动作创编的新颖度和技术价值而在舞蹈艺术创编中，与艺术体操核也动作相同类似的就是对于主题动作的设计，虽然舞蹈创编中的主题动作可能不及艺术体操中的动作设计一样，追求难度和技术价值，但却是整个舞蹈作品主题情感的直观反映，在这一点上二者有着惊人的相似。

以艺术体操个人项目的角度来说，个性化原则要根据运动员的性格不同和能力异同，对其创编相适应的成套动作，艺术体操与体操有着明显的区别，艺术体操是需要运用器械来完成整套动作，而体操则是借助固定器械来完成动作。在编排中每个运动员都会有自己的风格特点，相同的动作每个人表现的感觉也大不相同，在音乐伴奏下，运用器械进行编排，艺术体操的编排越来越趋向于个性化。以乌克兰选手安娜贝索诺娃为例，安娜贝索诺娃在2003年世锦赛中，音乐选材上选用《天鹅湖》，以此为创造主题，身穿一身白色天鹅的比赛服，把白天鹅的优雅、尊贵等气质充分展现出来，在服装、动作等方面与音乐紧密呼应，从而获得观众的赞赏，获得了不错的反响。同时她在2004年雅典奥运会的圈操中，在这套编排中以《天鹅湖》为主题内容进行编排，获得了“天鹅”的美誉。艺术体操成套动作中主题的选择是主导地位，它制约着音乐风格、动作造型、服装配饰和空间变换等方面的编排，舞蹈主题的来源主要分为直接来源和间接来源。舞蹈等各种艺术形式从大众生活出发，善于挖掘生活细节。

以艺术体操集体项目的角度来看，集体项目的艺术性，是由运动员的人数因素所决定的。它主要呈现于名运动员同时构成同一空间和不同空间流动的以及短暂停留的优美画面，主题、动作、音乐、色彩同时构成和谐的整体表现；需要集体队中每个运动员以集体的合作精神和谐一致地完成动作等。所以，在艺术体操成套动作编排中必须抓住集体项目特点，根据音乐与器械的特性、突出主题情感等，才能使得成套动作的艺术表现更加丰富。现阶段，我国集体项目运动员成套中难度采用的类型比较简单且集中，造成难度出现单一、缺乏多样性、创新性等要素的现象，成套动作展示单调便削弱了原有的技术亮点。因此在集体队伍进行创编时，我们应避免缺乏“个性”的难度动作大量堆积在成套动作之中。新颖的难度类型不仅会向观众带去独特的视觉感受，还会提高整体编排水平。我国集体队伍在编排过程中要打破以往传统的编排思路，赋予难度新的活力，才能在提高难度得分的同时升华成套动作的内在价值。黄俊亚在《竞技性艺术体操成套动作编排理论及应用模式研究》一文中指出，竞技性艺术体操成套动作的编排是艺术体操教练员与队员通过比赛的规则、运动员自身的竞技能力特征、项目编排规律等，在一定时间与空间范围内想象、归纳、精炼、再将身体动作与器械和音乐相结合，最终完整组合成为一个整体的创造性活动。竞技性艺术体操成套动作的编排具有竞技性、发展性、多元性、规定性和创新性等基本特征，深刻认识及理解艺术体操成套动作编排的基本特征，才是掌握成套动作编排基本规律与成功开展成套动作编排工作所需的前提条件。章硕在关于我国集体项目成套动作的编排创新研究中提到，目前“创新”已经充分体现在艺术体操成套动作中的身体难度创新、难度连接创新、器械技术创新、运动员与器械的相互关系创新，以及器械交换创新和运动员与器械之间关系的创新、编排创新等方面，对集体项目的编排而言，应重视技术于艺术价值的协同创新。成套主题风格缺乏鲜明性，成套动作艺术性、结构的统一性与编排的新颖是我国艺术体操集体项目的弱项，我们应把创新编排放在准备工作的首位。张龄允针对艺术体操项目成套编排中的核心要素进行分析后提出，在艺术体操项目的日常训练与竞赛过程中，编排起着极为重要的作用。在成套编排过程中须按照一定目的将各难度动作排列先后，将原本分散的环节按照一定的条理组织起来，或按照一定的顺序进行排列。并且艺术体操的成套动作并非只是简单动作之间的串联，一套完整的作品编排中应包括许多组成要素，并且每一个要素在成套中都起着相应的作用。高扬、谢颖、周小琴在《国家艺术体操队集体成套动作编排创新研究》一文中提出，艺术体操的核心是编排，而编排的生命在于创新。艺术体操集体项目的创新编排是一个时期核心发展方向的代表，钻研艺术体操创新编排是艺术体操项目的发展需要，更是艺术体操竞技水平得到提升的关键。新颖巧妙的成套动作编排对艺术体操的发展起到了极其重要的作用，同时也是我国集体队伍要在世界优秀集体队伍中占领一席之地的必然前提。张洋，李贵森通过对我国艺术体操项目的成套编排创新思路进行研究后表示，新颖的编排是取得理想运动成绩的必要基础条件，所有规则的制定都对艺术体操项目的编排创新起着关键的引导作用，不仅是激发创新的关键，更是教练员在编制过程中的依据。创新是所有事物延续发展的灵魂，是运动项目不断壮大、不断突破的动力，更是永葆生机的生命之源。虽然难度动作一直以来都是艺术体操创编的关键点，但编排中艺术的展现则是艺术体操创编的核心，多维度的创新思路是艺术体操取得佳绩的关键点。在关于我国集体项目成套中艺术呈现的编排研究中，谢颖认为在所有协作动作的编排形式中，需加强运动员相互之间的配合关系，并巧妙增加加分因素的运用。而交换难度的编排形式，则需要强化顺序和分组形式的表现，在舞步组合的编排过程中，要加强空间与场地的运用等。上述细节的有效提高对增加成套动作整体的艺术性和实效性具有毋庸置疑的效果。

在新时代发展常态下社会公众的审美需求日益增长，而艺术体操在发展过程中也应积极与时俱进，不断寻找全新的生命力和创新发展动力，从传统单一的艺术体操动作转变为多元化动作技巧，进而有效提升艺术体操编创的层次性和复杂程度；一方面，编创者可以通过动作排列组合创新的方式，为艺术体操赋予全新的生命力。另一方面，编创者在音乐背景选择过程中，还可以从民族、爵士等形式多样的音乐类型着手，有效丰富艺术体操表现形式的新颖性，使其更好地满足现代社会公众的审美需求。

综上所述，艺术体操集体项目不仅仅是运动员技术与能力之间的对决，创新的理念也显得尤为关键。集体项目成套的创新编排不仅是艺术体操训练和竞赛过程的重要组成部分，也是艺术体操训练过程中的主要内容和关键环节。新颖的编排是获取理想运动成绩、展现技术水平的主要因素。艺术体操项目竞赛成绩的好与坏不只是体现在运动员的个人技术与完成水平上，更重要的是体现在成套整体的创编之中，动作的连贯性、完成的一致性、与器械的配合及音乐的融合等各方面，每一环节均在创编过程中发挥着举足轻重的作用。奥林匹克精神是“更快、更高、更强”，每一项竞技运动项目都是向着这个大方向发展的。因此，为在竞争日益激烈的国际艺术体操赛场上取得优异比赛成绩，就务必勇敢探索在成套创新编排的这条道路上，勇于尝试，大胆创新，探求突破。精确掌握合理的成套动作编排思路是成功进行成套创新编排的第一步，同时在成套动作的编排过程中，也要始终保持创新的意识与精神，努力提升创新能力，开拓创新思维和创新方法的正确运用才能不断创新。我国集体队伍在进行协作动作编排时，首先要切实考虑运动员的自身技术能力，以运动员技术水平为前提，拓宽协作动作的编排思路，丰富协作动作的编排类型、增加高分值协作动作在成套中的占比，并在此基础上增强加分因素运用的花样性，挖掘运动员自身潜力的同时提高成套的整体品质，使成套中协作动作的多样性及惊险性得到进一步提升，为观众带来更超级强烈的视觉冲击感。

第四节　空间队形

舞蹈创编思维中对于队形的构图运用是出于对整个主题情绪的烘托，队形流动较为自由。艺术体操创编中的队形流动常常是以竞赛要求为准则，在队形流动上讲巧变化，追求器械动作配合和艺术表现力，不同的队形流动呈现不同的艺术效果。

在舞蹈和艺术体操创编中，在集体项目中常常用队形的流动连接起整个成套动作的片段，组成基本架构或传递情境。在舞蹈创作中，群舞创编常常运用一些方形、圆形、三角和椭圆等形式的构图及满天星、正倒三角形、Y 字形、放射形、竖 8 横 8、大小圆圈等形式的基本队形来展现整个舞蹈的流动和空间动态结构，甚至形象化地具体表现某种特征或者主题形象和情绪；艺术体操在队形的设计上与舞蹈创编大同小异，不同的队形及流动会给艺术体操带来不同的造型姿态，表现出不同的艺术效果。但不同的是，在舞蹈艺术里，所有动作队形队列的流动转化、灯光舞美道具的布置等细节都是以情感表达为出发点的，因此舞蹈中的队形设计及流动常跟舞台的道具布景产生互动，更多是为了烘托主题表达情感的，而艺术体操创编中，队形的设计流动是在场地限制内，在不同队形变化展现不同艺术效果和感觉的同时，还要兼顾评分规则中对场地路线的使用上，这也是艺术体操成套动作中过波队形多于固定队形的原因。

完成身体动作所需要的空间，从空间形态来看可以理解为“内空间”和“外空间”。“内空间”是运动员在完成动作时身体的空间知觉，如大跨跳动作，规则规定必须具有一定的高度、开度，落地不能过重，这就要求运动员必须掌握好空间中肌肉的控制能力；“外空间”则是完成身体动作时所处的空间位置，这种身体动作的方向、轨迹、平面在不同空间层次上的变换所形成的空间造型，时而短暂的驻留于静态空间，时而流动于不断变换的动态空间，表达了一种艺术体操运动所特有的身体情感。

艺术体操所要求的身体动作不是自然形态或生理形态的动作，而是具有特定的时间和空间、经过美化的极富感情色彩的动作，这种身体动作有静态、动态之分，并且受时间、空间、方向、速度等因素影响，静态是指表演过程中动作之间相对静止和短暂过渡时的姿势或造型，它有高低曲直之分，在表演过程中通过这些姿势或造型的交互塑造出千姿百态、栩栩如生的独具魅力的空间艺术造型。动态是指在运动过程中的肢体在空间中完成各种动作时所构成的瞬间形态以及由此产生的空间造型，动态有快慢、轻重、刚柔之分，亦有大小、伸缩与起伏之别。艺术体操最大特点在于动作美，这种美是通过身体动作的运动表现出来的，是美的最基本的表现形式，例如，当今世界领军选手卡巴耶娃做的踹燕转体360°，和不用手帮助的结环转体360°以及世界优秀运动员完成的单脚转体周数的增多，这就相应地在空间与时间上要求具有较高的肌肉控制能力和空间面的变换能力，身体动作的变化通过成套动作的编排有节奏的交错更迭，使之在一定的空间与时间范围内充分展示人体运动的节奏感。

所谓运动就是从一个姿态到另一个姿态的转变过程，如果把一个动作看作是一个点的话，那么线是点的延伸，面就是线组合。上一个动作的结束就是下一动作的开始，生生不息、连绵不断。正是在这种进退屈伸、离合变态中，使开放式的地毯和蜂蜜式的舞台勾画成了多维的空间艺术。艺体有着和舞蹈相似的空间要求，尤其是集体项目，除了每个单体的动作外，还要通过多种形式的排列组合，运用空间那许许多多大小远近，高低上下，快慢动静，开合向背等复杂、全方位综合的空间关系来呈现整体的造型美。这种合作关系在艺体编排中占了举足轻重的地位。值得借鉴的是，舞蹈编者为了强化舞台多维空间中呈现的相互联系的美，创造了舞台构图的许多规律。比如在大量的对称平衡中出现一下对称打破平衡的画面更引起美感，在对称与不对称中又有分散与集中之分。芭蕾更是拓展舞台空间，托举动作把水平面与垂直面交错成了全方位的多维空间。应该指出的是，舞蹈时空的构成和运动中的配置变化，无不是为渲染一种意境或引出一种氛围，这就为艺术体操编排中主题的体现提供了大量可借鉴的范例。

第五节　主题情感

在舞蹈创编中,主题情感是创编的核心。一个舞蹈作品的情感传达是灵魂,是作品本身和舞者的一次对话,也是在舞者和观众之间搭建的重要桥梁纽带,是作品和观众形成情感共鸣的核心、因素,所有的动作设计和道具使用都是为主题服务的;而随着艺术体操的不断发展,竞赛评分规则中艺术价值分值变化,要求整个成套动作的构思要考虑音乐的情绪和主题,动作的起伏编排、高潮的流动闪现都要吻合音乐的情绪和节奏,并不仅仅是单纯技术难度动作的叠加,对于参赛成套动作的艺术性和主题性较为重视。因此在舞蹈和艺术体操的创编中,情感和主题的体现都是极其重要的。

在舞蹈创编中情感色彩多为浓烈复杂,依据主题故事情节或忧伤,或欣喜,或百感交集或英勇不屈,舞蹈演员的情绪常常带有人物形象的角色性和感染力;而在艺术体操中,成套动作的情感色彩并不如舞蹈一般强烈,是丝丝扣入在音乐里的,音乐的背景基调决定了运动员的动作节奏和情绪,所以在艺术体操创编里情感色彩的体现往往就是运动员的情绪,与舞蹈中复杂的也理情感过程相比,艺术体操中体现的情感色彩就相对单一。

舞步组合的融入是难度体系向着艺术化发展的重要举措,是"竞技化"进入"艺术化"时代的切入点,其不再是附属品,而是难度体系中不可缺少的重要分支。舞步组合串联起难度动作,使整个成套更具艺术性,更具主题性,使成套中难度动作更加连贯,成为连接每个难度动作的纽带。其中,节奏、速率、器械运用方式的多元化应用被喻为视觉思维上的延伸,通过 8 秒的时间,表达出运动员成套动作的主题思想,以此作为艺术体操成套动作艺术元素出现,不仅能够为成套动作的艺术化拓展空间,且能够作为难度价值的手段为整体效果加分。另外,舞步组合将运动员的表现力、音乐、器械融为一体,使舞步组合真正赋予风格的情感艺术化,增添成套动作艺术气息,描绘出极为精准细致的情感艺术内涵。规则明确指出:编排的主要目的是创造一个艺术形象,这就决定了编排的主题思想,身体和器械动作反映了音乐的特点,必须表现一个主题思想。由此可见,舞步作为编排的重要细节出现,对技术的发展有着不容忽视的作用。通过舞步展示成套动作的情感风格,不仅是艺术化时代的导向,更有利于我国艺术体操项目在艺术环境中寻找新的动力。

目前,艺术体操项目逐步向艺术性、民族性、训练科学化等趋势发展。就民族性而言,中国古典舞的独特表现形式,是中华文化不可或缺的组成部分。中国古典舞剧目中的人物形象多数来源于中国古代历史人物,人物个性鲜明,人物个性特点及情感表达动作多种多样。例如,有些动作表现贤淑、有些动作表现俏媚、有些动作表现潇洒、有些动作表现刚劲有力,等等。将中国古典舞经典剧目中的多重美感元素融入艺术体操动作中十分必要。诸如艺术体操轻器械项目中,球、彩带、棒等这些体现不同艺术体操竞赛作品主题的辅助器械,在使用时会呈现出不同的审美效果,并伴随情感强烈的动作,能引发艺术体操运动员的情感联想,展现韵律美、体态美及运动美等审美元素,从而提升艺术体操的艺术性。中国古典舞对人物形象的塑造,不仅体现在中国古典舞作品中的人物动作造型上,而且体现在舞蹈演员与人物个性特点及中国古典舞作品表达的主题思想的融合。如果艺术体操运动员仅练习舞蹈动作,而缺乏对中国古典舞剧目中人物思想和情感的联想和理解,那么最终在艺术体操艺术表现力方面也无法体现出与中国古典舞剧目主题思想和情感的融合。

第六节　小　结

艺术体操一直要求以其高超的难度技巧,独特新颖的编排、妩媚多姿的舞蹈,袅袅婷婷的动作及协调一致的音乐配合等因素来展示出优美而和谐的姿态美。因此,艺术体操的编排与舞蹈编导,存在着一定的相融互通关系。2005 年艺术体操新规则在取消超难、惊险加分的同时,提出了对运动员成套动作艺术价值的综合性评分,包括舞蹈基本编排 2 分、音乐 1 分,对特殊技能采取递加方式加分。明确提出成套动作的编排要有主题构思,意味着一开始就清楚地表达主题,并以不中断的表演发展这个主题,最后在提升性的总结高潮中结束。而 2009 年至 2012 年最新规则又有了新的艺术性要求,主要体现在成套动作的基本编排、音乐、舞蹈三个方面,更为具体,更为明晰。基本编排的要求是成套动作艺术性部分，主要目的是通过音乐伴奏、艺术想象和表现力将情绪信息传递给观众，体现出舞蹈编排的主题思想；音乐的要求是整套动作必须在音乐伴奏下完成，凡能演奏表现艺术体操动作特点音乐的乐器均可使用，构思清晰明确。舞蹈的要求是舞蹈特点应该是自始至终尽可能用身体动作和器械动作通过统一旨意来表达一个主题思想，一套编排一定不只是几个动作的无关难度的排列，必须利用与音乐有关的充分的连接要素（技术、美学和情绪），以便协助发展成套动作的主题思想。评分规则的不断革新是对艺术体操过去在编排上片面追求超难、惊险及单纯竞技性的"难度堆积"现象的批评，取而代之是鼓励编排在一定技术价值的基础上进行艺术价值的美学体现。因此，在艺术体操编排程序上吸取舞蹈编导的创作方法，如主题的确立、段体结构的安排、高潮的出现以及闪光点设计等，借鉴舞蹈创作的思维逻辑构成鲜明、准确、生动的舞蹈语汇来编排艺术体操成套动作（艺术作品），从而要求每一个动作的一招一式不仅具有线条美和节奏美，还应有大小、高低、强弱、快慢、缓急、正侧、主宾、虚实、方圆、奇偶、断续、顿挫、张弛、离合等韵律变化，表现出艺术体操的高雅和谐，刚柔相济，动静结合的舞蹈美姿，展现艺术体操的艺术价值。

舞蹈和艺术体操各自分属于体育和舞蹈两个不同的学科，在学科特质上有本质区别，因此舞蹈创编思维在艺术体操编排中的融入和运用并不会改变艺术体操竞技性的学科本质，舞蹈编创思维在艺术体操编排中的融入运用是要保证两学科本质特性的基础上进行，不能生搬硬套，要科学合理地融入使用，才能将二者有机结合发挥最大价值。只有了解了这种异同关系，才能更好地相互借鉴，提高艺术体操的艺术价值和创编品质。舞蹈创编思维过程素材来源广泛，创作动机清晰，对于音乐、素材处理和主题形象意义的突出有非常细致的把握，舞蹈创编思维的融入可以为艺术体操编排提供丰富的动作素材，使艺术体操的艺术效果和主题风格更加突出。

附 录

高校体育舞蹈专项学生运动损伤情况的成因与分析——以天津体育学院为例

廖睿涛

摘 要:随着体育舞蹈的不断发展,越来越多的高校都会引进相关的课程,但体育舞蹈在训练的过程中难免会发生运动损伤,为了有效地预防体育舞蹈专项生运动损伤的发生,本文以天津体育学院的体育舞蹈专业学生为例,采用问卷调查、文献资料、访谈、数据统计等方法,对天津体育学院的体育舞蹈专业的学员的运动伤害状况进行全面的剖析,并在此基础上,探讨天津体育学院的学生在运动伤害方面存在的主要问题,包括:热身活动充分,自我防护意识不足,动作选择难度较大,动作不规范,动作不合理,训练时间安排不当,训练方法不合理,体能不达标等,进而针对这些问题,提出相应的对策,包括:做好热身活动,强化自我防护意识,动作难度适当,动作规范,舞蹈动作规范,合理安排训练时间,选择合理的训练方法,强化体能训练,提高体能训练效果,提高竞技舞蹈专业学员的竞技能力,为今后的教学工作提供重要的参考和参照。

关键词:天津体育学院,体育舞蹈专项学生,运动损伤体育舞蹈是把舞蹈的艺术美和体育的竞技性融为一体的项目,体育舞蹈的动作多种多样且很流畅,把舞蹈的优雅和体育健身的特点诠释得淋漓尽致,因此也受到很多人的青睐。很多体育艺术类高校也陆续开设了相关的课程,为体育舞蹈的普及奠定了基础,但在训练的过程中难免会受伤,为了更好地预防高校体育舞蹈专项学生的运动损伤,本文以天津体育学院体育舞蹈专项学生运动损伤情况为研究对象,通过文献资料法、问卷调查法和数理统计法等研究方法对天津体育学院体育舞蹈专项学生运动损伤情况进行深入的调查分析,找出容易引起高校体育舞蹈专项学生运动损伤的原因,并针对性地提出相应的建议,从而有效地预防天津体育学院体育舞蹈专项学生运动损伤情况的发生,并为预防高校体育舞蹈生运动损伤提供一定的理论依据,从而促进体育舞蹈在高校的发展,进而促进体育舞蹈在我国的可持续发展。

一、研究对象与方法

(一)研究对象

本文以体育学院体育舞蹈专项学生运动损伤情况为研究对象。

(二)研究方法

1. 文献资料法

在中国知网、万方资料库等各大学术网站上,以“体育舞蹈专业学员的运动伤害”为关键字检索到的博士生论文、硕士生论文、学报等,并在天津体育学院的图书馆里,阅读与此有关的有关的理论性著作,以获得一些基础性的资料,并将收集到的资料加以整理和分析,以求获得与该课题有关的正确的理论性和实践性,为课题的开展奠定一些基础。

2. 问卷调查法

为了研究的需要,设计有关体育舞蹈专业学生运动损伤情况的调查表,并以随机发放的形式进行问卷的发放与回收工作,来了解天津体育学院体育舞蹈专项学生运动损伤的现状。

表1　问卷发放与回收统计表

发放对象	发放数	回收数	回收率	有效数	有效率
舞蹈专业学生	54	54	100.00%	53	96%

3. 访谈法

为进一步明确天津体育学院与舞蹈教师教学团队成员在学校中的作用,对其进行了深入的采访,以掌握其常见的伤害成因及相应的伤害防治方法。

4. 数理统计法

针对研究体育学院体育舞蹈专项生运动损伤所获得的各项数据,问卷中各项指标的情况,利用 Excel 软件进行全面系统地整理、统计与分析,为论文提供有效的数据支撑。

二、结果与分析

(一)相关概念界定

1. 体育舞蹈专项学生

体育舞蹈专项学生顾名思义就是我国大学教学大纲规定的专业必修课程的学习包含体育舞蹈,并同时颁发艺术学学位证书的学生。①

2. 运动损伤分类

运动损伤大致可以分为急性运动损伤和慢性运动损伤。

急性运动损伤大都是由于与其他运动员激烈的碰撞产生的,也有的是自身动作不规范、身体素质欠佳原因造成的,比较常见的有肌肉拉伤和韧带拉伤两种。

慢性运动损伤大都是因为之前运动损伤后没有及时进行治疗或处理方式不当造成的,慢性运动损伤的恢复时间比较长。

---

① 钟珊. 西安体育学院艺术类专业体育舞蹈专项学生运动损伤调查分析及预防研究[D]. 西安体育学院,2015.

3. 体育伤害类型及受伤的组织位置

根据运动损伤的性质可以分为：擦伤、肌肉拉伤、韧带拉伤、关节错位和骨折等。

运动损伤根据组织部位可以分为：上肢损伤、下肢损伤、胸部损伤和颈部损伤等。

4. 重心

在一个人的静态和移动的时候，他的身上所有的部分都会受到引力的影响，而这个点就是他的身体的重心。而人体的重心点，也是人们利用全身的力气来支持自己发力的稳点，在移动过程中，人们的重心是在不停地改变的。而舞姿的中心，则是身体在某一种舞姿下，都会被维持在某个位置。根据不同舞种的风格和动作的需要，将具有难度的、姿态各异的动作进行衔接，并对其进行连续的调整，从而在不跌倒的情况下，表现出舞蹈独有的动势与美学。

（二）天津体育学院体育舞蹈专项学生运动损伤情况①

1. 体育舞蹈专项学生运动损伤类型

体育舞蹈专项学生在训练过程中，难免会发生运动损伤，下面对天津体育学院体育舞蹈专项学生常见运动损伤类型进行了简单的统计。

表 2　体育舞蹈专项学生常见运动损伤类型统计表（N = 54）

运动损伤类型	频数	占比（%）
慢性劳损	38	70.37
软组织拉伤	32	59.25
扭伤	20	37.03
挫伤	28	51.85

由表 2 数据可以看出，体育舞蹈专项学生常见运动损伤类型中慢性劳损的有 38 人，占比 70.37%，扭伤有 20 人，占比 37.03%，由此说明体育舞蹈专项学生运动损伤类型比较多，每种类型运动损伤人数也比较多，这在一定程度上影响体育舞蹈专项学生的训练。

---

① 李希凡. 芭蕾舞重心训练的重要性[J]. 舞蹈，2020，451(03)：97 - 100.

2. 体育舞蹈专项学生运动损伤部位

体育舞蹈专项学生运动损伤的部位也会不同，下面对天津体育学院体育舞蹈专项学生损伤部位进行统计。

表 3 体育舞蹈专项学生运动损伤部位统计表(N = 54)

运动损伤部位	频数	占比(%)
膝盖	39	72.22
踝关节	33	61.11
颈部	20	37.03
肩部	12	22.22
髋关节	34	62.96
足趾	29	53.70
腰部	31	57.40

由表 3 数据额可以看出，体育舞蹈专项学生损伤部位最多的是膝盖，有 39 人，占比 72.22%，肩部损伤的有 12 人，占比 22.22%，由此说明体育舞蹈专项学生损伤部位繁多，不管哪个部位损伤在一定程度上都会影响他们的日常训练工作。

3. 体育舞蹈专项学生运动损伤发生率

体育舞蹈专项学生运动损伤发生率的高低会直接影响他们运动水平的提升。

表 4 体育舞蹈专项生运动损伤发生率调查表(N = 54)

发生率	非常高	比较高	一般	很少
人数(人)	28	18	6	2
占比(%)	51.85	33.33	11.11	3.70

由表 4 数据可以看出，体育舞蹈专项学生认为运动损伤发生率非常高的有 28 人，占比 51.85%，认为很少的有 2 人，占比 3.70%，由此可见体育舞蹈专项学生运动损伤发生的概率很大，运动损伤后不利于体育舞蹈专项学生进行日常的训练，直接会影响舞蹈专项生舞蹈水平的提升。

4. 体育舞蹈专项学生运动损伤程度

表 5　体育舞蹈专项学生运动损伤程度统计表(N = 54)

损伤程度	轻度	中度	重度
人数(人)	41	12	1
占比(%)	75.92	22.22	1.85

由表 5 数据可以看出,体育舞蹈专项学生运动损伤程度为轻度的有 41 人,占比 75.92%,重度的有 1 人,占比 1.85%,由此说明体育舞蹈专项学生运动损伤程度大都是轻度和中度的,对平常舞蹈训练不会造成很大的影响,需适当地进行休息,以免加重运动损伤的程度。

(三)拉丁舞专项学生运动损伤情况的成因及分析

舞种	人数	总损伤比例	急性损伤比例	慢性损伤比例
拉丁舞	29	63.3%	61.3%	20.5%

拉丁舞是放松、随意,四肢上有一个非常自由的空间。拉丁舞最基础的技术特征就是髋部特有的绕环移动,在跳舞的时候,利用臀部,腹部,胸部等器官,以脊柱为中心,形成一种相对移动的力量,再加上双足踩在地面上的力量,从而推动双臂,双足做出伸展移动,从而达到改变身体平衡的目的,这也是在拉丁舞练习中,髋部损伤比较大的一个因素。连贯的技术动作、选手的表演能力要求侧重于拉丁舞的专项学生有良好的身体素质。舞步变化大,跳跃性强,难度系数大,让侧重于拉丁舞专项的学生承担着更为剧烈的运动负荷强度。① 因此,急性损伤高发,损伤部位通常为髋关节。

举例来说,在 8 字形绕环运动中,髋部向后旋转时,同侧臂要靠身体的作用力,髋部向后旋转时,双臂要反过来;在伦巴舞蹈中,通过在伦巴舞蹈里,主要的腿部和身体的重心都是靠腹部和髋部的反向协调转动而完成的。伦巴的核心,就是髋部的转动,

① 钟珊. 西安体育学院艺术类专业体育舞蹈专项学生运动损伤调查分析及预防研究[D]. 西安体育学院,2015.

同时主要的一条腿,膝盖压在地面上,让地面向后弯曲,然后再经过主要的前脚,这样就会导致膝盖向后弯曲,髋部向前弯曲,这些都会导致急性运动伤害。

(四)摩登舞专项学生运动损伤情况的成因及分析

舞种	人数	总损伤比例	急性损伤比例	慢性损伤比例
摩登舞	25	32.6%	36.8%	62.1%

摩登舞蹈相对于拉丁舞蹈要有更多的要求,表现为轻快的节拍和节拍的统一。男女之间的肢体接触的默契配合,严格而富有变化的组合套路,完美的升降,旋转,造型等。肌肉的收缩和拉,以及对力量的稳定掌控,保持着最好的姿态和姿态,用美的舞步,充满活力的舞姿,诠释着音乐的内涵,将身体的形态展现得淋漓尽致。[①] 因此,摩登舞专项学生的多以慢性损伤为主要特征,其中以膝关节较为突出。

摩登舞的基本要素是身体的上升和下降,而膝盖则是上升和下降过程的主要部位。在这个过程中,它需要对整个身体进行有效的控制。摩登舞对膝盖的初始性要求比较高,需要在一定的姿势下,将自己的身体伸展到最高,所以需要对腿部的肌肉和腰背肌的肌肉有很高的耐力。在舞蹈中,"放松"是一种相对的、与音乐的节奏一致的东西。基于这一点的认识,肌肉随着对舞蹈风格的追求而得到了活跃,处于动态中的、内紧而外松的舞蹈姿态。

(五)体育舞蹈专项学生运动损伤成因的共性问题及分析

任何一项运动在运动过程中难免会受到一定的损伤,体育舞蹈专项的学生在训练过程中也会造成一定的运动损伤,下面对天津体育学院体育专项生容易引起运动损伤的原因进行了简单的统计,统计结果见下表所列。

---

① 钟珊. 西安体育学院艺术类专业体育舞蹈专项学生运动损伤调查分析及预防研究[D]. 西安体育学院,2015.

表 6　体育舞蹈专项学生损伤原因统计表(N=54)

损伤原因	频数	占比(%)
身体素质欠佳	38	70.37
重心控制力不足 -	36	66.66
欠缺科学的训练方法	32	59.25
曾经存在受伤情况	28	51.85
不能合理安排训练时间	25	46.29
热身活动不充分	16	29.62

由表 6 数据可以看出天津体育学院体育舞蹈专项学生损伤原因中身体素质欠佳的有 38 人,占比 70.37%,由于身体活动不充分引起运动损伤的有 16 人,占比 29.62%,由此说明引起天津体育学院体育舞蹈专项学生损伤原因有很多,下面就对这些原因进行详细分析,以便有效预防天津体育学院体育舞蹈专项学生损伤的发生。

1. 身体素质欠佳

好的身体素质是进行舞蹈训练的基础,而对体育舞蹈专项学生的调查中发现,好多学生在身体素质方面都有所欠缺,比如舞蹈动作的力度上,腰部的灵活度,对身体重心的控制等,这就要求天津体育学院体育舞蹈专项学生要加大身体素质的提升,从而有效减少运动损伤的发生。

2. 重心控制力不足

在训练的时候稳定的重心训练是十分重要的一个部分,体育舞蹈的训练在重心方面有着更加高的要求,无论是在做何种动作的时候,人体的重心一旦发生偏离,十分容易导致一些意外的出现,从而造成一定的损伤。

3. 欠缺科学的训练方法

体育舞蹈的训练理论对体育舞蹈训练起着至关重要的作用,传统的舞蹈训练所依靠的理论知识在当下时代的发展下可能不再能适应,对于各式各样的风格体系应该抓住核心,形成有关于体育舞蹈自身的较为科学的训练方法。

4. 曾经存在受伤情况

对于体育舞蹈专项生来说,存在过的一些损伤情况。如果是轻度损伤,仍然可以进行训练，如皮肤刮伤，脚的轻微扭伤，肌肉的轻微拉伤等则需要多加注意休息，而如果存在有重度损伤的情况，则应该立刻进行修养，以保证身体的恢复。

5. 不能合理安排训练时间

对于体育舞蹈专项生来说，虽然对体力要求没有那么的高，但合理安排舞蹈训练的时间，使身体得到充分的休息才会更有利于自己舞蹈水平的提升。从对天津体育学院体育舞蹈专项学生的调查发现，他们经常会长时间进行舞蹈训练，身体长时间处于疲惫状态，不利于他们舞蹈水平的提升，间接会导致运动损伤发生的概率变大。

6. 热身活动不充分

好体育专项舞蹈生在进行舞蹈训练前都会进行一定的热身活动，热身活动准备的充足可以使身体机能达到更好的运动状态，使身体进入兴奋状态，以便更好地应对跳舞过程中突发事件的发生，而对体育舞蹈专项学生的调查中发现，他们大多数都没有进行热身活动的习惯，觉得是浪费时间，这就会大大增加天津体育学院体育舞蹈专项学生运动损伤发生的概率，在一定程度会影响舞蹈教学的进程。

（六）预防天津体育学院体育舞蹈专项学生发生运动损伤的措施

1. 身体素质欠佳

体育舞蹈专项学生要不断加强自身的身体素质，为舞蹈训练奠定一定的身体基础，从而有效地减少因为身体素质欠佳引起的运动损伤的发生。对于体育舞蹈专项学生身体素质的联系可以从灵敏、协调、小肌肉群等多方面进行训练，从而有效地提升自身身体素质。

2. 加强重心控制力训练

体育舞蹈专项学生对重心的要求主要体现在身体重心快速有节奏的转移及转换、重心的抛物线运动和身体旋转技术。通过芭蕾舞基础培训中，学生们可以用把杆进行重心的练习，培养自己的垂直重心意识，增强重心稳定性，提高重心相关肌肉素质，实现重心稳定性的练习，使之具有美感和稳定性，确保跳舞的动作品质。

3. 加强自我保护意识培养

为了有效减少体育舞蹈专项学生发生运动损伤的几率，体育舞蹈专项学生一定要加强自我保护意识的培养,通过学习运动生理学,运动训练学等专业方面的知识,充分认识到自我安全问题的重要性,从而减少训练中运动损伤的发生。

动作难度过大会在一定程度上加大运动损伤的发生,为了减少运动损伤的发生,体育舞蹈专项学生要根据自己的实际情况选择适当的舞蹈动作,从而不断提升自己的舞蹈水平。

4. 合理安排训练时间

合理安排训练时间,不仅可以提升舞蹈水平,还可以有效减少因为过度劳累带来的不必要的运动损伤,这就要求体育舞蹈专项学生平常训练的时候要根据自身的实际情况进行合理安排训练时间,做到劳逸结合,从而有效地减少运动损伤的发生几率。

5. 选择科学的训练方法

体育舞蹈应用一种科学合理的体育舞蹈训练方法,并将其应用到实际中去,提出了一种建立体育舞蹈训练理论的新方法。在体育舞蹈的特定动作中,一方面要从运动学的角度,对其进行运动学的分析。例如,速度、位移、肢体和躯干的运动特点,同时,还应在舞蹈学科的视野中,对其进行舞蹈学的分析。例如,动作的节拍和音乐的配合,情感的表现,动态的形式美。从不同领域、不同学科的角度出发,展开训练理论的构建,可以为该项目在编、导、教、学和表演的实践中提供科学的依据,从而使训练实践更加有效、有力和丰富①。

6. 加强身体素质锻炼

体育舞蹈对身体素质的肌肉力量,运动速度,对肌肉的控制力等,体育舞蹈运动员通过对身体的锻炼,来实现对身体的控制力,显示了技巧的目标。体育舞蹈由十个舞种组成。具有不同的技术动作和风格特点,比如牛仔舞、快步舞等。这种快速的舞步,对舞者的重心的控制性要求很高,特别是掌、踝、膝在弹跳技术中表现出的力量和稳定性。例如,在技术运动中,运动员的力量,控制力,对身体的灵活性,以及其他方面的要求都很高。许多事例表明体能是体育舞蹈的重要组成部分,这直接影响到了选手的表现。

---

① 韩柳. 大学生体育舞蹈运动损伤原因与预防策略[J]. 体育风尚,2020(02):18.

三、结论与建议

（一）结论

第一，通过对天津体育学院体育舞蹈专项学生的调查发现，运动损伤发生的概率还是比较高的，但都以轻度损伤为主，运动损伤的类型也比较多。

第二，通过对体育舞蹈专项学生的调查发现，运动损伤发生部位比较多，主要集中在膝盖、腰部、踝关节和髋关节等部位，因此天津体育学院体育舞蹈专项学生在进行舞蹈训练时要多加对这些部位的保护，运动损伤的程度大都是轻度和中度的，需适当地进行休息。

第三，通过对体育舞蹈专项学生的调查发现，拉丁舞专项学生更容易发生运动损伤，以急性运动损伤为主，受伤部位多以髋关节为主，摩登舞专项学生运动损伤会小些，主要以慢性运动损伤，同时膝盖部位损伤会较为多发，还有容易引起学生运动损伤的原因有很多。例如，热身活动不充分、自我保护意识欠缺、身体重心失衡控制力不足、舞蹈动作不规范、不能合理安排训练时间、训练方法不科学和身体素质欠佳等。

（二）建议

第一，体育舞蹈专项学生在进行训练的时候要充分进行热身活动，加强自身保护意识的培养，从而有效减少运动损伤的发生。

第二，体育舞蹈专项学生要不断规范自己的舞蹈动作，而且在选择动作要根据自己的实际情况，选择适合自己的、难度适中的动作，从而减少运动损伤发生的概率。

第三，体育舞蹈专项学生要不断加强身体素质的提升，开设多元化的身体素质训练课程，针对身体重心的控制能力，小肌肉群的控制能力，以及身体的柔韧性，保证体育舞蹈专项学生的身体素质，从而减少因身体原因引起的不必要的运动损伤，同时还有合理安排训练的时间和选择科学的训练方法，从而减少在舞蹈训练过程中运动损伤发生的概率，同时延长舞蹈寿命。

评　语：

“体育舞蹈是体育与舞蹈相结合而产生的项目，这二者展示的方式都是运用肢体作为传达媒介向外界展示的，在日常训练肢体以求达到高分的时候，通常来说很有可能会有受伤的情况出现。”此篇论文以天津体育学院体育舞蹈专业的学生作为调查对象，详细地分析了高校体育舞蹈专业的学生运动损伤的成因，并有针对性地提出了一些预防受伤的措施。其中提出的运动损伤成因：热身活动充分，自我防护意识不足，动作选择难度较大，动作不规范，动作不合理，训练时间安排不当，训练方法不合理，体能不达标等。进而提出相应的对策：做好热身活动，强化自我防护意识，动作难度适当，动作规范，舞蹈动作规范，合理安排训练时间，选择合理的训练方法，强化体能训练，提高体能训练效果，提高竞技舞蹈专业学员的竞技能力等。从调查问卷到统计整理，最终列成各个详细的人数占比的表格，这样的数据整理无疑是对体育舞蹈的科学训练方法的研究是有帮助的，同时最后依据运动损伤成因提出的预防措施，也能够帮助学生在日常训练时有效避免一些受伤的可能性，为体育舞蹈科学训练的可持续性发展带来帮助。

孙志远

“双减”政策背景下中小学课后服务体育舞蹈课程教学内容的调查研究——以吉安师范附属小学为例

孙　茜

摘　要:2021年7月,中共中央办公厅、国务院办公厅印发《关于进一步减轻义务教育阶段学生作业负担和校外培训负担的意见》,“双减”工作的序幕正式拉开,文件中提出大力提升教育教学质量,确保学生在校内学足学好、提升学校课后服务水平,满足学生多样化需求。内容包括保证课后服务时间、提高课后服务质量。

体育舞蹈课后服务课的根本变革在于对教学内容的改革,目前课后服务还处于发展阶段,对教学内容的研究还处于初级阶段。通过对此校相关问题的调查研究,找出影响教学内容的原因,针对存在的问题展开相应的研究,找出问题的根本,不断地优化教育资源配置,提高教学水平和质量。“双减”政策的实施,使得学生全面减负减压,学生的可调配时间越来越多,很多家长就选择为孩子报课外辅导班和兴趣班。体育舞蹈不仅要求学生有体育中的力道还要有舞蹈中的柔美,有利于学生身体素质的提高。但当前中小学课后服务体育舞蹈课程的教学方面还存在一些不足,限制了课后服务体育课程的开展。因此,本文以吉安师范附属小学为例,运用文献资料法、问卷调查法、观察法以及数理统计法等方法进行研究,找出了其课后服务体育舞蹈课程教学内容方面存在的问题,并提出了相关的建议。不仅可以改善吉安师范附属小学课后服务体育舞蹈的教学现状,还对中小学课后服务体育舞蹈课程教学具有一定的参考价值。

关键词:体育舞蹈,课后服务课,双减,教学内容

我国全民健身观念的加深和“双减”政策的双重推动下,大大减轻了学生的学习负担。体育舞蹈是一项体育与舞蹈相融合的运动,对促进学生全面发展具有积极作

用。不少学校也开展了课后服务体育舞蹈课程,学生不用去校外的培训机构也可以进行体育舞蹈的学习。课后服务体育舞蹈课程的开展不仅省去了家长接送学生的时间还能加强和督促学生的学习,学生培养一技之长,也因此得到了家长的支持。体育舞蹈的教学内容不仅能影响到教学目标的完成,对学生学习体育舞蹈技能也有着直接关系。因此,本文以吉安师范附属小学为例,主要研究"双减"政策背景下中小学课后服务体育舞蹈课程的教学内容,发现并找出课后服务体育舞蹈课程教学中存在的问题,并针对这些问题提出相应的建议,以优化吉安师范附属小学课后服务体育舞蹈的教学,从而提高中小学课后服务体育舞蹈的教学水平。

一、研究目的与意义

(一)研究目的

基于"双减"政策的发布,中小学都开展了课后服务课,教学内容是学与教相互作用过程中有意传递的主要信息,结合吉安师范附属小学课后服务体育舞蹈教学的实际情况,对其的教学内容现状进行分析,同时对吉安师范附属小学教学内容存在的问题提出合理的建议,以完善学校今后的课后服务体育舞蹈课程的教学内容,不断提高中小学课后服务课的可持续发展。

(二)研究意义

通过对吉安师范附属小学课后服务体育舞蹈课程教学内容的调查,经数据统计分析得出影响吉安师范附属小学体育舞蹈课后服务教学内容的不合理的因素,分析出现的原因并提出相关的建议。这不仅推动了吉安师范附属小学课后服务体育舞蹈教学的发展,还为其他地区中小学课后服务体育舞蹈的教学提供了发展思路和理论依据。

(三)文献综述

龙宝新(2021)在论文《"双减"政策背景下学校课后服务的定位与改进》中提到减轻学生的学业负担,增强学校的课后服务,符合素质教育的根本。学校的课后服务突出了学校教书育人的主要地位,应优化课后服务的教学内容,以促进学校课后服务的发展。邹梦(2020)在论文《北京市西城区中学"城宫计划"体育舞蹈课程教学内容研究》中提到,教学内容是整个教学过程中的重要组成部分。体育舞蹈课程的教学内容影响到学生学习体育舞蹈的效果,因此教师应慎重选择体育舞蹈的教学内容。陈连珍(2021)在论文《我国高校体育舞蹈课程教学现状与改革对策研究》中提到体育舞蹈对学生身体素质的提高具有重要意义。在高校体育舞蹈的教学中还存在教师的专业素质偏低、学生的参与度不高以及领导的重视程度不高等问题,急需进行这些方面的改革,以促进学校体育舞蹈课程的教学发展。综上所述,目前没有针对"双减"政策背景下课后服务体育舞蹈课程教学内容方面的研究,主要是从单方面针对"双减"政策、课后服务或是体育舞蹈方面的研究。本文的研究旨在填补这方面的空缺,为相关研究提供一定的参考。

二、研究对象与方法

(一)研究对象

本文以吉安市中小学体育舞蹈课后服务课程教学内容为研究对象,选取了吉安师范附属小学的 7 名教师和参与课后服务体育舞蹈课程的 150 名学生为调查对象。

(二)研究方法

1. 文献资料法

借助网络平台搜索"双减"政策、课后服务、体育舞蹈教学等关键词,查阅与本研究相符的文献资料,并进行整理归纳、做好记录,为本文的写作提供了坚实的理论依据。

2. 问卷调查法

根据本文的研究需要,针对吉安师范附属小学参与课后服务体育舞蹈教学的教师和学生设计出两份试卷,共计发放教师问卷 7 份,学生问卷 150 份,对问卷进行回收与整理,并进行了有效分析,结果见表 1 所列。

表1　问卷的发放与回收情况调查表

	发放问卷	回收问卷	有效问卷	回收率(%)	有效率(%)
教师问卷	7	7	6	100.00	85.71
学生问卷	150	133	124	88.67	82.67

3.观察法

根据一定的研究目的、研究提纲,用自己的感官和辅助工具去直接观察被研究对象,从而获得资料的一种方法。

4.数理统计法

运用Excel软件对调查所得的结果进行汇总和整理,对有效问卷进行分析并得出有效数据,并以表格的形式呈现出来,使论文更具说服力。

三、研究结果与分析

(一)吉安师范附属小学体育舞蹈课后服务课的内容设置现状

表2　吉安师范附属小学体育舞蹈课后服务课教学内容调查表(N=6)

教学内容	教师1	教师2	教师3	教师4	教师5	教师6
体育舞蹈理论	√	√√	√	√		
舞蹈基本功	√	√	√	√	√	√
体育舞蹈技术	√	√	√	√	√	√
身体素质练习√√						

见表2所列,目前吉安师范附属小学的体育舞蹈课后服务课的主要教学内容集中在四个板块,分别是:体育舞蹈理论、舞蹈基本功、体育舞蹈技术、身体素质练习。其中83.33%的教师会在体育舞蹈课后服务课中设置体育舞蹈理论的相关内容,由此可见,吉安示范附属小学在体育舞蹈课后服务课内容设置比较关注学生的全面发展,既培养学生体育舞蹈技能,又能够有效增加学生对体育舞蹈知识的了解,在整体课程内容结构设置上较为合理。

1. 体育舞蹈课后服务课的理论内容设置

表3　吉安师范附属小学体育舞蹈课后服务课理论内容调查表(N=6)

教学内容	设置人数	设置比例
体育舞蹈起源	6	100.00%
体育舞蹈礼仪	6	100.00%
体育舞蹈的分类	5	83.33%
音乐与节奏	5	83.33%
专业术语	4	66.67%
学习体育舞蹈的意义	3	50.00%
身体运动方式	1	16.67%

调查结果见表3所列,在体育舞蹈理论内容中,体育舞蹈起源、体育舞蹈礼仪、体育舞蹈的分类这三类理论知识在课程设置中涵盖率达100%,而专业术语、学习体育舞蹈的意义这方面的内容的设置适中,而身体运动方式这方面的内容较难理解,内涵,不在该阶段学生的学习理解范围内,是否对小学阶段的学生提高体育舞蹈技术有促进作用值得深入探讨。因此,需要优化体育舞蹈理论内容的设置,选择适合该阶段学生学习的内容,提升学生对体育舞蹈内涵的了解。

2. 体育舞蹈课后服务课的技术内容

表4　吉安师范附属小学体育舞蹈课后服务课技术内容调查表(N=6)

教学内容	设置人数	设置比例
身体姿态	6	100.00%
基本动作	6	100.00%
基本组合	6	100.00%
单人自编组合	5	83.33%
双人基本动作	2	33.33%
双人竞技组合	1	16.67%

调查结果见表4所列,各教师都注重身体姿态、基本动作、基本组合的学习,这类动作的学习适合初学体育舞蹈的学生奠定基础,由于小学选择体育舞蹈课后服务的学生中,女生占据主要比例,因此教师以单人为主。

3. 体育舞蹈课后服务课的身体素质练习内容

表 5　吉安师范附属小学体育舞蹈课后服务课身体素质内容调查表(N = 6)

教学内容	设置人数	设置比例
50 米跑	6	100.00%
跳绳	6	100.00%
800 米/1000 米跑	3	50.00%
仰卧起坐/引体向上	3	50.00%
立定跳远	2	33.33%

通过调查,见表 5 所列,目前吉安师范附属小学在体育舞蹈课后服务课内容中几乎都将身体素质练习作为重要内容,大部分教师将《国家体质健康标准的》测试内容作为体育舞蹈课后服务课身体素质的训练内容。

(二)吉安师范附属小学体育舞蹈课后服务课的学生情况

通过对吉安师范附属小学 124 名学生的调查,了解到双减政策后吉安师范附属小学体育舞蹈课后服务课的学生数量,见表 6 所列。

表 6　学生参与体育舞蹈课后服务课的学生情况调查表(N = 124)

年级	一年级	二年级	三年级	四年级	五年级	六年级
人数	44	31	25	11	9	5
占比(%)	35.48	25.00	20.16	8.87	7.26	4.03

经表 6 的调查可知,吉安师范附属小学参与课后服务体育舞蹈的学生数量从一年级到六年级呈递减状态。其中,一到三年级的学生人数居多,共有 100 人参与体育舞蹈,占总调查人数的 80.64%,而四到六年级共有 24 名学生参与体育舞蹈,所占比例为 19.36%。由这些调查数据可以看出,吉安师范附属小学参与课后服务体育舞蹈的学生主要为一到三年级的学生,四到六年级的学生参与度不高,主要是因为 1—3 年级的学生作业较少,有多余的时间与精力去参与学校组织的课后服务体育舞蹈课,加之"双减"政策的推动,也让学生能够有更多的时间去参加课后服务体育舞蹈的学习,所以参与体育舞蹈课后服务课的学生数量有一定的增长。

（三）吉安师范附属小学体育舞蹈课后服务课的课程标准设置

课程目标的设定是对教师教学能力的一种考核方式。对此，本文展开了对吉安师范附属小学6名教师的调查，结果显示，见表7所列。

表7　体育舞蹈课后服务课的课程标准设置调查表（N=6）

课程标准设置情况	有	无
人数	2	4
占比（%）	33.33	66.67

经表7的调查可知，有4名教师没有设置体育舞蹈课后服务课的课程标准，占比为66.67%；有2名教师设有体育舞蹈课后服务课的课程标准。总体看来，吉安师范附属小学体育舞蹈课后服务课的课程标准设置情况不太理想，影响了学校体育舞蹈教学目标的完成。

（四）吉安师范附属小学体育舞蹈课后服务课的教材使用

教材拉近了师生之间的关系，是体育舞蹈学习的理论基础。对此，本文展开了对吉安师范附属小学6名教师的调查，结果显示，见表8所列：

表8　教师在体育舞蹈课后服务课中使用教材的情况调查表（N=6）

	经常	偶尔	从未
人数	1	3	2
占比（%）	35.48	50.00	20.16

经表8的调查可知，有3名教师表示在体育舞蹈课后服务课的教学中偶尔会使用教材，占比为总调查人数的一半；有1名教师表示在体育舞蹈课后服务课的教学中经常使用教材，占比为35.48%。由数据可以看出，并不是所有教师都会利用教材进行体育舞蹈课后服务课的教学，教师对教材的利用率较低，吉安师范附属小学二年级的老师在上体育课后辅导课时，会用大量的时间手把手教授学生如何去规范舞蹈动作，而不是对着课本念教案，二年级的学生更加活泼好动，体育舞蹈课上无法静下心来专心看书，直接教授舞蹈动作课堂效率和效果会更好。

(五)吉安师范附属小学体育舞蹈课后服务课的教学形式

体育舞蹈课后服务课的教学形式是影响其教学成果的重要因素之一。因此,本文展开了对吉安师范附属小学6名教师的调查,了解到学校体育舞蹈课后服务课的教学形式组织情况,见表9所列。

表9　体育舞蹈课后服务课的教学形式调查表(N=6)可多选

教学形式	现场教学	远程教学	舞蹈视频教学
人数	6	2	5
占比(%)	100.00	33.33	83.33

经表9的调查可知,所有教师都会采用现场教学的形式进行体育舞蹈的教学;有2名教师会采用远程教学的形式进行体育舞蹈的教学,占比为33.33%。由此可以看出,吉安师范附属小学的大多数教师都会采用现场教学和舞蹈教学视频进行体育舞蹈课后服务课的教学,教师的教学形式较为传统。

(六)吉安师范附属小学体育舞蹈课后服务课的时间分配

《关于深化义务教育阶段学校课后服务工作的实施方案》中提出,中小学课后服务课至少两小时,我们要全面落实"双减"有关部署要求。据了解,吉安师范附属小学的课后服务时间为90分钟,一堂教学课由准备部分、基本部分、结束部分组成,其中在体育舞蹈教学基本部分中包括复习部分和新授动作部分,教师在教学设计时要合理安排各环节的教学时长,因此,本文展开了吉安师范附属小学6名教师对课堂各环节时间分配的调查,了解到学校体育舞蹈课后服务课的时间分配情况,见表10所列。

表10　教师组织体育舞蹈课后服务的时间调查表　　单位:分钟

课堂环节	教师1	教师2	教师3	教师4	教师5	教师6
准备部分	10	5	10	15	15	20
新授部分	40	50	35	40	40	20
中途休息	10	5	10	10	20	10
复习休息	20	20	25	20	10	30
结束部分	10	10	10	5	5	10

经表10的调查可知,6名教师在准备部分的时间分配范围在10—20分钟,复习部分大部分教师分配时间为20分钟,新授部分主要分配40分钟,甚至有达到50分钟,由此可以看出,吉安师范附属小学体育舞蹈课后服务课课堂组织时间分配不合理,小学生的注意力易涣散,教师需要在这有限的注意力集中的时限里高质量地完成新授内容的教学,长时间的动作学习会让学生感到课堂枯燥乏味,不利于学生对体育舞蹈兴趣的培养。

(七)吉安师范附属小学体育舞蹈课后服务课的教学方法

教学方法是决定教学质量的关键因素。对此,本文展开了对吉安师范附属小学6名教师的调查,了解到教师体育舞蹈课后服务课的教学方法,见表11所列。

表11　教师体育舞蹈课后服务课的教学方法调查表(N=6)可多选

教学方法	示范法	讲解法	讨论法	练习法
人数	6	5	4	6
占比(%)	100.00	83.33	66.67	100.00

经表11的调查可知,常见的教学方法有示范法、讲解法、讨论法以及练习法。所有教师都会选择用示范法和练习法进行体育舞蹈课后服务课的教学;还有4名教师会选择用讨论法进行体育舞蹈课后服务课的教学,占比为66.67%。由此可以说明,吉安师范附属小学教师使用的教学方法偏老旧,忽略了学生的主体性,限制了学生的想象力。老师们说:"因为我们老师也没有进行系统的体育舞蹈课程教学方式学习,所以教学方法都比较落后,也只有几个年轻老师愿意在网上看课程学习之类,其他老师都只针对教材来研究教学方法,思维还是比较受局限。"

(八)吉安师范附属小学体育舞蹈课后服务课的教学评价

教学评价是对教师教学水平的一种检验方式。对此,本文通过对吉安师范附属小学124名学生的调查,了解到学生对教师体育舞蹈教学的满意度情况,见表12所列。

表 12 学生对教师体育舞蹈教学的满意度调查表(N = 124)

	非常满意	比较满意	一般满意	不满意
人数	4	11	75	34
占比(%)	3.23	8.87	60.48	27.42

经表 12 的调查可知,有 75 名学生对教师的体育舞蹈的教学表示一般满意,这部分学生的占比在 60% 以上;有 34 名学生对教师的体育舞蹈的教学表示不满意,占比为 27.42%;仅 4 名学生对教师的体育舞蹈教学表示非常满意,占比为 3.23%。我们采访了吉安师范附属小学一名小学生,他说:“老师上课经常就带着我们重复做动作,所以体育舞蹈课一点都没有意思。”由此可以看出,吉安师范附属小学大多数学生对教师的体育舞蹈教学的满意度一般,学生对教师的教学评价偏低。“双减”政策后,参与体育舞蹈课后服务课的学生数量越来越多,而学校师资力量有限,教师在进行体育舞蹈教学时无法做到面面俱到。这说明,教师的体育舞蹈课后服务课的教学水平还有待提高。

(九)吉安师范附属小学体育舞蹈课后服务课的教学成果

教学成果是对教学内容和教学质量的检核,同时体育舞蹈锦标赛又是对教学成果检验的一种有效方式。对此,本文通过对参加吉安师范附属小学体育舞蹈课后服务课的同学随机进行了 23 份比赛成绩的调查,见表 13 所列。

表 13 吉安师范附属小学体育舞蹈的教学成果调查表(N = 23)

单人单项拉丁舞	一等奖	二等奖	三等奖	未获奖
人数	2	2	3	16
占比(%)	8.69	8.69	13.04	69.58

经表 13 的调查可知,在 23 名学生中有 2 名在体育舞蹈锦标赛中获得一等奖的好成绩,有 2 名学生获得了二等奖,3 名学生获得了三等奖,还有 16 名同学是未获奖的。由此可见,体育舞蹈的课后服务课的教学成果并不显著,教师可以根据不同学生因材施教,做到既能强身健体又能学习技能。

四、结论与建议

(一)结论

第一,吉安师范附属小学体育舞蹈课后服务课的教学内容包括了理论、技术和身体素质。其中理论以体育舞蹈起源、体育舞蹈礼仪和体育舞蹈分类为主,部分教师讲到专业术语和身体运动方式,但是对于小学阶段的学生来说理解范围有限。技术内容由于女生占主要比例,因此以单人为主。在身体素质内容方面大部分教师将《国家体质健康标准》测试内容作为训练内容。

第二,吉安师范附属小学参加体育舞蹈课后服务课的学生数量从一年级到六年级呈递减状态,一到三年级学生人数居多。目前课程标准设置情况不太理想,教材使用率比较低,教学形式较为传统。

第三,吉安师范附属小学课后服务体育舞蹈课的时间分配情况不太合理,由于小学生注意力比较涣散,长时间的动作练习不利于对体育舞蹈兴趣的培养,教学方法主要以示范法和练习法为主,忽略了学生主体的地位。

第四,吉安师范附属小学大部分学生对体育舞蹈教学一般满意,由于“双减”政策的发布,参与体育舞蹈课后服务课的学生数量增多,但师资力量建设有限,体育舞蹈的教学成果也并不显著。

(二)建议

第一,教师应不断优化体育舞蹈课后服务课程内容的结构,选择适合该阶段学生学习的内容,在注重发展技能的同时注重文化知识的培养,在体育舞蹈文化理论的潜移默化中促进学生全面发展。

第二,教师应合理设置课程标准,促进学校体育舞蹈教学目标的完成,在教学形式上,要不断地创新,提高学生对课程的兴趣。对于不同年龄段的学生更要做到因材施教。

第三,教师应该合理安排上课时间,做到在有限的注意力集中的时限里高质量地完成新授内容的教学,在教学方法上遵循以学生为主、教师为辅的教育原则。

第四,学校应加大对体育舞蹈教师团队的建设,随着体育舞蹈技术不断发展,及时更新体育舞蹈技术水平与知识理论,定期给体育舞蹈教师开展相应的培训,以满足学生学习的需求。

评　语:

随着双减政策的实施,中小学生课后时间充裕,随之而来的就是更多家长或学生选择报课后兴趣班,因此更要求注重教学内容与质量。此篇论文以吉安师范附属小学作为调查对象,通过数据统计并列出调查表的方式,深入探究并分析了其体育舞蹈课后服务课的课程内容、课程标准、使用教材、教学形式、时间分配、教学方法、教学评价与教学成果,得到了相应的结论,并以其中找出的问题。例如,课程标准设置情况不太理想、教材使用率比较低、教学形式较为传统、学生注意力不易集中、理解能力有限等。进而提出针对性的更改建议。例如,教师优化体育舞蹈课后服务课程内容的结构、合理安排上课时间、合理设置课程标准、学校应加大对体育舞蹈教师团队的建设等。此篇论文通过对中小学课后体育舞蹈课程有针对性地调查与详细认真地解析,提供了详细数据支撑,为中小学课后体育舞蹈课程的教学质量提高提供了非常大的帮助。

孙志远

浅谈现实题材当代舞蹈创作方式中人物形象的塑造

邱赣粤

摘　要：我国舞蹈种类繁多，其中现实题材的舞蹈作为舞蹈中的重要组成部分，与其他舞种最大的区别就是更贴近现实生活，舞蹈主题更明确，故事内容更大众化。在现实题材舞蹈创作中，人物形象的塑造是非常重要的，人物形象不光能够强调舞蹈主题，反应社会现象，还能够切到好处的表达人们对美好生活的追求。所以，在此文的研究中，主要是从如下几个部分进行分析：一是现实题材当代舞蹈特征；二是现实题材舞蹈创作中人物形象塑造的意义；三是现实题材当代舞蹈创作方式中人物形象的塑造方法，希望能够通过这些内容的分析突显出人物形象塑造在现实题材舞蹈创作中的重要性，进而推动我国现实题材舞蹈的创作进程。

关键词：现实题材舞蹈，创作，人物形象

舞蹈题材一般指的舞蹈创作者阐述舞蹈作品内容和情感内容的素材，是"舞蹈作品中直接描写的生活现象，是舞蹈编导对其掌握的社会生活素材进行选择、提炼、加工后作为作品内容的材料"。对于现实题材舞蹈中人物形象的塑造来说，其中的每一部舞蹈作品都是创作者身心结合的体验，与其他艺术形式一样都是对现实生活的反映，是时代的艺术产物，同时反过来也会影响现实生活中的人和事，舞蹈作品是创作者对现实生活的感悟，现实题材中舞蹈创作中的人物形象更加生动，舞者在表演中可以把生活中的各种情感用舞蹈表演出来，从而给观众带来丰富的视觉感受。在现实题材舞蹈创作中，人物形象的塑造可以代表丰富的舞蹈语言，或者舞蹈作品的精神情感，如农民工形象、父母形象、老人形象或者是醉酒的形象，都是现实生活中常见的，只要创作者深入了解现实生活，仔细观察，就可以把这些素材运用到舞蹈作品的创作中，强化舞蹈创作效果。

一、现实题材当代舞蹈特征

（一）题材特征

现实题材舞蹈作品从题材上看最大的特征就是现实，主要表现在，舞蹈作品创作主题大部分都是社会特点话题或者是对社会问题的探讨，舞蹈创作者把现实生活中典型的事件或者时代性的问题进行深入分析，从而表达现实生活中的真实情感。舞蹈创作中的人物形象也都类源于现实生活，经过创作者的艺术加工呈现在舞台上，以此来抒发创作者情感，同时给观众带来强烈的心灵震撼和非凡的人生体悟，而且一些舞蹈作品展示的内容都是我们现实生活中忽略的小事情，或者是生活中不经意的场景，通过舞蹈形式的呈现能够促进观众对现实生活的反思和关注，更有激发观众更加热爱生活，仔细观察生活中美的场景。

（二）创作特征

舞蹈艺术属于生活的艺术，并且是一种高于生活的艺术，最终的主题和情感都需要回归到生活中，现实题材的舞蹈创作特点是创作者对生活现象的艺术加工与处理，在现实生活中可以看到各种现象，那么这些现象中哪个是可以进行舞蹈创作的，就需要舞蹈创作者深入探索与分析，挖掘这些素材中深层次的舞蹈特征，只有这样才能够对其进行艺术加工，最终创作出优秀的舞蹈作品。对于现实题材舞蹈创作而言，创作者需要长时间对现实生活进行观察和分析，不断积累生活经验，对现实生活不断感悟，最终才能够寻找到适合的现实题材舞蹈创作素材，同时创作者也需要具备较高的艺术素养和专业性，可以在现实生活中把现实题材提炼出来，经过加工和美化，成为舞蹈创作的重要内容，在舞蹈创作中，创作者也要把自己对现实生活的感悟和情感融入其中，从而反映现实生活，展示现实生活，带领观众融入现实生活中，引发观众的思考与情感共鸣。

二、现实题材舞蹈创作中人物形象塑造的意义

（一）正确反应社会现象

人物形象的塑造在舞蹈创作中非常重要，是创作者与观众沟通的重要媒介，一个舞蹈作品中的人物形象塑造是否成功，对于舞蹈作品的思想传达和主题呈现有着直接的关系，尤其是在现实题材舞蹈作品创作中，其中的立意阐述更需要人物形象的支持。现实题材舞蹈创作中人物形象的塑造能够给观众传达生活中的某种生活思想，激起观众对生活的热爱。通常情况下，饱满的人物形象可以直接反映出现实生活中的某种现象或者热点事件，这也是现实题材舞蹈人物塑造的重要特点，彰显出了完整的舞蹈主题。只有舞蹈创作者把生动的人物形象塑造出来，才能够给观众带来更加贴近生活的舞蹈作品，从而拉近与观众之间的距离，彰显舞蹈的创作主题。

（二）恰当表达美好诉求

每个时代都有不同的社会现象和热点问题，但是其中不变的都是人们对美好生活的追求。对于现实题材舞蹈作品来说，在人物形象塑造中虽然其形象大都是朴实的，正是因为这样朴实的生活形象才能够引起观众对舞蹈作品的情感共鸣，才能够让创作者把自己想要表达的情感和想要展示的内容通过人物形象展示出来，以此来影响观众。在现实题材舞蹈创作中人物形象的塑造不光能够表达人们对生活的美好追求，同时也向观众传达了舞蹈创作者的心声，希望能够通过舞蹈人物形象的塑造让观众认识到自己的社会责任，提升观众的人文情怀。舞蹈创作者为了在现实题材舞蹈创作中塑造出更贴近现实生活的人物形象，需要在现实生活中积累生活经验，感悟日常生活中细小的事件，同时了解观众的需求，从而把更丰富的精神思想融入舞蹈人物形象中，以此来满足观众的精神文化需求。

三、现实题材当代舞蹈创作方式中人物形象的塑造方法

(一)选择并确立人物形象

舞蹈中的人物形象是创作者与观众沟通的重要媒介,尤其是对于现实题材舞蹈作品来说,成功的人物形象不光能够代表舞蹈作品想要表达的立意,还能够真实地反映当下现实生活中的各种生活现象和热点问题,以此来博得观众的关注,从而让观众通过舞蹈作品的展示受到启发,激起观众对生活中真、善、美永恒的追求。因此,在现实题材舞蹈创作中,对其中人物形象的塑造需要加以重视,大部分的现实题材舞蹈作品中人物形象都是现实生活中真实存在的人物,但是反过来说,不是所有现实生活中真实的人物都可以充当现实题材舞蹈人物形象的素材。一般情况下,现实题材舞蹈作品中的人物形象与现实生活紧密相连,是现实生活中某一代表性事物中的主人公,或者是赋予寓意的社会热点话题中的人物形象,在创作者选择时就需要加以重视,选择的人物形象必须蕴含更多的生命言说,否则人物形象将会毫无特点,更无法传达深刻的人生寓意。在确立现实题材舞蹈人物形象时,创作者需要尊重现实生活中的真实人物,确保人物的真实性和客观性,创作者也要深入到现实生活中,寻找生活中典型的人物形象,把其进行艺术加工和处理,融入舞蹈作品中,只有在现实生活中挖掘的人物,才能够更贴切地表达出创作者想要展示的主题与情感,否则,创作的人物形象脱离了现实生活,就会导致舞蹈作品缺少信服力,也无法突显现实题材舞蹈作品的优势,并且也会失去对观众精神引导的艺术力量。

例如,对于《进城》这一舞蹈作品来说,创作者在人物形象塑造时主要是以进城务工的农民形象为主,给整个舞蹈的思想表达奠定了坚实的基础。在现实生活中,农民工是比较常见的职业,是真实存在的人物,在现实题材舞蹈创作中,创作者选择这一人物更能够表达当时代的一种社会现象,在人物形象塑造时为了突显出人物形象的真实性,创作者把进城务工的农民形象从思想、服饰、道具和场景等方面直接展示出来,如从刚开始面对陌生城市的不安到慢慢融入陌生的城市中,展示出了努力拼搏、真实的农民工形象。在这样的作品中,观众可以直观的感受农民工生活的不易,从而起到教育作用。这样说明了生活化的内容更容易得到观众的认可与接受,而且观众熟悉的内

容也可以引发观众的认同和情感共鸣。或者在《孔雀》这一作品中，创作者以乌鸦和孔雀两个形象为主，所以舞者在表演时，需要饰演这两种形象，其中饰演乌鸦的舞者全身以黑色为主，黑色的眼睛和服饰，而男孔雀的造型比较美，与女孔雀的形象相互照应，以蓝羽毛的裙子为主，上身以孔雀翎作为装饰，头部以及面部的妆发以接近孔雀的形象为主，给观众眼前一亮的感觉。这一舞蹈动作造型非常符合显示生活中的形象，表现出了舞蹈特有的文化内涵。在此舞蹈中，创作者对舞蹈形象的选择和确立非常重要。

（二）编排明确的人物动作

人物动作的编排是为了突显出人物形象，在现实题材舞蹈作品中人物形象塑造中是非常重要的，在创作时，创作者首要的任务就是需要确定人物形象的动作，如人物形象在现实中存在哪些外部特征和内部特征。而且带有丰富主题动作的人物想象更能够显示出人物的特点，通过动作的不断变化来表达舞蹈中的故事情节，从而满足舞蹈作品中人物形象的塑造。所以，舞蹈创作者在人物形象塑造过程中更应该关注人物形象的现实原型，调度真实情感，编排出饱含鲜明形象元素的、可发展的主题动作。

例如，在《醉鼓》这一舞蹈作品创作中，人物形象的塑造主要抓住“醉”这一特征，需要舞者在表达人物形象时，把醉酒的状态展示出来，在创作的过程中，创作者用一系列的旋转跳跃动作展示出醉酒后分不清东南西北的样子，让观众看到了一些真实的醉汉的形态，这些动作都突显出了舞蹈人物的真实性。这也说明在现实题材舞蹈创作中，人物形象的塑造时，创作者为了展示出鲜明的人物形象，就需要重视人物动作的确定，只有找到适合人物形象的动作才能够明确人物主题，保证人物形象的生活化和真实性。

（三）构建完整的故事情节

在现实题材舞蹈作品人物形象的创作中，创作者需要重视故事情节的构建，一个成功的人物形象离不开完整的故事情节，只有这样才能够凸显出人物形象的完整性。完整的剧情结构是创作实践深入的土壤和根基，可以借助结构的力量完成对人物形象的发展。在故事情节构建的过程中，创作者要围绕人物形象去寻找适合的素材，并且进行设计，通过发掘与主要人物相关的事件和人物关系，设计出与人物形象有关系的故事情节，一旦故事情节的完整性欠缺，则会影响到人物形象在舞蹈作品中的展示。

例如，在《咱爸咱妈》这一舞蹈作品的创作中，创作者选择的人物形象是20世纪80年代左右的父母形象，其中爸爸挑扁担的动作具有极强的生活化特征，对于20世纪八九十年代的观众来说，通过这一动作可以联想到自己小时候村子里的生活，挑着扁担去打水，或者在干活时相互争吵，这些都是现实生活中常见的情景和动作。再加上完整的叙事，把观众拉到了现实生活中，与舞蹈创作者一起感受舞蹈中人物形象的魅力。而且故事也展示出了虽然生活艰苦，但是夫妻二人相互扶持、不离不弃的情感值得观众思考，引发观众的情感共鸣。对于这一舞蹈作品来说，舞蹈创作者借助完整的故事情节强调了20世纪80年代的父母形象，再加上生动的舞蹈动作，更容易吸引观众的注意。

（四）把握真实的人物情感

人物形象的塑造是现实题材舞蹈创作的重点内容，在创作中，创作者要深入现实生活中，仔细观察生活中的人物形象，深入分析人物的心理变化，或者是把自己置于故事情节中，把自己投入到人物形象中切身感受人物的情感，从而慢慢调节人物的情感，调动人物情感的起伏变化，从内外部不同的方面促进人物情感的变化，以此来突显出人物形象的特点，让人物形象更鲜活。

例如，对于作品《隔辈亲》来说，其创作源自现实生活中常见的事件，尤其是其中的人物形象，都是现实生活中常见的老人和小孩形象，而隔辈亲的情感也是生活中比价常见的，爷爷奶奶、姥姥姥爷都比较溺爱孙子。所以，在现实题材舞蹈创作中，创作者需要把握好这样的人物情感，只有这样才能够更真实地展示给观众，带领观众置于现实生活中，与创作者一起去感受并且回味老人对孩子的爱。

四、结语

舞蹈作为最古老的艺术表现形式，在历史长河中，主要用各种动作来表达人们生活中的情感和思想，现实题材舞蹈创作中人物形象的塑造之所以能够得到诸多观众的喜爱与认可，主要是因为其中的人物形象最贴近现实生活，深入人心，引起观众的深思。舞蹈创作中的人物形象是舞蹈作品的重要内容，只有舞蹈作品中人物形象准确、鲜明的表达，才能够使得观众与舞蹈创作者产生情感上的共鸣，同时突显出时代的艺术特色，让舞蹈作品得以推广和传承。人物形象也是舞蹈创作者与观众之间沟通的重要渠道，优秀的人物形象可以突显舞蹈作品主题和创作者想要表达的思想，那么，舞蹈创作者为了在舞蹈创作者创作出比较成功的人物形象，就需要深入现实生活中，仔细观察生活中的各种人物形象，并且收集生活材料，结合不同的艺术加工方式，塑造出更符合现实生活的艺术形象，最终传达舞蹈意境，博取观众的关注。

评　语：

“我国舞蹈种类繁多，其中现实题材的舞蹈作为舞蹈中的重要组成部分，与其他舞种最大的区别就是更贴近现实生活，舞蹈主题更明确，故事内容更大众化。在现实题材舞蹈创作中，人物形象的塑造是非常重要的，人物形象不光能够强调舞蹈主题，反应社会现象，还能够恰到好处地表达人们对美好生活的追求。”此论文符合规范，文字表述清晰流畅，逻辑思维严谨缜密，回答问题切中要点，思路开阔。

孙志远

不同地域文化下刀舞的形态研究

徐喆

摘　要:本文旨在探讨珞巴族和景颇族两个少数民族的刀舞形态。首先介绍了舞蹈对少数民族的重要意义,并引出了珞巴族和景颇族两个民族。接着分析了刀舞在不同民族中的意义和影响。本文重点分析了刀舞的形成因素、不同舞蹈形态以及传承发展的历史。我们发现,珞巴族的刀舞力求表现出充满豪气和决心的形态,而景颇族的刀舞则有着更加苍凉和悲壮的意象。这些区别的形成原因在于其不同的生存环境和文化传统背景。此外,我们也分别探讨了不同民族的刀舞传承方式和其发展过程。本研究旨在为人们更深入地了解不同民族文化之间的异同和分析少数民族传统舞蹈的内涵提供一个参考依据。

关键词:刀舞,珞巴族,景颇族,民族文化,舞蹈形态

本文旨在探讨珞巴族和景颇族两个少数民族的刀舞形态。首先介绍了舞蹈对少数民族的重要意义,并引出了珞巴族和景颇族两个民族。接着分析了刀舞在不同民族中的意义和影响。本文重点分析了刀舞的形成因素、不同舞蹈形态以及传承发展的历史。我们发现,珞巴族的刀舞力求表现出充满豪气和决心的形态,而景颇族的刀舞则有着更加苍凉和悲壮的意象。这些区别的形成原因在于其不同的生存环境和文化传统背景。此外,我们也分别探讨了不同民族的刀舞传承方式和其发展过程。本研究旨在为人们更深入地了解不同民族文化之间的异同和分析少数民族传统舞蹈的内涵提供一个参考依据。

一、引言

（一）舞蹈在少数民族社会中的地位和意义

舞蹈作为一种文化表现形式，在少数民族社会中扮演着极为重要的角色。它是民族文化传承的重要载体之一，承载着民族历史、文化和生活方式。在许多少数民族的文化中，舞蹈被认为是联结人与人、人与自然、人与神的一种方式，也是表达情感、祈福、祭祀和纪念的一种手段。

珞巴族是一个神秘的民族，主要分布在中国的西藏、四川、云南等省份。珞巴族的刀舞是珞巴族传统文化中的重要组成部分。珞巴族的刀舞流传至今已有数百年的历史，不仅是珞巴族民间传统文化的精髓，也被誉为守护自己家园和祈求安康的仪式。在珞巴族的宗教信仰中，刀舞被视为一种神圣的舞蹈，能够赶走邪灵、寻求平安，以及祭祀先人和神灵等目的。

景颇族则主要分布在中国的云南、四川、西藏等地。景颇族的刀舞也是景颇族民间文化中最为重要的组成部分之一。景颇族的刀舞形态多样，从舞姿到舞剑的长度、大小、形状都有所不同。在景颇族的传统文化中，刀舞被看作是战争、狩猎的技艺，同时也是一种庆祝和祭祀的形式。在景颇族宗教信仰中，刀舞也扮演着非常重要的角色，可用于祭祀神灵、祈求丰收和福祉等。

不同民族的刀舞在形成因素上存在差异。珞巴族的刀舞形成与珞巴族的宗教信仰有关。珞巴族相信神灵能够联系大自然，因此刀舞被用于祈求平安和寻求保护。而景颇族的刀舞则是由其游牧狩猎的生活方式和军事训练形成的。晚上把长剑刀带进森林野外，日间以毒箭使用技能为主，也有率先橡皮棍攻击为主的刀舞。因此，我们可以看出不同的环境和生活方式对于刀舞的形成有着重要的影响。

另外不同民族的刀舞在舞蹈形态上也各具特色。珞巴族的刀舞舞姿优美、矫健，动作舒展自然，同时也蕴含着珞巴族的文化内涵。而景颇族的刀舞则非常热烈、豪放，舞剑的大小、长度、形状各异，带有强烈的战争气息，展现了景颇族的勇敢和豁达。

在刀舞的传承和发展方面，珞巴族和景颇族同样都有共同之处。传统的刀舞需要进行口头传承、身体记忆传承,以及大量的练习和实践。珞巴族和景颇族中的老一辈人是刀舞技艺的传承者,他们会将技能传授给年轻一代,使刀舞的传承得以延续。近年来,由于珞巴族和景颇族的社会、经济环境的变化,许多年轻人不再习惯和有足够的时间去练习刀舞,刀舞的传承和发展面临着新的挑战。

综上所述,刀舞在珞巴族和景颇族的传统文化中扮演着非常重要的角色,它承载着这些民族的历史、文化和信仰。珞巴族和景颇族的刀舞在形成因素、舞蹈形态、传承和发展等方面均具有自己的特色。我们应该尊重和保护少数民族的传统文化和舞蹈,加强对这些文化的研究和传承,使之不断发扬光大。

二、珞巴族刀舞

刀舞作为珞巴族传统文化的代表之一,是珞巴族独特的文化艺术形式。珞巴族常年居住在高山峡谷之中,因为地理位置的特殊性,刀舞成为了他们展现生命力的一种途径。在珞巴族文化中,刀舞有着非常重要的意义。

首先,刀舞在珞巴族中是一种崇高神圣的仪式活动。珞巴族人们会在年节、祭祀等重要场合举行刀舞表演,以此来祈求丰收、平安和吉祥。在这些活动中,珞巴族人们会穿上华丽的服饰,在独特的刀法表演中,展现出他们崇高的精神和独特的文化内涵。

其次,刀舞在珞巴族中也是一种展现男子汉风貌的重要途径。珞巴族独特的生活环境和文化历史,造就了他们勇敢、豁达的性格和独特的生活方式。珞巴族男子汉们挥舞着震天的大刀,在脚踏实地的步伐中,表现出他们豁达、刚毅的一面,这也正是珞巴族男子汉的标志性形象。

最后,刀舞在珞巴族中也是一种文化传承的重要途径。珞巴族文化渊远流长,而刀舞作为文化艺术形式的重要代表,已经历了数千年的历史。在每一次的祭祀、年节等活动中,珞巴族的长老们都会讲述珞巴族丰富的历史文化,并且举行刀舞表演,以此来传承珞巴族的文化遗产,使其代代流传。

总之,在不同的民族文化中,刀舞有着不同的表现形式和意义,而珞巴族刀舞在其独特的历史、文化和生存环境的影响下,形成了独具特色的舞蹈风格和文化内涵。刀舞作为珞巴族文化艺术的代表之一，依然在珞巴族文化传承中占据着非常重要的位置。

三、景颇族刀舞

在云南省怒江傈僳族自治州的景颇族中，刀舞是一项非常重要的文化表演活动。它在景颇族的民间文化传播中占据着至关重要的地位，体现出了景颇族的勇猛、坚韧和智慧。

景颇族的刀舞形态非常多样化，根据不同的舞蹈形式，刀舞可以分为七种基本类型。这七种类型分别是：颂歌舞、竞技舞、祭祀舞、戏剧舞、盛宴舞、勇武舞和庆典舞。每种类型都有其独特的表现形式和特点。

其中，颂歌舞是景颇族最为激昂和雄壮的舞蹈形式，也是景颇族人民最为热爱和欣赏的刀舞形式。在颂歌舞中，舞者手持长刀，舞步行进，配合歌曲和节奏的变化，以展示出景颇族人民的勇气和斗志。

竞技舞是景颇族刀舞的重要组成部分之一，它包括对刀、搏杀、练习等多种形式。竞技舞的目的是通过舞蹈展现景颇族舞者的技能、力量和勇气。

戏剧舞是景颇族文化传统中的重要组成部分，它在表演中提供了足够的空间和机会，以展示景颇族人民的叙事和表演技巧。通过舞蹈的表演，戏剧舞可以展现出景颇族人民的热情和创造力。

除了以上三种刀舞类型外，景颇族还有祭祀舞、盛宴舞、勇武舞和庆典舞，每种类型都有着特殊的舞蹈形式和表现方式，是景颇族文化传承中不可或缺的重要组成部分。

总的来说，景颇族的刀舞形态非常多样化，每种类型都有其独特的表现形式和特点。在景颇族民间文化传承中，刀舞是非常重要的文化表演活动，它不仅展示了景颇族人民的勇气和斗志，也汇聚了景颇族人民的智慧和艺术天赋。

四、不同民族刀舞形态比较

刀舞作为中国传统舞蹈的一种，是在表演中利用刀具完成的一种特技舞蹈，通常被视为武术文化的一种体现。刀舞广泛流传于中国境内，其形态受到不同民族的地域文化的不同影响，因此形成了多种不同的刀舞风格。本文将探讨珞巴族和景颇族的刀舞，分析其形成的因素、不同的舞蹈形态以及发展传承。

（一）刀舞在少数民族文化中的影响

舞蹈在少数民族中占据重要地位，不仅是一种表演形式，更是文化的重要代表。刀舞在珞巴族和景颇族的文化中扮演了重要的角色，珞巴族和景颇族都是中国的少数民族，距今已有数千年的历史，其文化的独特性和鲜明性备受人们的赞誉。刀舞是珞巴族和景颇族文化传统的一种表现形式，在他们的日常生活和重大仪式中起到了重要的作用。

珞巴族主要分布在西藏和四川的藏南地区，是藏民族的重要分支，他们信奉藏传佛教，并且习惯于在重大节日和喜庆场合举行刀舞表演。一般来说，珞巴族的刀舞被视为一项重要的礼仪活动，既可以展示自己的勇气和力量，也可以祈祷神灵保佑平安健康。景颇族主要分布在云南、西藏，四川和印度等地区，景颇族的刀舞舞者经常在其宗教仪式中展现其独特的舞蹈技巧，为宗教活动增添了不少热闹气氛。一般来说，景颇族的刀舞被视为一种精神抒发，是人们表达自己情感和力量的一种方式。

（二）刀舞的形成因素

刀舞在不同民族文化的形成中，受到不同的影响，这种影响因素可以从地域环境、民族传统、族群交流等方面进行分析。

1. 地域环境

珞巴族的居住地处于青藏高原，其生活环境艰苦，寒冷干燥和缺氧，这样的地理环境迫使珞巴族采用了和素食有关的生活方式。珞巴族的社会形态以寨为单位，在未有现代交通工具时，远距离的社区，常常有文化交流，还有种族之间的融合。这样的环境因素，导致珞巴族形成了独特的文化成分，这也为刀舞的形成提供了更深的文化基础。

2. 民族传统

刀舞在不同民族文化的形成中，受到民族传统文化的影响。珞巴族的文化传统非常的厚重，他们有着独特的婚姻制度、亲属关系系统、歌曲舞蹈形式等。景颇族的民族传统比较靠近西藏的文化，景颇族人们笃信藏传佛教，他们有着丰富的民族传统文化和宗教文化可供选择，这也为刀舞文化的形成提供了充分的营养。

3. **族群交流**

珞巴族和景颇族都是云南、四川、西藏等地的边缘民族，与其他民族的接触较为密切，这样的族群交流使得不同民族在文化上互相融合，形成了复杂多样的文化成分，也给刀舞文化的形成提供了广阔的空间。

五、结论

（一）刀舞在不同民族中的重要性

刀舞作为一种传统舞蹈形式，是许多少数民族文化中不可或缺的一部分。它不仅仅是一种娱乐活动，更是一种祈福祭祀的仪式，表达着对神灵和祖先的崇敬和尊重。而在不同地域环境下的珞巴族和景颇族，刀舞也生成了独特的舞蹈形态。

在介绍刀舞对少数民族的意义之前，我们首先要认识到少数民族在文化上的特殊性。少数民族文化是民族多样性中的重要组成部分，是中国传统文化的重要组成部分。少数民族的文化总体上反映了中国各地区的交融和共通之处，也显示了中国的多元文化特征。由此可见，刀舞作为一种保存和传承民族文化的手段，对于保护并发扬民族文化的丰富性和多样性具有必然的作用。

而在珞巴族和景颇族中，刀舞更是极具特色和影响力。珞巴族是一支神秘的群体，他们尊奉原始宗教“本迓”，主要分布在云南、四川、西藏等省份。珞巴族的刀舞常常表现出对生命的热爱、对自然的敬畏和对天地的崇拜。在珞巴族的刀舞中，面临自然灾害时，他们会拿出神器——和就（象征日后丰收等美好愿望的神器）和刀，为神灵献出双手，祈求神灵保佑自己、保佑他们的土地、保佑全族人民。这种舞蹈表达了珞巴族对自然环境的敬畏和无穷的感恩之心。同时，在珞巴族的刀舞中，舞者会以各种形态表现出人与自然的和谐共存。这对于我们今天生活在现代社会的人们，也能够带来一种对于自然和生命的敬畏之情。

与此不同，景颇族是一支活泼而富有民族特色的族群，主要分布在云南、西藏、四川和缅甸等地。景颇族的刀舞形式多样，因地制宜、因时而异。景颇族的刀舞通常刚猛有力，犹如狮子般威武雄壮。景颇族的刀舞在农历新年和传统节日等场合中常常被表演，群众参与度非常高。这也与景颇族生活上勤劳向上、热爱生活、富于情感有着密切的联系。景颇族的刀舞通过呈现舞者们对于节日的喜爱和对于生活的热爱，展现出了景颇族的传统文化和生活方式。

在珞巴族和景颇族中，刀舞除了表达对自然和生命的敬畏和对于节日和生活的喜爱之情之外，还在一定程度上带有保护和抒发民族文化的功能。刀舞的形成来源于生活，但它比一般的生活方式要更具象征性、仪式化和审美价值。在不同的地域和环境下，刀舞通过差异化的形态、内容和表演方式，形成了各自独有的舞蹈文化，成为珞巴族和景颇族的特色文化之一。

总之，刀舞作为少数民族文化的重要组成部分，在不同的文化背景下形成了不同的形态和风格。在珞巴族和景颇族中，刀舞生动展现出了这两个民族特色文化的多样性。刀舞不仅仅是一种艺术形式，更是一种文化传承和保护的手段，对于珞巴族和景颇族文化价值的传承、保存和发展起着不可或缺的作用。

（二）未来发展和保护建议

舞蹈是一个民族传统文化的重要组成部分，不同地域环境下生成了不同形态的舞蹈风格。对于少数民族而言，舞蹈更是一种生命方式，体现了他们对生活的热爱和追求。珞巴族和景颇族是我国的两个少数民族，他们都有着独特而美丽的刀舞，本文将对这两个民族的刀舞进行研究。

1. 舞蹈对少数民族的意义

舞蹈是少数民族文化的重要组成部分，对于民族身份认同和文化传承具有重要意义。舞蹈可以表达民族情感，传达民族生存状态和社会文化关系，同时也是少数民族文化的重要载体与窗口，对于促进少数民族文化的传承与发展，增进民族团结与进步，有着不可替代的作用。

2. 珞巴族的刀舞

珞巴族是我国的一个少数民族，生活在喜马拉雅山脉的巴颜喀拉山的山麓地区。

他们以采蜜、耕种、狩猎和放牧为生，因生活在山区，珞巴族的文化受到了自然环境的极大影响。珞巴族的刀舞是他们生活和文化的一部分，它表现了珞巴族人民对生活的热情和追求。

珞巴族的刀舞传统上是用刀和盘作为表演道具，通过舞者的肢体和面部表情，展示出珂朵莉花般的美丽与纯洁。舞者们通过手臂和身体的协调运动，让刀在身前、身后、身侧和地面上自如地舞动。刀舞姿态或慢或疾，或挥出弧线，或剪出圆圈，黑色束发和根穿珠串的颜色相得益彰。

随着时间的推移，珞巴族的刀舞逐渐受到现代化和文化交流的影响，在保持传统的基础上，还增加了一些现代化元素，创造出了更加多彩、新颖的刀舞形式。

3. 景颇族的刀舞

景颇族是我国的一个少数民族，主要分布在云南、西藏和缅甸等地。他们在山区生活较为困难，因此景颇族的舞蹈和音乐中经常表现出对丰收和生活的盼望和热爱。景颇族的刀舞是景颇族舞蹈中的一个重要组成部分，它展示了景颇族人民勇敢和果敢的精神。

景颇族的刀舞表演，舞者们手持双刀，神态非常豪迈，一跃一转间，手中的刀刀剑舞跃然于舞台之上。在民间传说中，这种舞蹈形式源于战争时期景颇族勇士拿起双刀征战四方的场景。现如今，因为社会和随着时间的推移，景颇族的刀舞逐渐受到了现代化的影响，在保持传统的基础上，还增加了一些现代化元素，创造出了自己新的刀舞形式。

4. 刀舞的形成因素、不同的舞蹈形态、发展传承

刀舞的形成来源于现实生活中的刀剑取魁之舞。刀剑能斩人于不见，舞出刀剑纷飞的绝妙舞姿，正是源于现实生活中的勇气和犀利。随着时间和物质文明的发展，刀舞的形式也逐渐丰富和多样化。

不同地域环境下，刀舞形态也不相同。例如，珞巴族的刀舞是更加缓慢优美，而景颇族的刀舞则更加豪放、激烈。刀舞的发展传承也受到少数民族自身文化的影响，部分刀舞也会吸收外来文化元素，从而发展出具有独特风格的刀舞形式。

评　语：

“刀舞作为一种传统舞蹈形式，是许多少数民族文化中不可或缺的一部分。它不仅仅是一种娱乐活动，更是一种祈福祭祀的仪式，表达着对神灵和祖先的崇敬和尊重。而在不同地域环境下的珞巴族和景颇族，刀舞也生成了独特的舞蹈形态。”此论文结构合理，层次清晰，能根据所学的专业理论知识结合具体实践来分析问题。文章中运用比较多的实际资料和数据来说明论点，论文格式规范，符合学校有关的论文要求。

孙志远

当代红色舞蹈创作的实践路径探究

章杰坤

摘 要:红色舞蹈属于红色文化范畴,起始于新民主主义时期,主要是指以中国共产党及其领导的人民在民族解放斗争和社会主义建设中的红色历程为创作素材而形成的舞蹈艺术作品。探索"中国精神"是对现代红色舞蹈进行颂扬的"思想高地"与"精神故乡","美学气质"是其所坚持的"美学闪光"与"美学魅力","舞台创新"是其坚持的"艺术观念"与"实施路径","有效传播"是其"体现"与"体现"的"内涵"与"价值"的重要通道。对现代红舞进行深入的探索和实践,对于促进新时代的文艺事业蓬勃发展,为中国梦的实现,具有重要的理论和现实意义。

关键词:红色舞蹈,当代化,舞蹈创作,实践路径

一、引言

关于红色文化,目前学界尚无统一的定义。曾喜云把"红色文化"理解为:在中国共产党的带领下,从红军长征,解放战争,所有的历史阶段,所有的一切都是由党和人民共同缔造的,而这些历史阶段所产生的伟大成就,也是由这些成就所产生的,其中有许多优秀的人,他们的伟大的人格,他们的革命事迹,他们的高尚的道德情操,应当得到弘扬。汤红兵提出了"红色文化"的内涵,"红色"是一种"红色"的文化,它起源于新民主主义时期,是一种以中国共产党和她的人民为实现国家的解放、社会主义的伟大事业而进行的"红色"运动为题材的舞蹈,是中国当代舞蹈艺术发展过程中出现的具有鲜明时代特征和时代内涵的历史性产物,也是中国现当代舞蹈艺术的重要组成部分,探索现代红舞剧的创作方法,对于我们今天的红舞剧的写作有着重要的现实意义。首先,"红舞"有着深厚的传统文化底蕴,经历了时间的考验,有着深厚的思想底蕴,得

到了人们的普遍认同,站在新世纪的文化战略高度,用全新视角探究当代红色舞蹈创作的实践路径,可锤炼民族性格,锻造民族风骨,提升民族品格,促进民族自信,从而更好地完成对中华民族优秀文化的传承和发扬。其次,红色舞蹈具有很好的教育功能,探究当代红色舞蹈创作的实践路径,可更好地发挥其教育功能,使人们铭记历史并常保深刻的历史认知和清醒的思想觉悟。再次,探究当代红色舞蹈的创作实践途径,可有效引领社会价值观念,提升社会精神风貌。最后,探究当代红色舞蹈的创作实践路径,可凝聚时代人心,彰显时代精神。

二、中国精神——当代红色舞蹈创作褒扬的思想高地和精神家园

现代红舞的创造是对中国精神的弘扬,其属性是红舞的本质。为了维护苏维埃的统治,为了增强红军的战斗力,这一宗旨是十分清楚的;坚持以工农兵为己任;具有明显的民主主义、民主主义和民主主义倾向;与部队密切合作;发挥强大的公共服务和教育作用;二是树立积极的革命价值观;将浪漫与现实融合为一的革命审美诉求;革命的英雄气概、爱国热情高涨;广泛吸收,并将其用于自己的创作;平民化、平民化的艺术创造方式。从这一点可以看出,“红舞”所蕴含的“中国精神”是在“红舞”产生的那一天产生的,并存在和成长于红色舞蹈发展的全部历史过程中,并逐步融入了“八一精神”“井冈山精神”“苏区精神”“长征精神”“延安精神”等优秀文化精神,这诸多精神浓缩概括成为一种精神,即“中国精神”。因此,当代红色舞蹈创作对“中国精神”的褒扬,同时也是对红色舞蹈自身内在品质特征的褒扬。

褒扬中国精神是当代红色舞蹈创作所要担当的时代责任和民族使命。戴爱莲曾说:“今天的中国,一定要有中国特色的精神,中国特色的文化,中国特色的艺术。”中国精神颂扬着中华民族来之不易的今天,中国精神展示着强大的时代正能量,当代红色舞蹈创作不能因时代更替而遗忘或丢失中国精神的精神内核,当代红色舞蹈创作不能因时代变化而轻视或弱化中国精神的精神分量,褒扬中国精神是当代红色舞蹈创作必须担当时代责任和民族使命。一方面,当代红色舞蹈创作要注重作品的时代创新性、时代特征性、时代文化性和时代审美性,提升和彰显当代红色舞蹈作品创作的时代精神气质和内涵;另一方面,当代红色舞蹈创作要凸显民族精神品格、高扬民族精神品

质、契合民族精神品位,使其在现实社会中产生广泛的影响力。辽宁芭蕾舞团创排舞剧《八女投江》,便体现了一种责任感和使命感。“用芭蕾的艺术形式表现红色题材,《八女投江》是继《红色娘子军》创作首演 50 年以来的唯一一台‘红色’芭蕾舞剧。‘八女’所表现出来的对敌人的不屈服和对国家的大爱,具有强烈的历史意义和现实感召力,超越了以往的艺术作品。在纪念反法西斯战争胜利 70 周年到来之际,这台舞剧承载着中国芭蕾人的历史使命和艺术工作者的民族责任。”《八女投江》是一部既具时代人文精神追求,又有优秀民族精神品质的当代红色舞蹈创作典范,其将红色历史、红色文化、红色情感贯穿在作品全过程中,通过高雅的芭蕾舞,将中国精神植根于时代和人民,让生活在当下的人们感受到了红色舞蹈文化的厚重和红色历史征程的艰辛,更感受到了红色的致远情怀和伟大的中国精神,是一部褒扬中华时代精神、歌颂民族不屈精神、具有时代担当和时代责任的当代红色舞蹈精品。由此,深刻领悟中国精神的内在品质特征,褒扬中国精神,创作出具有时代担当和民族使命的舞蹈作品,是当代红色舞蹈创作的最高追求,更是当代红色舞蹈创作追求的思想高地和精神家园。

三、审美风范——当代红色舞蹈创作秉承的审美亮点和审美追求

“审美风范”是指具有某种审美风格和审美趣味,同时这种审美风格和审美趣味因符合某种审美规范和审美要求而具有一种典范意义。秉承自身独有的审美风范是当代红色舞蹈创作的艺术特质和审美追求。

(一)传承红色舞蹈历史性审美风范

红色舞蹈在每个发展阶段都呈现出鲜明的历史性审美风范。从新中国成立前的“战士舞蹈”时期开始,就奠定了红色舞蹈创作的现实品格特点,展现出了赴汤蹈火勇往直前的革命英雄主义审美风范,作品如《进军舞》《乘风破浪解放海南》《狼牙山》等。到了翻身解放的“工农武装舞蹈”时期,涌现出如《五朵红云》《红色娘子军》《白毛女》等作品,红色舞蹈的审美内涵发展得更为丰富。后来,出现了如《再见吧,妈妈》《踏着硝烟的男儿女儿》《高山下的花环》等作品,进一步表现出扩充人性之爱的审美

特点。纵观红色舞蹈发展史可以看出,红色舞蹈创作之路形成了具有积淀深厚、旗帜鲜明、不断扩充、不断发展的历史性的审美风范,将红色舞蹈独有的历史性审美风范在当代创作中予以传承和延续,将其作为强有力的审美支点,从而创作出具有新时期审美风范的红色经典舞蹈作品。

(二)彰显红色舞蹈时代性审美风范

21 世纪初,红色舞蹈创作表现出了既指向红色理想又注重艺术过程,审美的外延和内涵均得到扩充发展,从而形成了新时代审美风范,涌现出《红梅赞》《风雨红棉》《天边的红云》《天山芙蓉》《闪闪的红星》《傲雪花红》等具有鲜明新时代美学特征的经典作品。每个时代创作的红色舞蹈经典作品,均带有这个时代的审美风范。因此,一个时代的审美风范也成为既定时代中红色舞蹈创作的美学支撑,将这种美学支撑作为新时代新文化语境中创作的美学精神和审美灵魂,让当代红色舞蹈创作真正上升到秉承新时代审美追求、传承新时代红色文化、传播新时代红色精神、蕴含新时代审美风范的高度。

(三)发扬红色舞蹈民族性审美风范

红色舞蹈是中国近现代产生的优秀民族文化,是中华民族特有的当代舞蹈艺术形式,“崇高的信仰和悲壮的情怀”是红色舞蹈重要的民族性审美风范,“伟大的精神和厚重的内涵”是红色舞蹈民族性审美风范的高度概括和表达。在当代红舞蹈创作过程中,发扬红色舞蹈民族性审美风范,可以让“民族性”与“审美性”对接融合、相互生长,“民族性”提供美学高地,“审美性”提供审美基本方法,两者在当代红色舞蹈民族创作中形成互补的良性关系。如大型音乐舞蹈史诗《东方红》,即充分发扬了红色舞蹈民族性审美风范,综合运用了唱歌、舞蹈、诗歌朗诵等艺术形式,对中华民族百年斗争的史诗进行了舞台艺术化的叙述,将中华民族奔向民族解放道路上的豪迈身影勾勒成为一幅雄伟壮阔的宏大图景,使得其成为一部红色歌舞类的巨无霸和集大成者,成为新中国红色舞剧史上的首次壮举,同时也成为新中国红色舞剧再度发力的开端。可以看出,发扬民族性审美风范是由红色舞蹈自身固有的内在特质所决定的,民族性审美风范表达着整个中华民族共同的审美愿望和诉求,是当代红色舞蹈创作的最高审美追求,当代红色舞蹈创作离不开对民族精神的呈现,自然也离不开对民族审美风范的发扬。

四、舞台革新——当代红色舞蹈创作秉持的艺术理念和践行方式

时代的快速前进和社会的巨大变化使得红色舞蹈创作语境随之改变。探究当代红色舞蹈创作的实践路径过程中,舞台革新具有核心的作用和意义。

(一)革新创作理念

创作理念的不断革新是当代红色舞蹈创作的制高点。一段时期内,红色舞蹈创作呈现出重思想内容轻艺术形式、有厚重思想主题但缺乏审美趣味、理念固化、面孔单调、方式呆板的状况,创作理念没有根据新时代舞台特点及时转换更新。长此以往,红色舞蹈将面临失去延续发展的艺术活力,还潜藏着断代的历史隐患和被快速变化的舞台抛弃的危机。当前艺术舞台正经历着审美价值、审美观念、审美心理和审美方式的全新时期,如何能跟上新时代舞台特点,把握新时代舞台需要,创作理念的不断革新是当代红色舞蹈创作的制高点。第一,创作要杜绝“假大空”,关注当前社会现象和现实生活是当代红色舞蹈创作的源泉,改变“挥红旗唱红歌”的框架式创作,有效抵制轻歌曼舞不温不火的“任务之作”,取缔趋低级审美趣味的“纸壳之作”,遏制创作中的浮夸低俗之风,纠正红色舞蹈创作在一段时间内形成的“口号化、表面化、形式化”等不良创作方法,创作理念及时向当前社会和现实生活转换。第二,改变长时间形成的固化理念,打破单一的程式化创作方式,用敏锐的眼光捕捉和审视传统红色文化在新时代中发生的新变化和新迹象,将更多当下社会和现实生活中的红色精神与红色理想融入当代红色舞蹈创作过程中,开拓新时代红色舞蹈艺术创作理念的新内涵和新方式。第三,从新时代战略文化高度着眼,立足新时代舞台新格局,树立创作新理念,及时革新舞台的表达与呈现方式,创作出具有新时代艺术特征和审美特点的优秀红色舞蹈作品。

(二)注重动作原创

动作原创的时代舞风是当代红色舞蹈创作的根本方式和主要切入点。首先,舞蹈

动作是所有舞蹈创作的本体,要充分尊重当代红色舞蹈创作独特的艺术呈现方式,发扬当代红色舞蹈具有动作原创性的鲜明特点,给予当代红色舞蹈动作原创性的思想表达,创作出与作品本身思想相吻合、与舞蹈艺术呈现相贴切、具有真正原创意义的原创动作。其次,红色舞蹈较少受制于既定动作风格和语言体系,具有可跨越既定舞蹈风格和动作框架的优势,将红色舞蹈这一鲜明特点予以发扬,将更好地促生原创动作的产生,凸显当代红色舞蹈创作的时代舞风。再次,强力改变动作套用惯性和动作堆砌的陋习,深入挖掘个体生命历史存在的价值及现代人内心追求的表现与表达,并以此作为原创动作生成的内在支点,发扬红色舞蹈自身所具有的动作内生力的特性,进而引发更多原创动作的产生。最后,艺术创作不能脱离社会生态,但不应跟风炒作盲目迎合,要认识到红色舞蹈创作绝不是片面认知的“口号艺术”。我们应站在文化战略高度看待国家和社会对红色舞蹈文化的思考与需求,打破遵从样板戏的创作模式,将动作原创的时代舞风上升到自觉化的高度。

(三)在故事发展和人物成长中构建戏剧性

以情节展开、角色发展为主线构建戏剧,已成为现代“红舞”的重要表现手法。

第一,在现代红舞剧的创作中,情节展开已成为一种重要的建构方式。自从鸦片战争之后,中国人民就开始了一场苦难的耻辱史,同时也开始了一场红色的故事之旅,它有着如火焰般的热情,如鲜血般的浓郁,它有着让人兴奋呼喊的魔力,它与中华民族的历史和命运有着千丝万缕的联系,它表现了中国人民为了实现自己的独立自主,实现自己的富裕,而奋斗的赤子之心,这种悲壮的赤子之心,永远不会因为时间的流逝而消失。此外,在新民主主义的年代里,红色舞蹈与红色故事一起出现,是它在沉重的历史和伟大的时代中诞生并发展起来的,而红色舞蹈与红色故事是同生同死的,因此,在红色故事中进行戏剧化设计,是现代红色舞蹈创作的一种有效方式。

第二,以角色的发展为切入点,以现代红舞剧的叙事展开与建构为主线。歌颂“和”,成为现代“红舞”创作情感的追求。这些以红色为背景的角色们的成长历程,反映了中华人民的英雄和爱国情怀。对红色英豪的缅怀与追寻,可以让现代的红色舞蹈呈现出一种精神与灵魂。纪念革命烈士,追忆革命烈士,体现了历史的责任感,体现了时代的人文精神。对这位革命英雄的歌颂,将为现代的红色舞蹈创造注入新的时代人文美，将对当今社会的人文价值观、历史观和美学观起到正面和正面的引导作用。

第三，在故事发展和人物成长中构建戏剧性是当代红色舞蹈创作的主要方式。将波澜壮阔的红色故事作为当代红色舞蹈创作的基本依据和出发点，在红色故事的发展脉络中注入人物成长的结构主线并将二者进行戏剧性解构，将产生思想性和艺术性统一、教育性和审美性融合的效果，使作品产生更强的戏剧性和感染力。

五、高效传播——当代红色舞蹈文化实现自身意义和价值的重要渠道

高效传播红色舞蹈文化，其意义和价值在于对中华民族近代革命历史的深刻缅怀和对中国红色精神的深度认知，并将这种历史和精神转换为推动社会前进的文化力量，是实现当代红色舞蹈创作意义和创作价值的重要渠道。

第一，传播红色舞蹈文化要提高自身的社会话语权，强化其文化引领能力及文化主导能力。话语指的是“一套在一定的历史时空规限下相互联系的思想，它们嵌在文本、言词和各种实践当中，关涉寻找、生产和证实‘真理’的各种程序”。红色舞蹈是一种文化“程序”，红色舞蹈具有“话语”的基本特点和基本属性，在当代文化的传播过程中，以坚守红色文化的核心价值为主导，以弘扬红色文化精神价值为引领，扩大和强化红色舞蹈在主流价值社会认同，使得在新时代中产生广泛而强烈的社会反响，从而提高红色舞蹈文化的社会话语权，强化其文化引领能力及文化主导能力。

第二，传播红色舞蹈文化要完善多元价值观的整合及优化。处在网络化信息化的新时代中，确立当代红色舞蹈创作的重要作用和彰显当代红色舞蹈创作的重大意义必须依附于高效的传播路径。红色舞蹈所蕴含的精神能量是丰富多元的，其表达的价值观念也具有多层次多元化的特征，要立足新时代新变化和新需求，在意识形态、文化理念、方式方法、渠道平台等方面适时对红色舞蹈的价值观念加以整合并合理地优化，使其作用于红色舞蹈的传播途径，逐渐形成红色舞蹈传播的新话语模式和新话语体系，防止和化解红色舞蹈文化在传播过程中被边缘化的危机。

第三，传播红色舞蹈文化要肩负引导大众从一般性文化认知向具体实践行为进行

有效转换。红色文化是中国文化的品牌文化,是中国软实力的重要组成部分,是中华民族屹立于世界民族之林的文化资源。红色舞蹈是红色文化的重要组成部分,是能够代表中华民族核心价值与重要精神的特色文化。红色舞蹈文化的传播要切实担负起引导大众对其从一般性艺术认知,向具体的实践行为进行有效转换这一重要使命,让红色舞蹈在更大范围内真正走向人民群众,让更多的普通观众真正愿意向红色舞蹈文化走来,让红色舞蹈的文化价值和文化精神在广大人民群众中间被不断吸收和内化,并在其中产生广泛共鸣和具体的实践行为,通过这样的传播让红色舞蹈文化在时代前进中发挥价值。总之,传播红色舞蹈文化对构建中国特色文化强国战略具有重要而深远的意义,实现红色舞蹈文化的高效传播是当代中国舞蹈工作者所要担负的时代责任和历史使命。

六、结语

舞蹈作品既反映了表演者的思想观念,又反映了一个民族的精神文明和创造力。时间在变化,但是红色的精神和历史却永远不会改变,随着时间的推移,他们创造出了一种对当下和过往的回忆,也成为一种反映社会进步的一种方式。在今后的道路上,“红色记忆”仍将继续对一代代中国青年产生深远的影响。红色舞蹈文化发展历程,是众多革命文艺工作者为之奋斗的生命历程,探索现代红舞剧的创作途径,将有利于促进新时代的文艺事业蓬勃发展,为中国梦的实现,注入强劲的文化动力与精神动力。

评 语:

“舞蹈作品既反映了表演者的思想观念,又反映了一个民族的精神文明和创造力。时间在变化,但是红色的精神和历史却永远不会改变,随着时间的推移,他们创造出了一种对当下和过往的回忆,也成为一种反映社会进步的一种方式。在今后的道路上,‘红色记忆’仍将继续对一代代中国青年产生深远的影响。红色舞蹈文化发展历程,是众多革命文艺工作者抛头颅洒热血为之奋斗的生命历程,探索现代红舞剧的创作途径,将有利于促进新时代的文艺事业蓬勃发展,为中国梦的实现,注入强劲的文化动力与精神动力。”此论文结构合理，层次清晰，论证逻辑性较强，特别是理论研究全面、重点突出，实证例子数据调研较全面、真实，能根据所学的专业理论知识结合具体实践来分析问题。文章论述全面，针对性强，有个人的见解和观点。

孙志远

浅谈中国古典舞中盘手审美特征

霍振荣

摘　要:中国古典舞身韵,作为一个新创建的课程,在其几十年的发展过程中,一直存在着课堂教学与舞台创作脱钩的“现象”,这似乎成为其长期不可逾越的鸿沟。然而中国古典舞身韵的出现,对于解决此问题起到了重要的媒介作用。它不仅缩短了教学与创作的距离,更为重要的是我们从中可以预见中国古典舞的基本训练在走向自身形式的规范化、舞种化方面有了光明的前景。身韵和基本功相结合产生了一系列新形式的古典舞组合及变奏,都是把古典舞和时代的风貌相结合的探索。本篇将通过对身韵的分析,来深入探讨它在中国古典舞训练中起到的重要作用。

关键词:古典舞,身韵,盘手,审美特征

中国古典舞起源于古代艺术文化,其历史悠久。自20世纪50年代欧阳玉倩先生为“中国古典舞”定名后,古典舞便在艺术界广为流传,最终在舞蹈界确立地位。但由于多年以来人们对古典舞和古代舞的错误混淆,使得两者的概念一直被众人误解。中华人民共和国成立后,以唐满城、李正一教授为代表的舞蹈艺术家们以中国戏曲和武术为基础,借鉴并结合国外的芭蕾舞训练体系,经过精心归纳后,首次明确了古典舞的概念。随着古典舞的广泛推广,一些经典剧目逐渐耳熟能详。例如,由敦煌画而取得灵感的《丝路花雨》,该舞蹈不仅展现了新的表演形式,也推广了敦煌高窟中的壁画;具有显著特征的汉唐舞,如《编钟乐舞》《仿唐乐舞》,则是给予人们一种焕然一新的感觉。

古典舞身韵技术训练中,“形、神、劲、律”的动作要义决定了古典舞身法运动的内在品质:气韵流动,连绵不绝,刚柔并济,纵横捭阖。在身韵课堂教学中,“动势”一词是反复出现的理论性词汇,对于动势的把握和感受是一个很微妙的过程。能看到未必能做到,能做到未必能表现到。身韵强调开合、松紧在身体各个部位的巧妙配合,尤其以腰为轴,一动俱动的内在神韵正是通过连绵不断的“动势”得以表现出来。

一、中国古典舞身韵的审美特征

（一）古典舞身韵身体语言的审美特征

1. 外形的审美特征

中国古典舞的身韵把子午相作为造型的基础所谓子午相就是以圆为基本动律范畴，在身体的运动中拓展出“拧、倾、圆、曲”的体态，以此作为身韵的基础架构。古人是用阴阳的思想来解释“子午”这一概念的，《淮南子・天文训》：“斗一指子则冬至……故口阴生于子，阳生于午……”其规律是子、午分别起始，阴阳二气运行，周而复始，循环小已。“身韵”的“拧、倾、圆、曲”具有其自身严谨的规范和规律。从局部来看“头、颈、胸、腰、胯”“肩、肘、腕、臂、掌”“膝、踩、脚、步”都有其特定的要求。

2. 动势的审美特征

所说的“拧、倾、圆、曲”其实是“身韵”的外部形体特征，而“身韵”基本动作要素的包涵则表现在“形、神、劲、律”这四个方面。“身韵”的“形”指上文提及的“拧、倾、圆、曲”的外部形态和特征；“身韵”的“神”，是指“心与意合，意与气合，气与力合”的内在修炼及舞蹈动作的内在感，一般称之为“韵味”；“身韵”的“劲”，主要是指“寸劲、神劲、反衬劲”等在动作力度和节奏上处理分寸的表现；“身韵”的“律”，主要是指“以起点为终点，以弧线构球体，反胭运动”等动作的一般规律。

3. 路线的审美特征

“身韵”是“身法”和“韵律”的总称，是中国古典舞特定的艺术规范和审美特征的重要表现手段。

其“身法”属于外部的技法范畴，“韵律”则属于艺术的内涵神采。构架起课堂与舞台之间的桥梁是其作用之一。在“身韵”的实现上，如何正确处理戏曲舞蹈传统和芭蕾结构之框架则显得尤为重要。“身韵”本身向我们所呈现的是，中国古典舞摆脱用以往戏曲舞蹈之构件填充芭蕾结构之框架的做法，而摘取风格特征鲜明且又极富生动性的动律元素，依据自身的运动逻辑，也依据自身的造型规律来加以建构。这使我们联想起中国古典舞建设之初，依据音乐来编排教学组合。我们指出过这一步很重要,将"板腔体"转换为"旋律化",实质上也就是在强化舞蹈运动自身所具有的外部技法与内涵神采的逻辑。不管在其组合中还怎样留有戏曲舞蹈的"行当专属"和"语言描述"之风,但毕竟是将"做、打"与"说、唱"剥离开来,舞蹈不是戏曲用来"演故事"的手段而初步具有了自己的独立品格。

4. 形神结合的审美特征

显而易见,中国古典舞的建设不只是教材的建设,调和"风格化舞蹈"与"功能性训练"的矛盾主要是就培养中国古典舞演员而言的。而中国古典舞要确立自己的舞种形象,不能没有内涵神韵地培养与创作。于是,课堂与舞台要寻求沟通。应该说,中国古典舞是不乏传世之作的,《宝莲灯》《小刀会》已经毫不愧色地载入了中国当代舞蹈史册。中国古典舞也是可以表现现代题材的,《浪牙山五壮士》《八女投江》至今仍为人所称道。但我们也看到,由于从戏曲中脱胎得不彻底,中国古典舞既往动态的"行当专属性"和"语言描述性"限制了创作向更广阔领域、更深刻层面的发展,甚至导致思维趋同、作品雷同的倾向。最显见的事实莫过于"霸王别姬"和"木兰从军"题材的创作经久不衰。

此外,中国古典舞未能摆脱的"语言描述性"也使这一舞种在表现现代题材时受到拖累。因为,舞蹈的"语言描述性"是由传统戏曲的故事情节和人物身份烙下的,而现代题材的舞蹈创作难以有与之相符的潜台词。中国古典舞最初的建设之所以不能不用"芭蕾教材的结构方法"做框架,主要在于解决"功能性训练"问题。而现在要重新寻求一种风格特征鲜明且又极富生发性的内核,其实是受当代创作观念的影响。这说明"身韵"作为中国古典舞的新建构,不仅需要继续协调"风格化舞蹈"与"功能性训练"的矛盾,而且需要将课堂教学与舞台创作如何同步的问题加以关注。同时还要力求建立在一种新的创作观念上的同步。

(二)身韵审美特征式教学的重点

用"身韵"建构者们的话来说,就是如何使"两张皮"合为"一张皮"的问题。事实上,"身韵"自身也仍在建构之中。一方面,它将已经确立的美学观念贯穿到功能训练之中去;另一方面,它又将功能训练中具有较大张力、较强韧性的动态化的逻辑结构联系起来。那么,什么是"身韵"的基本原则呢?

"身韵"是外部身法和内部神韵的合称。"身韵"的基本原则有以下几点:

第一,"身韵"强调人体运动的"划圆"轨迹。也就是说,人体的任何运动线路都应呈现出"圆"或"圆弧"的走向。建构者把运动轨迹之圆分为平圆、立圆和 g 字圆,其中 g 字圆是人体画圆运动轨迹的复合型形态,变化最为丰富。例如,动作"风火轮"和"大刀花"等。

第二,"身韵"强调人体在"划圆"运动中的"反胴"倾向。所谓"反胴",就是躯干胴体班预动状态中的反向发力,也就是常说的欲左先右、逢冲必靠、欲进先退等。这种人体在"划圆"运动中贯彻"反胴"的倾向,使得运动更为流畅也更为自然。例如,动作"燕子穿林",虽然只是一个过渡性的动作,但却典型地表现了"反胴"的倾向。

第三,"身韵"强调胴体作为人体运动的力源,强调"以腰为轴"。所以"身韵"最基本的动作元素,就是从腰的"划圆"运动中提取的"冲、靠、含、腆、移"等。例如,"云肩转腰"这个动作既有元素又有韵律。

第四,"身韵"强调以神领形,以内气导引,因此,它又将呼吸的"提、沉"动态归于基本动作的元素之中,使动作"起于心、发于腰、现于形"。

"身韵"可以视为重新整合中国古典舞的根本方法。它从对"风格化舞蹈"内涵的把握而来,当然也会有效地渗入到"功能性训练"的形态之中,这也正是建构者们的初衷。

二、盘手在中国古典舞身韵中的重要性

(一)盘手组合的基本特征

盘腕组合(亦称为"盘手")是古典舞身韵课中的又一个重要组合练习。它的形成与展开,不仅仅包含了身韵训练的基本特征,比如拧倾的动势变换,以及动作流程的转接,并且在一定程度上体现了素材整理与组合编排的一些基本规律。"手保持掌形,以手指尖引领,手臂做由内向外、由外向内、由下至上、由上而下的盘旋运动。分为单盘手、双盘手、里盘手和外盘手。"笔者将基于编导教学中空间、时间、力量三个动作要素维度。

1. 动作——势能的形态体现

盘腕组合的动作幅度由小至大,由腕发展到胸、肩、再到腰,形成了一个循序的递

进关系，每一个动作发展都来自上一个动作的收尾，身体抓住每一个动势契机逐渐放大扩充，形成连绵不断的动势走向。

2. 走向——动能的轨迹体现

在学者金浩的定义中“动势路线”被划分为“平圆、立圆、八字圆”，动作线路的走向始终强调收放的同时，不断在平圆立圆八字圆间进行转换。如初始的盘腕，手臂线路是立圆，而腕部线路则走平圆；最后的“青龙探抓”舞姿的形成则是将几种圆的线路同时运用形成了强烈的动态效果。

3. 路线的设置——四方与中心的关系

在组合设计中，动作的路线基本是围绕以身体为核心的中正辐射变化。脚步路线从开始的原地，到探脚，到出步，到大幅度的探步，都在以身体原有位置为圆心，在子午方向上进行变换。同时，这种放射的路线又以身体前部（2、8 点）的延伸为主，身体后方（4、6 点）的对称变化相对简单。站在舞者角度看，形成的是一个稳固而开阔的动作流程趋势。

（二）“圆”的审美特征

圆的动态是说动作或动态过程中以“圆”的形态呈现，古典舞在姿势的移动与双臂的动作上多为依形弧线。在形的动作上都是圆的路线，动作之间的连接几乎都是圆与圆的派生。动作时，双臂的拢、旋、拂、搅均为“走圆”或“划圆”运动，并要求圆起、圆行、圆止。就拿中国古典舞身韵中的“云手”来说，它就是一充满形态变化的“划圆运动”方式，臂膀球形轨迹划圆运动在戏曲中形象地称之为“揉球”，手臂与身体经过平圆、立圆、八字圆的运动轨迹，以及含、腆、冲、靠、移的圆形路线，大圆中包含小圆，在球体空间内变化丰富，“云肩转腰”以腰带动冲、靠、含、腆、旁移、提沉、起承转合形成平圆动势，每个元素都贯穿圆的走向中，“青龙探爪”也是在立圆和八字圆的基础上，手走立圆，肩走八字圆而组成的动作。

身韵中画圆的轨迹不仅表现在肢体的配合上，舞蹈动作所行进的路线也都是以一定的圆为主的。以最简单的圆场来说，脚下细腻而快速的圆场步，身体的一侧略倾斜，沿自己依据倾斜角度而设定的圆心做圆场，所以走的路线自然而然成为圆的形态。内部的气息也是走圆，百汇到丹田，丹田到会阴，气是圆流周转的，以气领形，从内到外使动作与动作之间的连接顺畅自然，而不生硬滞凝，欲沉先提，欲呼先吸等清晰的圆规走向,使动作间"里应外合"地融于大圆小圆,平圆立圆,八字圆之中。

(三)盘手训练在身韵训练中的实用性

所谓平圆是在水平状态上的一种圆,在我们的各种舞姿造型中,比如我们熟悉的"云间转腰",就是以腰为轴心完成上肢360度的平面环动。"大云手",是双手小臂经过一个重叠交叉,下面的手主动交叉着送出去后在空中进行一个双臂揉球似的与手臂自转相配合,就形成了空中水平面上的一个平圆,就像我们的"大云手",在起法时要含身,云手带动旁提,双臂打开时要把胸腰最大幅度的敞开,大合时也要经过旁提。"盘手",是由我们的手领着沿着水平面做得平圆运动,盘手到前时肋骨要松弛,盘到后时要拧身,盘到第二个后旁位子时手更要领着腰往远抻,盘手的过程就好像人站在磨盘的中心,由手领着,沿着磨盘的边缘涮一个大平圆。在做平圆的舞姿造型和技术技巧时我们一定要配合着"提、沉、冲、靠、含、腆、移"的全过程和以腰为轴完成整个平圆的动势特点。

三、盘手是如何体现的审美价值

(一)古典舞中"手"的审美价值

在舞蹈艺术中,造型是重要的表现手段之一。不同的造型特征,反映不同的审美风格。中国古典舞的体态造型受"圆"制约,表现出"拧倾圆曲"的体态美。

"拧、倾、圆、曲" 是人体的造型及动作讲究的基本形态和势态,通过身体各部分的互相拧倾错位,形成不同角度的层次分明、立体感强的造型,以及充分运用各种大小圆曲线,使动作柔和自然。例如,"山膀"要求藏肘、扣腕、不露肩。藏肘指手掌腆而外撑,腕部成小圆,这就是"大圆套小圆"。"拉山膀"时要走弧线是"线圆",静止中张弓是"形圆",手掌翻转时提腕为轴,圆腕活指,以中指尖向内划小圆,形成滚掌。"山膀"向外拉开时要求"两弧"——向下和向外的"弧","两弧"要交织起来,使"圆"成为"球"之圆。

(二)古典舞盘手训练

拿古典舞身韵中的"云手"来说,它是一种充满形态的变化的"起动"方式,其运动轨迹为圆。做一个云手要划五个圆,由此可见,圆在云手中的重要性,同理盘手也是在圆的轨迹上完成的在《中国古典舞身韵教学法》教材中,盘手主要分为两大类:

一是内盘手,其动作是盘碗的动作是掌心朝上,在胸口端起,手指领先,顺时针做一个水平环绕到拖掌位,再扣手腕落在右侧,指尖由存、后、左做一水平环绕回到准备姿态。

二是外盘手，内盘碗的动作与外盘碗相反,先扣碗,手指领先,逆时针做一水平环统,再到拖掌位,继续逆时针做,一水平环绕回到准备姿态。

盘碗作为一种手腕练习,力量需要从手腕开始,手指领先,时、肩不能太过于用力,盘碗时不能柠着来,更不能使体态变形,要顺劲。

四、盘手的训练价值和应用

(一)古典舞中"盘手"的历史演变

先说中国古典舞身韵起源于中国古代,历史悠久,博大精深,它融合了许多武术、戏曲中的动作和造型,特别注重眼睛在表演中的作用,强调呼吸的配合,富有韵律感和造型感,独有的东方式的刚柔并济的美感,令人陶醉。从中国古典舞发展的历史中来看，传统舞蹈在流传和继承等过程大部分已经遗失了，当今的中国古典舞在吸收戏曲舞蹈的基础上日臻完善，逐渐成为一门独立的舞蹈艺术。

在盘手的历史演变中盘手分为小盘,大盘,里盘、外盘、单盘、双盘、对盘、八字盘等动作形态。盘是身韵中最具典型性与代表性的基本动作,其形态特点为充分展现出身韵周而复始、连而不断、阴阳交错、和谐圆满的空间质感与审美特性。

(二)"盘手"在古典舞剧目中的作用

盘手在古典舞剧目中也有举足轻重的作用,以运用盘手最频繁的剧目莫过于古典舞剑舞剧目,《月下独酌》中最引人注目的就是其中的剑舞。剑舞是古典舞中继承传统弘扬传统并与时代精神相融合的最具代表性的一种舞蹈。古代的剑器是权力和地位的象征,同时又把剑作为一种抒发感情、表达心意的工具,所以古人有"舞以达欢""舞以尽意"之说,因此在诗仙李白享受片刻春宵良辰之际,剑或许是最能表明身份以及抒发情志的舞器。动作在完成时值上的分配有所区分,形成了这一组合特有的圆流周转,顿挫有致的表现特征,而审美上的表现则是通过微妙的节奏处理来实现的。“身韵之‘形’,一要注意静止体态的气质和意识,二要注意动作过程中的路线与轨迹,三要注意‘亮相’(由动到静的瞬间)和‘起法儿’(由静到动的瞬间)的运动法则。”开始盘腕时以小动作长时值为主,发展变化后以大动作短时值为主,这期间穿插了大动作大时值与小动作小时值的对比。盘腕的动势特征在发展到腰部时形成了大幅度的动作变化(时值短),而作为末梢的盘的动势依然在动作连接的过程中呈现(时值相对较长)。这种时值长短的对比配合上动作的幅度变化,形成了气息的收放缓急对比,配合动作,形成了整体的动态美感。

五、结语

身韵在古典舞中的重要作用,通过本篇的分析,已经阐释得十分清晰。古典舞的发展在中国历史上由来已久,且在经受这么多年的风雨洗礼和外来舞蹈文化的猛烈冲击后还能保持如此良好的发展势头,这一可喜现象与其灵魂——身韵的推动是不可分割的。研究古典舞需要了解身韵内涵、学习古典舞需要训练身韵的表演方式、发展古典舞更需要身韵的支撑。在保持并促进民族舞的发展上,身韵功不可没。

评　语:

论文符合规范,文字表述清晰流畅,逻辑思维严谨缜密,问答问题切中要点,思路开阔。

孙志远

豫章师范学院学前教育专业开设体育舞蹈课程的可行性研究

万思雨

摘　要：幼儿在学前时期如果能接受良好的教育，这对幼儿的智力发展和潜能的发挥有重要作用，促进幼儿的生长发育、提高幼儿的身体素质发育、培养幼儿健全的人格，促进幼儿德智体美劳的全面发展。但是目前幼儿体育舞蹈的教学情况不是很理想，由于师资力量情况、体育舞蹈硬件设施情况、教师教学能力、学生对体育舞蹈的认知等一系列的问题导致了体育舞蹈发展的前景并不乐观。本文以豫章师范学院学前教育专业开设体育舞蹈可行性为研究对象，以豫章师范学院学前教育专业教师和学生为调查对象进行调查发现，豫章师范学院学前教育专业开设体育舞蹈课程不仅提高了学生对体育舞蹈的认识，还提高了学生审美教育综合素质的发展，符合体育课程改革的发展方向。豫章师范学院学前教育专业开设体育舞蹈课程，是适应社会发展对综合型人才的需要。在幼儿教育中开设体育舞蹈不仅可以解决幼儿教师数量少的问题，全面提高幼儿体育舞蹈教师的素质，培养大批社会人才，为幼儿体育舞蹈的发展打下根基。对豫章师范学院学前教育专业开设体育舞蹈课程的教学内容选择看，部分该专业已开设体育舞蹈课程的其他高校来说，专业理论知识和技术教学安排的不合理，对于体育舞蹈理论知识的教学涉及的较少，也没有设定理论课考核，不但影响了学生学习的积极性还降低体育舞蹈教学质量。

关键词：豫章师范学院，学前教育专业，体育舞蹈，可行性研究

学前教育作为教育的第一阶段，在我国教育发展中具有重要的作用和意义。学前教育关系到儿童的身心发展和祖国的未来，一般是指对3至6岁的幼儿在入学前的教育。学前教育的主要内容是语言、艺术、社会和科学教育。倘若幼儿能在幼儿园接受

较好的教育,这将会对培养儿童的智商和潜能,促进儿童的成长和发展,提高儿童的身体素质发展,培养儿童健全的人格,促进儿童德智体美劳,五育并举全面发展起到重要作用。研究表明,儿童学习体育舞蹈对儿童智力和身体的生长发育具有积极作用。但是,当前幼儿体育舞蹈的教学情况不是非常理想的状态。由于师资力量、体育舞蹈硬件设施、教师教育教学能力、学生对体育舞蹈的认识等一系列问题,体育舞蹈的发展前景不容乐观,影响了儿童身心的全面发展。本文以豫章师范学院学前教育专业开设体育舞蹈课程的可行性为研究对象,找出影响豫章师范学院学前教育专业开设体育舞蹈课程发展的因素,分析豫章师范学院学前教育专业开设体育舞蹈课程的可行性,完善学前教育专业体育舞蹈课程的教学内容,为学前教育专业在体育舞蹈方面做出贡献。

一、研究的对象及研究的方法

(一)研究的对象

本文以豫章师范学院学前教育专业为研究对象,以豫章师范学院学前教育专业的部分学生和部分教师为调查对象。

(二)研究的方法

1. 文献资料法

为了这篇论文的研究需求,借助阅览了当地图书馆相关的文献资料,在中国知网上检索和“学前教育”“幼儿体育舞蹈”相关的内容,通过查阅与检索和幼儿体育舞蹈有关的文献近50篇。然后根据本论文需要的资料数据整理分析,为本论文的研究提供相关理论。

2. 问卷调查法

按照问卷内容设计的要求和体育科研的方法,根据专家提供的问卷修改建议,最后设计出调查问卷。对豫章师范学院学前专业部分学生和部分教师及其他开设体育舞蹈课程的学前教育专业的学校教师进行问卷发放。见表1和表2所列。

表1　教师问卷发放和回收统计表(N=15人)

	发放问卷	回收问卷	回收率	有效问卷	有效率
教师	15	15	100%	15	100%

表2　学生问卷发放和回收统计表(N=409人)

	发放问卷	回收问卷	回收率	有效问卷	有效率
学生	409	369	90%	359	97%

3. 访谈法

本文将对豫章师范学院学前教育专业相关教师和学生和南昌市新建区第一、第二幼儿园的部分幼儿教师,对于目前学前教育专业的开展现象,以及对于学前教育专业开设体育舞蹈课程的看法进行访谈。

4. 数理统计法

在取回问卷后,在计算机上用获取的数据建立数据库,并将问卷信息输入数据库并使用Excel进行图形处理,使结果更直观,更易于分析。

二、研究的结果及分析

(一)豫章师范学院学前教育专业开设体育舞蹈的意义和作用

高校的学生在学校学习期间能参加各种各样的活动,能正确地引导学生人际交往的能力,学校开设体育舞蹈课程不仅能培养学生的自信心,还能为学生在以后的幼儿教学中提供有关舞蹈的帮助。体育舞蹈种类较多,学生在练习体育舞蹈过程中对舞蹈动作有一定的要求,不但能提高学习者的身体素质还能提高个人的气质。多数学生在学习的时候都有很好的运动才能和音乐才能,但是在公开的场合羞于展示,社交困难也是很多学生在面对人际交往时存在的问题。在学校开展体育舞蹈教学就能慢慢帮助学生改变这些现状。体育舞蹈在进行课堂教学的时候,学生通过讨论互相交流。不仅帮助学生学习到专业的体育舞蹈知识还能帮助学生自信活泼开朗的性格。

（二）豫章师范学院学前教育专业开设体育舞蹈课程符合体育课程改革的发展方向

体育课程改革的目的与现代以学生为中心的教学相一致，以提高学生身体体质和健康为主，重视学生体育技能掌握方法，培养学生的兴趣爱好，注重培养学生的终身体育心态，让他们习惯于参加体育运动，尊重学生个体发展和个性化教育，重视学生竞争和创造能力的意识，体育改革的发展方向提高学生的身体和心理素质，对学生的思想和审美进行教育。豫章师范学院学前教育专业开设体育舞蹈课程不仅提高了学生对体育舞蹈的认识，还提高了学生审美教育综合素质的发展，符合体育课程改革的发展方向。

（三）豫章师范学院学前教育专业开设体育舞蹈符合社会发展对全面人才的需求

在体育舞蹈专业培养中，学习教育领域专业知识没有涉及，幼儿体育舞蹈教育一直属于人才短缺的状态。音乐、美术、少儿舞蹈是当前我国对幼儿教师的重点培养方向，但是对体育舞蹈方面的知识和技能的培养比较缺乏。目前幼儿园教师体育舞蹈课程都是由体育舞蹈专业的毕业生来担任，这部分教师有舞蹈技能和经验，但是他们并没有针对幼儿时期的教育进行专业的培训。幼儿时期的发育和身体特点，运动负荷，还有一些安全措施和成人是不同的，这些正是体育舞蹈专业的学生缺乏的知识。随着教育改革不断地推进，幼儿体育舞蹈教师非常缺乏，豫章师范学院学前教育专业开设体育舞蹈符合社会发展对全面人才的需求。学前教育专业开设体育舞蹈不仅能解决幼儿教师师资少的情况，全面提高幼儿体育舞蹈教师的质量，培养大量的社会人才，为幼儿园体育舞蹈的发展提供坚实的力量。

（四）豫章师范学院学前教育专业开设体育舞蹈课程有利于大学生个性的发展

体育舞蹈是一项适合学生身心发展的体育项目，自从体育舞蹈开展以来，深受学生的喜欢和欢迎。大部分的高校把体育舞蹈项目纳入课程教学中，但是课程开课的方式也只是选修课的形式进行的，学生学习的时间短，教学的内容不能满足学生正常的学习需求，人们锻炼意识不断地增强，学校应该非常重视体育舞蹈项目的开展，特别是高校。豫章师范学院学前教育专业开设体育舞蹈课程有利于大学生的个性发展,学生的个性发展是通过后天的教育形成的,在社会中通过各种实践形成的,学校学前教育开展体育舞蹈课程给学生提供了发展的空间,体育舞蹈是由多种舞种组成的,每一个舞蹈都有自己的风格和特点。标准舞比较端庄大方,舞步优雅,拉丁舞热情奔放比较活泼,学生可以根据各自的性格特点和对舞种的喜欢选择自己喜欢的舞蹈,在学习中不断地摸索形成具有自己的舞蹈特色。学生在学习舞蹈的过程中不仅提高了学生个性气质,稳定了学生的兴趣等。大学生在学习体育舞蹈的时候还能提高自己对音乐的理解,提高学生对音乐的素养。

(五)豫章师范学院学前教育专业学生对体育舞蹈的认知调查情况分析

1. 豫章师范学院学前教育专业学生了解学习体育舞蹈的途径分析

表 3　豫章师范学院学前教育专业学生了解学习体育舞蹈的途径分析(N = 359 人)

	人数	百分比
电视、网络传播	159	10%
参观赛事	20	6%
学校宣传	35	44%
同学介绍	48	13%
其他	97	27%

表 3 是对豫章师范学院学前教育专业学生了解学习体育舞蹈的途径调查分析,从调查的结果看 44% 的学生通过电视、网络直播的方式了解体育舞蹈的,还有 6% 的学生以参观赛事了解体育舞蹈,10% 的学生以学校宣传了解体育舞蹈,13% 的学生以同学介绍了解体育舞蹈,27% 的学生以其他途径了解体育舞蹈。随着社会的不断发展和演变,体育舞蹈正变得越来越受欢迎,学生可以通过许多渠道对体育舞蹈进行全面的了解。为了促进学生对体育舞蹈感兴趣,学校在校内的广播和宣传栏上定期的宣传体育舞蹈。据了解,较多的学生对体育舞蹈不感兴趣,也不愿意将体育舞蹈作为以后的职业上的帮助,学校在学前教育开展体育舞蹈课程的时候,可以通过一些竞赛和演出,让学生感受到体育舞蹈的魅力。

2. 豫章师范学院学前教育专业学生对自身教学内容的学习情况分析

表4 豫章师范学院学前教育专业学生对自身教学内容的学习情况分析(N=359人)

	人数	百分比
全部掌握	35	10%
基本掌握	179	50%
少部分掌握	101	28%
没掌握	44	12%

表4是对豫章师范学院学前教育专业学生对自身教学内容的学习情况进行的调查,从调查的结果看,10%的学生对自身教学内容能完全掌握,50%的学生对自身教学内容基本掌握,28%的学生对自身教育内容少部分掌握,12%的学生对自身教学内容没掌握。这说明豫章师范学院学前教育教学效果初步阶段已经形成,大部分的学生已经能初步掌握,但是为社会培养优秀的幼儿体育舞蹈教师是不够的,学校应该多开展和体育舞蹈有关的相关课程,加大投资体育舞蹈相关设施和场地,体育舞蹈对场地设施要求比较高,干净舒适的体育舞蹈训练场地不仅能带动学生学习的积极性还能影响学生和教师的心情。粗糙不平的体育舞蹈训练场地损伤学生的身体,还会让学生失去学习舞蹈的兴趣。体育舞蹈融合了体育、舞蹈和艺术,具有欣赏性,体育舞蹈场地是必备的设施,教室内的把杆、落地镜和音响设施都是体育舞蹈训练不可缺少的设备。

3. 豫章师范学院学前教育专业学生学习体育舞蹈的目的以及对自身影响的分析

表5 豫章师范学院学前教育专业学生学习体育舞蹈的目的以及对自身影响的分析(N=359人)学生角度

	人数	百分比
减轻学习的压力	321	89%
提高对体育学习的兴趣	297	83%
与教师更好地进行交流	257	72%
强化集体主义精神	19	5%
在学习文化课时更有精神	119	33%
与其他学生关系融洽	123	34%
更加尊重学校的规章制度	39	11%
没有影响	5	1%

表5是对豫章师范学院学前教育专业学生学习体育舞蹈的目的以及对自身影响的分析，从调查的结果看有89%的学生认为学校开设体育舞蹈课程能减轻学习的压力，有83%的学生认为能提高对体育学习的兴趣，有72%的学生认为能与教师更好地进行交流，有5%的学生认为可以强化集体主义精神，33%的学生认为在学习文化课时更有精神，34%的学生认为能与其他同学相处融洽，11%的学生认为会更加遵守学校的规章制度，1%的学生认为没有影响。体育舞蹈的学习能提高人们之间交流能力和合作的关系，学校开设体育舞蹈课程不但能缓解学生学习上的压力、增强对体育学习的兴趣、提高了与教师的沟通等。还能增强和学生之间的感情，从调查的结果看，学校开设体育舞蹈课程对学生的影响非常大。促进学生全面发展，为豫章师范学前教育专业开设体育舞蹈提供了有利的因素。

（六）豫章师范学院学前教育专业开设体育舞蹈课程的教学内容选择

表6　豫章师范学院学前教育专业开设体育舞蹈课程的教学内容选择（N＝15人）

	人数	百分比
体育舞蹈的起源历史	15	100%
体育舞蹈的动作创编	10	67%
体育舞蹈的运动价值	9	60%
体育舞蹈锻炼方法	6	40%
体育舞蹈常用的术语	13	86%
体育舞蹈的分类与特点	15	100%
运动损伤的预防处理方法	1	7%
体育舞蹈的音乐知识	6	40%
体育舞蹈的形体练习知识	7	47%
形体身姿练习	13	86%
基本步法及组合	15	100%
体育舞蹈幼儿教学方法	15	100%
自编成套组合	4	27%
其他	3	2%

表6是对豫章师范学院学前教育专业开设体育舞蹈课程的教学内容选择，从调查的结果看选择体育舞蹈起源历史的教师有100%，选择体育舞蹈的动作创编的有67%，60%的教师选择了体育舞蹈的运动价值，40%的教师选择了体育舞蹈的锻炼方

法,86%的教师选择了体育舞蹈常用的术语,100%的教师选择了体育舞蹈的分类及特点,选择运动损伤的预防处理方法的有7%,40%的教师选择了体育舞蹈音乐知识,47%的教师选择了体育舞蹈形体练习知识,86%的教师选择了形体身姿的练习,100%的教师选择了基本步法及组合,100%的教师选择了体育舞蹈幼儿教学方法,27%的教师选择了自编成套组合,2%的教师选择了其他。从调查的结果看,体育舞蹈的起源历史、体育舞蹈的分类与特点、基本步法及组合、等级考试套路组合都是教学选择的对象,但是对于体育舞蹈创编、价值方法、音乐常识、形体练习、自编套路教学涉及的较少,尤其是运动损伤的预防处理涉及的更少。可见教学内容不全面。从豫章师范学院学前教育专业开设体育舞蹈课程的教学内容选择的情况看,学校对体育舞蹈理论知识点没有过多地融入,还是以体育舞蹈技能为主,对于体育舞蹈理论知识也只是在进行体育舞蹈技能讲解的时候略带,体育理论考试也没有涉及,该学校体育舞蹈技能和体育舞蹈理论知识教学比例不合理。这样的情况影响学生学习的效果。

三、结论与建议

(一)结论

第一,豫章师范学院学前教育专业开设体育舞蹈课程不仅提高了学生对体育舞蹈的认识,还提高了学生审美教育综合素质的发展,符合体育课程改革的发展方向。

第二,豫章师范学院学前教育专业开设体育舞蹈专业,是为了顺应社会发展对综合型人才的需要。在幼儿教育中开设体育舞蹈不仅可以解决幼儿教师数量少的问题,全面提高幼儿体育舞蹈教师的素质,培养大批社会人才,为幼儿体育舞蹈的发展提供坚实的力量。

第三,通过其他开展体育舞蹈课程的学前教育专业的高校来看,对豫章师范学院学前教育专业开设体育舞蹈课程的教学内容选择,应合理安排专业理论知识和技术教学,幼儿体育舞蹈的教学方法及幼儿生理与心理知识,设定课程考核。

(二)建议

第一,加强对体育舞蹈教师的培训,提高他们的专业水平和综合素质。提供更多的专业技能培训机会，充分发挥教师的作用。定期让教师参加体育舞蹈的培训，向优秀的体育舞蹈教师学习教学经验，为豫章师范学院学前教育专业开设体育舞蹈项目的发展做出贡献。

第二，学校和相关部门加大体育舞蹈设施和场地的建设力度，改善体育舞蹈学习的环境。加深学生对体育舞蹈的认识，激发学生学习体育舞蹈的兴趣和动力，鼓励学生参加各种体育舞蹈的表演和比赛。

第三，体育舞蹈种类繁多、风格各异，对学生身体部位、肌肉和关节有不同的促进作用，教师需要根据学生的发展阶段，以不同的方式教授体育舞蹈，保证学生在体育舞蹈课中产生浓厚的兴趣和参与的热情。

评　语：

"幼儿在学前时期如果能接受良好的教育，这对幼儿的智力发展和潜能的发挥有重要作用，促进幼儿的生长发育、提高幼儿的身体素质发育、培养幼儿健全的人格，促进幼儿德智体美劳的全面发展。"此论文以豫章师范学院学前教育专业开设体育舞蹈课程的可行性为研究对象，找出影响豫章师范学院学前教育专业开设体育舞蹈课程发展的因素，分析豫章师范学院学前教育专业开设体育舞蹈课程的可行性，完善学前教育专业体育舞蹈课程的教学内容，为学前教育专业在体育舞蹈方面做出贡献。

孙志远

菏泽学院体育舞蹈公选课开展的可行性研究

张旖卓

摘　要:本文以菏泽学院体育舞蹈公选课开展的可行性为研究对象,通过文献资料法、专家访谈法、问卷调查法、问卷的发放与回收、数量统计法、逻辑分析法为本论文提出结论:

第一,通过菏泽学院的体育舞蹈专业课开展情况发现,菏泽学院的大部分学生对体育舞蹈开设的课程和体育舞蹈开设的课程表示满意,平均每周参加3—8次专业体育舞蹈的课程,每次训练的时间为60—120分钟。还有一部分的学生对体育舞蹈的教师不是很满意,可能是教师的数量和教师的教学方法没有满足学生的需求。参与体育舞蹈开设课的学生中出现男女比例失衡的现象,希望能够被重视。从次可以看出学生对体育舞蹈的宣传力不够,学生对体育舞蹈没有真正地认识。

第二,体育舞蹈公选课的开展对大学生有适应社会的需要、提高学生体育锻炼的兴趣和自觉性、形成正确的身体姿势和优美的体型、提高学生对美的鉴赏能力、娱乐身心,提高学习效率、促进人际交往,培养合作精神、有利于终身体育的意义,可以看出在学校开展体育舞蹈公选课对学生参与社会有很大的帮助。

关键词:体育舞蹈,公选课,公选课的可行性

我国的体育舞蹈还处于初级阶段,但是却有着强烈的发展势头,让社会非常迫切地需要体育舞蹈的教学人才,如果从培养体育人才来分析,不仅需要各个学校部门的配合,还要加强培养对体育舞蹈的力度,才能真正地填补社会各层面的教学缺口,才能使我国体育教学体系平衡发展,才能适应现阶段素质教育普及的需求。在进行体育舞蹈教学时通常是以课堂教学的形式为主,所以对体育舞蹈公选课开展的研究也应该要遵循客观的事实。本文以菏泽学院体育舞蹈公选课开展的可行性研究为例,通过搜集相关资料,为了让数据具有可信性,本研究是以调查问卷的方式对该学校进行问卷调

查，把搜集的数据进行统一地整理和分析，对现状进行分析，找到相应的对策，让体育舞蹈公选课能够顺利地开展。

体育舞蹈又叫国际标准舞，是在1984年传入中国的，到1986年才被正式成立，第二年便开展了标准舞锦标赛，在1989年8月开设了关于拉丁舞和摩登舞的俱乐部，被协会组织认可。在1994年被体育舞蹈的专业人士和爱好者成立了国际标准舞协会并开始招揽专业的学员。1996年1月正式派出选手参加英国的舞蹈节，体育舞蹈也开始走向国际化。1997年国内成立了第一所体育舞蹈学校——武汉体育舞蹈艺术学院。目前体育舞蹈已受到广大群众的喜欢，参与度多了，体育舞蹈也得到了更好地传播。中国选手在世界顶级的比赛中取得了好的成绩，目前体育舞蹈发展的速度非常快。

一、研究对象与方法

（一）研究对象

本文以菏泽学院体育舞蹈公选课为研究对象，以非专业的学生为调查对象。

（二）研究方法

1. 文献资料法

根据关键词体育舞蹈、体育舞蹈公选课，公选课等通过中国知网、万方数据库搜索关于体育舞蹈公开课的文献资料，通过各大图书馆进行翻阅关于体育舞蹈公开课的资料，把搜集的资料进行统一地归纳和整理为本研究做铺垫。

2. 专家访谈法

对于研究体育舞蹈公开课的可行性发展对研究体育舞蹈的专家进行访问，对体育舞蹈公开课有了初步地认识，听取了对本研究有帮助的意见和建议，也找到了针对体育舞蹈公开课的研究方向。

3. 问卷调查法

通过关于体育舞蹈公开课可研究性的发展设计了针对学生和教师的调查问卷，并咨询了导师的意见进行多次修改，最终确定问题框架，通过发放学生问卷和教师问卷进行统计分析，为本研究做参考。

4. 发放与回收

共设计 415 份资料，其中发放学生 400 份，回收 380 份，回收率 95%，有效问卷 370 份，有效率 97.37%，发放教师问卷 15 份，回收问卷 13 份，回收率 86.66%，有效问卷 12 份，有效率 92.30%。

5. 数据统计法

把所搜集的调查问卷和相关资料通过 Excel 软件进行统一地整体和归纳为本研究做理论依据。

6. 逻辑分析法

把搜集的数据资料进行统一地规划和整理，运用逻辑分析的方法对搜集的资料进行分析。

二、研究结果与分析

(一)菏泽学院体育舞蹈课程开展的现状分析

1. 菏泽学院体育舞蹈课程开展的学生情况

(1)学生对开设体育舞蹈公选课课程的认知情况

(2)非专业学生对开设体育舞蹈公选课程的兴趣度

表 1 非专业学生对开设体育舞蹈公选课程的兴趣度表(N = 370 人)

	非常感兴趣	有兴趣	一般	没兴趣
人数	76	159	92	43
比例	20.54%	42.97%	24.86%	11.62%

通过调查对 370 名非专业学生进行兴趣度调查，发现非专业学生对开设体育舞蹈公选课程存在不一样的态度，有 159 名学生对开设体育舞蹈的课程表示有兴趣，占总

人数的 42.97%，有 76 名学生对开设体育舞蹈课程表示非常感兴趣，占总人数的 20.54%，有 24.86% 的学生对开设体育舞蹈课程表示一般，可以看出有 88.37% 的人对开设体育舞蹈课程表示有兴趣，经过调查发现这些学生都是非专业的学生，只是在没有别的课程安排的情况下才会参与体育舞蹈的课程班，所以对体育舞蹈课程要求没有那么高，有 44.62% 的学生对开设体育舞蹈公选课程不是很有兴趣，这些学生都是专业学体育舞蹈的，开设公选课程的学习质量和学习方法没法满足他们的需求，所以对开设体育舞蹈公选课程要求会高一些。

表 2　非专业学生对体育舞蹈的了解渠道（N = 370 人）

	通过教师	通过学生	学校公布栏	其他
人数	60	40	120	150
比例	16.22%	10.81%	32.43%	40.54%

表 2 是非专业学生对体育舞蹈的了解渠道统计表，可以看出非专业的学生对体育舞蹈的了解渠道不一样，其中有 60 名学生是通过与教师的交流来了解体育舞蹈的，占总人数的 16.22%，有 120 名学生是通过学校的公布栏来了解体育舞蹈的，占总人数的 32.43%，有 40 名学生是通过同学了解体育舞蹈的，占总人数的 10.81%，还有 40.54% 的学生是通过网络、短视频等途径来了解体育舞蹈专业课程的。可以看出在信息飞速发展的时代，体育舞蹈借助网络可以让更多的人认识和了解。

（3）学生对场地设施满意度

表 3　学生对场地设施满意度表（N = 370）

	非常满意	满意	一般满意	不满意
人数	58	89	195	28
比例	15.68%	24.05%	52.70%	7.57%

表 3 是通过对 370 名学生进行对设施的满意度调查而发现，有 39.73% 的学生对场地设施情况表示非常满意和满意，这部分的学生大部分都是体育舞蹈的初学者，只是接触简单的动作，所以对场地设施没有那么高的要求，有 52.70% 的学生对体育舞

蹈设施情况表示一般的满意，这部分的学生，所练习的动作比初学者难一些，需要借助一些有关体育舞蹈的设施来完成，而学校的场地有限，不能同时容纳那么多的人，运动设施也会出现不足的情况，但教师对他们的要求不算高，所以学生也能够接受场地和设施的问题，还有7.57%的学生表示对体育舞蹈的场地设施不满意，这部分的学生到了能够参赛的资格，为了能够取得好的成绩就会把所有的时间都集中在体育舞蹈锻炼上，而场地不足会使他们在场地施展不开，达不到预想的效果，现有的器材对他们没什么帮助，所以会对场地和设施要求的很高。

（4）学生对体育舞蹈教师的满意度认可情况

表4 学生对体育舞蹈教师的满意度情况表（N=370人）

	很好	还行	一般	不好	非常不好
人数	89	158	69	34	20
比例	24.05%	42.70%	18.65%	9.19%	5.41%

为了了解体育舞蹈教师的实际情况，调查了370名学生，发现学生之间对体育教师的满意度不一样，有158名学生认为体育舞蹈教师还行，占总人数的42.70%，有89名学生认为体育舞蹈教师很好，占总人数的24.05%，有69名学生认为体育舞蹈教师一般，占总人数的18.65%，有54名学生对体育舞蹈教师不满意，占总人数的14.6%，可以看出有85.40%的学生对体育舞蹈教师基本满意，见表4所列。目前仍然会存在师生比例失衡的现象，体育舞蹈教师的人数有限，不能顾及每个学生的要求，这就导致了学生对体育舞蹈老师表示不满意的情况。

2. 菏泽学院开设体育舞蹈的教师情况

（1）体育舞蹈教师学历

表5 体育舞蹈教师学历结构表（N=13人）

	大专及大专以下	本科	硕士	博士
人数	0	0	11	2
比例	0	0	84.61%	15.39%

通过对13名体育舞蹈教师进行调查发现，有11名教师是硕士学历，占总人数的

84.61%,教师的年龄在35或40岁以上,他们的教龄在5年以上,可以看出这部分的教师文化水平不算低,有2名博士学位的教师,占总人数的15.39%,他们的年龄在28—39岁之间,教龄在5年以内,可以看出这部分的教师虽然文化水平很高,但是缺乏教学经验,从表5还可以看出,本学院没有大专和本科学位的教师,菏泽学院体育舞蹈教师的教学经验有待提高。

(二)菏泽学院体育舞蹈公选课开展的可行性

1.体育舞蹈公选课的开展对于大学生的意义

(1)适应社会的需要

当今社会比较重视生产力发展,生产力也存在着竞争激烈的现象,促使人们需要提高生产的效率,生产力提高了,经济效益也会跟着提高,人们的生活节奏也跟着提高。为了能够适应这复杂、难度大、高负荷的环境,用人单位在选用人才上也提高了要求,不仅要有专业的知识和技能,也要具备一个健康的身体。高校是直接为社会输送人才的地方,学生在学校中学到了专业的知识,从学生的身体方面来分析,开设体育舞蹈课程是加强身体素质最有效的方法。

(2)提高学生体育锻炼的兴趣和自觉性

从学生的生理方面进行分析,处在大学阶段的他们的身体发育已然成熟,女生的身体结构也变得窈窕、丰满,男生的肌肉发达,有着阳刚之气。从心理方面来分析,处在大学阶段的他们心理上也发生了巨大的变化,充满了好奇、好胜、好动、对自己的体型非常重视,他们的学习压力很大,希望通过体育舞蹈来发展自己的爱好、和兴趣,通过不断地丰富自己来提高自我价值,这也是大学生对体育舞蹈情有独钟的原因。所以在对体育舞蹈的教学应该选取简单易学的项目,要结合大学生的身体和心理发育情况选取一些活泼、美观、新颖的简单舞蹈,让学生一看就有种跃跃欲试的感觉,才能激发大家对体育舞蹈的兴趣,并自觉地参与到体育舞蹈练习中。

(3)形成正确的身体姿势和优美的体型

所有的运动活动都是为了让身体健康,而体育舞蹈不仅能让学生的身体健康还能改善体型的作用。通常大学生在学习期间都会把时间用在学习上,养成了一些不良的习惯,时间久了就会出现像低头、含胸之类影响体型的习惯。进行体育舞蹈练习能够改正这些不好的习惯，还能对一些不自信的学生起到引导的效果，学生可以根据自己的喜好选择自己比较感兴趣的舞种，坚持练习的时间久了会让男生更加健壮，女生更加柔美。

（4）提高学生对美的鉴赏能力

人人都有爱美之心，对处于大学阶段的学生而言也不例外，从心理和生理方面来看，处在这个阶段的学生会把美看得非常重要，比如从服装美、动作美、形体美、音乐美等，而体育舞蹈可以把这些美都结合起来，通过舞步和音乐节奏最后呈现出高超的技巧，给人以体育艺术的享受。

体育舞蹈有它独特的特点比如高贵典雅、洒脱大方。它的动作比较简单，没有严格的规范性，所以让舞蹈者在舞蹈中比较轻松和自然，很容易学会。体育舞蹈还带着浓厚的艺术色彩非常符合目前大学生的需求。通过练习体育舞蹈不仅可以达到身体健康的效果，还能够塑造形体美，还能够培养端正的体态，换发精神面貌等，在这一过程中还能够提高学生的鉴赏能力。

（5）娱乐身心，提高学习效率

在大学时期学生的学习任务比较繁重，体育舞蹈活动不仅能够让学生在锻炼的同时起到娱乐身心的作用，还能通过体育舞蹈活动达到锻炼的效果，所以进行体育舞蹈活动能够提高学习的效率，体育舞蹈对社会的发展起着非常重要的作用。

（6）促进人际交往，培养合作精神

现在的大学生都已经养成独立的性格，孤立的性格会直接影响学生的交际能力水平，时间久了可能会对他人产生抵触的心理，这样的心理对自己的身心健康很不利。所以学生在参加体育舞蹈公选课时，通过练习体育舞蹈，会改善与人沟通的能力，产生协作的精神。从另一方面来分析，通过学习体育舞蹈不仅能让学生的身体得到锻炼，通过音乐节奏还能让学生的心理产生愉悦，达到放松身心的效果，消除了孤独感，逐渐养成与人交流的习惯，让原本孤独的心理得到改善。

（7）有利于终身体育

体育舞蹈具有很强的锻炼价值，有很多不同阶段的人群参与体育舞蹈的行列中，他们会根据自己的喜好和特点选择适合他们的舞种进行锻炼，这对全民健身运动的实施很有帮助，可以看出体育舞蹈运动是一项能够使人终身受益的项目，大学生在校期间进行对体育舞蹈的锻炼也能够达到终身受益的效果。

2. 菏泽学院体育舞蹈公选课开展的可行性分析

(1)体育舞蹈在学校蓬勃发展的原因

当体育舞蹈走进中国人的视野时,所演绎的是体育舞蹈的不同国家的艺术,参与体育舞蹈的人数越来越多,开展体育舞蹈项目也成为当前的主流,体育舞蹈是通过音乐节奏通过肢体语言的形式来展现舞蹈的魅力,经过不断的发展后体育舞蹈已不再是从前的模样,期初是艰苦劳动人民干完活后用来消遣的舞蹈,现在的体育舞开始往时尚的方向前进,它的动作也是阳光帅气充满希望的健身运动,在动作上也最大保留了原来的动作要点和标准的动作。积极健康的舞蹈动作让大学生通过体育舞蹈的锻炼缓解学习的压力,在舞蹈中突显自己的个性,很符合当代大学生的特点。体育舞蹈属于有氧运动,最大的特点就是能够把人们平时训练不到的地方得到了有效的锻炼,比如头部、颈部、肩部、胸部等,还有一些小关节和小肌肉的地方,通过体育舞蹈的锻炼后这些部位得到了很好的锻炼,达到了全面发展的效果。体育舞蹈主要是锻炼身体的柔韧性和协调性,这样的锻炼使人们在进行体育舞蹈锻炼时不能随便地转移注意力,让锻炼人的神经一直处在兴奋和抑制交替的过程中,使学生能够提升独立学习的能力。体育舞蹈保留原始的舞蹈成分,把一些高难度和较容易受伤的动作去掉后,变成现在这样具有健身性和娱乐性特点的舞蹈,充分保证了学生锻炼的安全性,非常符合学生参与体育舞蹈锻炼的要求。

(2)体育舞蹈的发展推动高校学生的学习的热情

体育舞蹈有健身和娱乐的特点,这样的特定吸引了众多人参与,通过体育舞蹈的锻炼能够有效提升学生对体育项目的兴趣和能力,随着中国的不断发展,体育舞蹈也得到了社会上更多的支持,开始提供各种平台让学生能得到更好的渠道学习体育舞蹈,让学生得到了满足,开设体育舞蹈公选课是为了让更多的学生都能够参与体育舞蹈的活动,促进体育舞蹈更好地发展。

三、结论与建议

(一)结论

第一,通过菏泽学院的体育舞蹈专业课开展情况发现,菏泽学院的大部分学生对体育舞蹈开设的课程和体育舞蹈开设的课程表示满意，平均每周参加3—8次专业体育舞蹈的课程，每次训练的时间为60—120分钟。还有一部分学生对体育舞蹈的教师不是很满意，可能是教师的数量和教师的教学质量没有满足学生的需求。参与体育舞蹈公选课的学生男女比例失衡的现象希望能够被重视。可以看出学生对体育舞蹈的宣传力不够，学生对体育舞蹈没有真正地认识。

第二，体育舞蹈公选课的开展对大学生有适应社会的需要、提高学生对锻炼身体的兴趣和自觉性、形成优美的体型、提高学生对美的鉴赏能力、娱乐身心，提高学习效率、促进人际交往，增加自身的自信，培养合作精神、有利于终身体育的意义，可以看出在学校开展体育舞蹈公选课对学生参与社会有很大的帮助。

（二）建议

第一，希望校方能够对参与体育舞蹈男女失衡的现象予以重视，这将会影响体育舞蹈的发展，希望学校能够借助各个平台加强对专业体育舞蹈的宣传力度，特别是增加一些对体育舞蹈内容的宣传，让更多的人都能够参与到体育舞蹈这门课程中，引进更多的体育舞蹈教师，让学生能够充分掌握体育舞蹈的重要内容，提高体育舞蹈的教学水平。

第二，希望学校能够借助社会的力量，借助媒体进行宣传，从学生的角度出发，阻挡对学生参与体育舞蹈学习的不利因素，为学生提供市场渠道，加强体育舞蹈项目的发展。

评　语：

“体育舞蹈公选课的开展对大学生有适应社会的需要、提高学生体育锻炼的兴趣和自觉性、形成正确的身体姿势和优美的体型、提高学生对美的鉴赏能力、娱乐身心，提高学习效率、促进人际交往、培养合作精神、有利于终身体育的意义，可以看出在学校开展体育舞蹈公选课对学生参与社会有很大的帮助。”此论文结构合理，层次清晰，能根据所学的专业理论知识结合具体实践来分析问题。文章中运用比较多的实际资料和数据来说明论点，论文格式规范，符合学校有关的论文要求。

孙志远

浅谈舞蹈作品中主题动作的形成及运用

赵　磊

摘　要：舞蹈用肢体语言传递着人们的思想情感。也是舞者宣泄情感最好的抒情方式。人类的生产生活有着莫大的关系，舞蹈的发展离不开编创，舞蹈的编创又离不开主题动作的形成，创作过程离不开编创者的文化底蕴和舞蹈语汇的积累。作为优秀作品的有力支撑，在舞蹈编创中，动作的一致与和谐是舞蹈的基础，因此主题动作在作品中尤为重要，在主题动作的开发和形成过程中，不能脱离舞蹈发展的大方向，从主题动作的探索、提取、创业、融合、完善以及最后的运用，都要秉承着负责任的态度，深入了解，用心观察社会，结合自身的艺术修养和文化知识，发扬创新精神，在保留中国传统舞蹈的艺术风格及其动律特征的基础上，坚持创新精神，提倡健康向上的编创。真正编创出能够表达内心所想，引发观赏者共鸣的优秀作品，反映时代精神和主旋律，实现舞蹈在新时代中的艺术价值。

关键词：舞蹈，主题动作，运用

一、舞蹈主题动作的概念和特点

舞蹈作为八大艺术门类之一，也是最古老的艺术，它通过舞者的肢体来完成各种优雅或高难度的动作，伴随着音乐，以有节奏的动作作为主要表现手段来传递作品的内容和作品所要表达的情感。所谓舞蹈的主题动作是指一个舞蹈或者舞蹈形象的核心动作，是从音乐主题一语演绎而来的，是整个作品中最有辨识度的舞蹈动作，这种艺术动作群或者动作片段具有一定的引领和构架能力，是作品中承载主题情感的存在。他是为突出舞蹈主题思想和塑造典型舞蹈形象服务的。

主题动作作为作品中最具辨识度和情感表达的动作片段具有以下特点：

（一）可舞性

舞蹈是基于社会的大熔炉产生的，是一切艺术的源泉，源于生活又高于生活的存在。主题动作作为在一个舞蹈作品的核心，就更不例外了。舞蹈主题动作的“可舞性”是一个舞蹈作品所要表达的中心思想能否传递的前提所在。一般多指生产生活中原有的舞蹈活动，或是容易舞起来的生活情景或是动作。高于生活是舞蹈肢体语言的表达将生活中的劳作方式，劳动动作，行走的姿态，动物的形态，求偶的方式等造型，动作美化之后形成的。通过提炼加工创新融合，使每个单独的造型体态适用于舞者肢体的运动路线，结合舞者气息的调动以及路线的调度，使舞蹈动作既能反射出生活又不脱离对“美”的追求。与此同时，无论是舞蹈在艺术层面所具有的观赏性还是生活中的舞蹈，舞蹈作品都需要主题动作来表达舞蹈编创者和舞者的情绪及舞蹈作品要表达内容的精髓所在。主题动作的可舞性为舞蹈作品情感的表达提供了载体，可舞性使主题动作明显区别于缺乏灵魂的“哑剧式”表演。

（二）感染性

单单从舞蹈的本质上来说舞蹈属于表演艺术类别，但对于欣赏舞蹈的观众来说则是视觉艺术和听觉艺术的综合感受了。经过舞蹈编创者的一度创作，再通过舞者将音乐和舞蹈完美地结合在一起，抒发舞者以及编创者的真实情感，舞蹈作品能否得到观众的认可，作品的感染力对是否能够影响到观众，是否使得观众身临其境起到了至关重要的作用。主题动作作为舞蹈作品的核心，每一个动作的形成均能找到生活中的残影，将生产生活当中的动作提取浓缩为舞蹈主题动作，弥补了人们在生产生活中的种种精神食粮的欠缺，使得有了情感的寄托。在整个作品中能将舞蹈观赏者的情感调动起来，无论是对舞者还是观赏者都有着极强的感染力。通过对感觉器官的刺激引发心理情绪的动态变化，达到感情的积累，并将情绪推向极点。就像如古语有言：“言之不足，故咏歌之，咏歌之不足故嗟叹之，嗟叹之不足故手之舞之足之蹈之也。”

（三）可变性

舞蹈是动作的艺术，舞蹈动作语言的丰富和统一均来自对主题动作的变化和发展，每一个舞蹈片段都是由一个个动作元素罗列堆砌而来却又不仅仅只是程序性的罗列堆砌,还要根据编创者所要赋予的不同内在含义。例如,同一个动作元素用不同的风格去跳就会出现很多不同的动作片段,同一个动作元素采用不同的动机去处理,就会有新的片段出现,单一动机,人的某一部位动,其他部位不动。如,上半身动下半身不动、下半身不动上半身动。复合动机两个部位同时朝一个方向做不同的动作或两个部位同时朝不同的方向做不同的动作等,都能将同一个动作演变出数种舞姿。主题动作语言的丰富性和多样性均是基于主题动作的数种变化和发展之上的。其有着极强的"可变性",主题动作作为精华所在,通过动作路线的改变会引发出新的动作,队形的变化也同样如此,同一串动作横排会显的整洁宽阔平坦,斜线会带来压迫感,圆形或半圆形会显得柔和抒情和谐。节奏的变化节奏变化,如:1 2 3 哒 4 ,5 6 7 哒 8,动作不变但节奏可变 1 哒 2 哒 3 4 ,5 哒 6 哒 7 8,1 哒 2 3 4,5 哒 6 7 8 等。将一个 4/4 拍的动作用 3/4 拍的节奏去做,或者将一个 4/4 拍的动作拆分成两个 2/4 拍的节奏去做等,每一次不同的变化都能使动作焕然一新。尤其是节奏的变化,主题动作随着节奏的变化会使舞者和观众感受到不同的场景。引发出不同的意境和深思。

二、主题动作的形成

主题动作的形成是依据创作者的创作初衷对动作进行探索,提取,创新,融合和完善之后动作呈现的,往往是经过确定主题,寻找对象进行观察,体验进行创造性的观察,构思出主题动作。整个过程是需要花费巨大的精力去设计推敲的过程,要充分考虑到舞蹈动作和人物感情是否完美结合,舞蹈所要表达的主题是否能准确地传递给观众,这个过程也是推动主题像作品转化的过程,是优秀作品的创作前提。

(一)主题动作的探索

舞蹈创作中第一个重要的问题,就是根据动机寻找出主题动作。因此,应当认真研究如何寻找出合理的主题动作。创作者只有以作品中某一个人物的身份设身处地地考虑角色的身体形状和心理状态,并根据作品的主题真实地用自己心身去体验后,才能找出比较准确的、合理的表现动作,艺术家应该有自由自在地把握这种统一体的技能,应当能动地发挥这种技能。以作品《城市的守望者》为例,作品刻画的是城市建设者在春节期间仍兢兢业业坚守岗位,放弃回家团圆,为城市奉献,描绘了城市建设者

“舍小家为大家”的伟大形象。那如何将这些人物形象用舞蹈的方式展现出来呢？就需要从忙碌的城市生活中，寻找每一个工作者在为生活奔波时的场景。寻找那些为了梦想努力的人们带着行囊来到了城市的人，他们有人驻足远望，眼睛里满是对城市的期待，有人却还在迷茫的寻找方向，但是没有多余的时间让他们思考，大家就已经步入了奔波的轨道。怎样在舞蹈主题中体现时间的流逝，体现大家奔跑、追赶、驻足的场景。这里有两个方面，一是对被塑造人物内心世界的认识，即从思想上把握住角色的人物性格和事件中的情感变化；二是用自己身体把握住被塑造人物的内在性格，尽量做到对立面的统一。一般说来，人们的感觉和行为都要经过内在的和外在的统一。应当掌握利用外部身体的技能感觉来刺激身体内在感情的技能，通过以上方法找出主题动作。

（二）主题动作的提炼

舞蹈主题源自生活原型，主题动作服务于舞蹈主题，在舞蹈作品编创过程中，发现特定的生活现象或特定人物性格以及特定的人物姿态，后激发出动作的创作灵感，对其进行提炼加工和创作，从而打造出经典的人物形象，进而刻画出优秀的舞蹈形象，使舞蹈主题动作更具代表性。以《城市的守望者》为例，以小物为切入点，讴歌了千千万万劳动人民无怨无悔，默默奉献，舍小家为大家的时代精神。城市的“建造者”——农民工，城市的一砖一瓦夹杂着他们的汗水；城市的“美容师”——环卫工人，在人们还在沉睡时，已经用自己神秘的画笔为城市的整洁进行了描绘，在清晨时分唤醒熟睡的城市；城市的“守护者”——人民警察，用自己烈日下的汗水换取交通的流畅；外卖小哥，每天穿梭于川流不息的城市间。每一个人物都代表着一类形象，作品的主题动作中将农民工砌砖，搬运的动作；环卫工穿梭扫地的动作；人民警察指挥交通站岗执勤的动作；外卖小哥忙碌的动作提取出来，用夸张的手法通过舞者的肢体呈现出来，再找到这些人物形象的共同特点：他们流动在城市的每个角落，是城市里最微小的细胞，但也是这个城市最鲜活的血液、最灵动的生命，用自己的辛勤劳动源源不断地为这个城市注入无穷的养分与不竭的动力。使主题思想在主题动作中得到更好的诠释。将各个细节贯穿起来，与时俱进，将理论和实践相结合。

（三）主题动作的创新

主题动作的创新，是由创作者灵感的传递到表演者肢体的过程，新时代下，编创者要不断追求探索创新精神,寻找新鲜的题材和事物,不能只停留在模仿的一方面。主题动作的创新不是班门弄斧,不是把生活中的动作拿过来直接套用,也不是一定得遵循自由的编创方式来固定思维,而是通过收集各种信息,了解每一个动作背后的意义,仔细斟酌是否合理,从中提取出精华且具有代表性的部分,采用新的编创方式结合新时代的新产物进行编创。例如,在《城市守望者》中,行李箱的运用不在只是用来装行李,而是赋予了行李箱不同的含义,可以是行走的座椅,可以是移动办公桌,可以是外卖小哥的包裹,可以是农民工肩上的重担,可以是建筑师手机的砖瓦,更可以是在外拼搏,舍小家为大家的这一群人对小家的思念。创新是作品编创中永远要学习的精神,通过创新赋予主题动作新的活力,使整个作品更能承载编创者以及观赏者的情感。

(四)主题动作的融合

舞蹈语汇的积累是舞蹈动作成型的前提条件,每一串动作的形成好像一个优美的线条,将许多优美的线条组织在一起就能呈现出舞蹈的框架,在探索,提炼,创新之后,动作和动作之间有了一定的联系,很多编创者在编创过程中喜欢在作品中填入优秀舞蹈作品中的经典动作,这种方式应当摒弃。主题动作在已有的舞蹈框架上应该融入这个时代当下的思想和文化潮流,将积极向上的语言艺术和舞蹈动作融合,让视觉艺术和听觉艺术融合,达到和谐的共鸣。在点明主题思想的同时,使舞蹈作品的结构更加完整,这就强调了融合的重要性。

(五)主题动作的完善

美是所有艺术作品的前提,舞蹈主题动作的感染力和代表性不是一开始就有的,在编创过程中需要不计其数的修改,整理,优化,改变不同的思路,更换不同的音乐风格,来增加作品的美感,主题动作除了动作、音乐、结构的完善之外还离不开服饰的装扮,俗话说,“人靠衣裳,马靠鞍”,服饰也是舞者展现舞台效果不可缺少的部分,华丽以及具有象征意义的服饰能够升华舞蹈的审美价值,破开编创中舞蹈技术技巧无法解开的僵局,加上舞台灯光的配合,会给观众更直观的感受。优秀的舞蹈作品离不开最后的排练和完善才能尽可能地将最好的一面展现给观众。

三、主题动作的运用

（一）舞蹈主题动作在内容中的运用——以故事情节为载体

舞蹈故事情节是指：单，双，三，情节舞，群舞，舞剧中人物的生活和事件的演变过程。一般由人物与人物、人物与环境之间的关系及矛盾冲突构成，用以塑造人物形象和表现主题思想。大型舞剧一般人物众多、矛盾冲突尖锐复杂，常以文学作品中的故事情节为发展主线，如《宝莲灯》《小刀会》《黄河》《一把酸枣》《红色娘子军》等。群舞一般以生活中的感人事迹或以为了歌颂某一类人作为故事情节发展的主线，如《城市的守望者》，安排简短的生活事件或在集体形象中突出个性人物，凸显主题思想，往往更富有生活气息。《城市的守望者》中，主题动作展现选择了在春节回家过年的时间点上，使其“舍小家为大家”的精神更显鲜明。主题动作作为舞蹈作品的核心所在，以故事情节作为发舞蹈主题动作发展的载体，同时又不脱离舞蹈主线，强化了舞蹈主题。

（二）舞蹈主题动作在情感中的运用——以节奏为载体

在舞蹈作品中，舞蹈节奏是音乐和舞蹈动作的纽带，节奏的快慢就像人的脉搏一样，能够使同样的一串动作呈现出不同的风格，表演者的舞姿伴随着节奏的变化，产生了不同的动律，同样的一串主题动作，因为节奏不同加入使舞蹈情感力度上的表达也发生了翻天覆地的变化。这也是编创者在编创过程常用的方法之一。以节奏作为主题动作在情感运用上的载体。以《城市的守望者》为例，主题动作的表现中“不能回家过年的失望”和“留在城市里舍小家为大家的坚持”在情感上形成了鲜明的对比。同一段动作在不能回家时，节奏上采用了“快—次快—慢”的处理方式，表现出了他们内心的纠结和不能回家团圆的失望。在要歌颂“舍小家为大家”精神的时候，节奏上采用了“慢—次慢—快”的处理方式，表现出了他们为了城市在春节期间能够正常运转舍小家为大家时的坚定。节奏带动情感的变化和发展，打破了原始舞蹈的创作思维，进一步拓宽了舞蹈在形式上的自由性和丰富性。

四、结语

舞蹈用肢体语言传递着人们的思想情感；也是舞者宣泄情感最好的抒情方式。人类的生产生活有着莫大的关系，舞蹈的发展离不开编创，舞蹈的编创又离不开主题动作的形成，创作过程离不开编创者的文化底蕴和舞蹈语汇的积累。作为优秀作品的有力支撑，在舞蹈编创中，动作的一致与和谐是舞蹈的基础，因此主题动作在作品中尤为重要。

评　语：

“在舞蹈编创中，动作的一致与和谐是舞蹈的基础，因此主题动作在作品中尤为重要。”在主题动作的开发和形成过程中，不能脱离舞蹈发展的大方向，从主题动作的探索、提取、创业、融合、完善以及最后的运用，都要秉承着负责任的态度，深入了解，用心观察社会，结合自身的艺术修养和文化知识，发扬创新精神，在保留中国传统舞蹈的艺术风格及其动律特征的基础上，坚持创新精神，提倡健康向上的编创。真正编创出能够表达内心所想，引发观赏者共鸣的优秀作品，反映时代精神和主旋律，实现舞蹈在新时代中的艺术价值。

孙志远

浅谈群舞中构图画面对内容美的影响

孟　宇

摘　要:舞蹈构图是表演在一定空间与时间内,对色、线、形等方面关系的合理布局。影响舞蹈构图的因素也众多,其中包括舞台灯光、演出服饰、天幕与布景还有舞者动作等。在这其中,舞蹈构图的画面包含着静态造型所构成的画面以及动态变化的图案。在群舞中舞蹈构图的表现形式是非常重要的。它是舞台语言和作品在视觉上和形象上的体现,其可以通过特殊的空间构造,表达舞蹈所展示的内容,影响舞蹈情景,增强形式美。构图变化在群体舞中比舞蹈的动作、对群舞作品好坏的影响更大,是经过舞蹈美学处理的形体造型的表现形式,是群舞艺术形式美的重要因素,对内容美具有重要的意义。

关键词:舞蹈构图画面,舞蹈构图意义

在对于有关舞蹈构图的论述中,我们把舞蹈构图划分为"舞蹈移动线即舞蹈调度和舞蹈画面也就是舞蹈构图两种形式"。而群体舞作为最重要的一种舞台形式,由于人数众多,可以游经多个点形成不同线条画面的变化,进而更充分地利用舞台,运用或为静止或为流动的构图形式表现出群舞中不同的艺术意义和视觉效果。本研究将通过对于舞蹈构图中静止画面以及队形变化的认识,来阐述舞蹈构图画面对群舞内容美的影响。

一、舞蹈构图的重要性

(一)舞蹈构图的释义

舞蹈构图是舞蹈语言在舞台上存在和呈现的方式,它也是舞蹈在时间、空间中的

动态结构,一般指舞蹈者在舞台空间的运动线(不断变化、流动的舞蹈路线或队形)和画面造型。

(二)舞蹈构图应遵循的原则

首先,舞蹈构图要服从和适应舞蹈作品的内容的要求,一般来讲,舞蹈作品都是根据故事情节来安排动作组合和空间运动线的,更好地表现故事内容和人物之间的矛盾冲突。其次,舞蹈构图要从表现人物的情感和思想出发,情感性是舞蹈最本质的特征。任何的舞蹈作品都包含着情感,要将这种情感传达给观众使之产生共鸣,舞蹈构图的合理安排是不可或缺的。再次,舞蹈构图要衬托和展现舞蹈作品所规定的环境,环境创造成功,对于作品来说便是如虎添翼。《丝路花雨》的环境描写就十分出色,舞剧拉开帷幕,观众就被自由翱翔,腾空飘逸的"飞天"所吸引,香烟缭绕一片天国氛围。《荷花舞》呈现出的是"蓝天高,绿水长,莲花朝太阳,风吹千里香"这样宁静,幸福的场面。最后,舞蹈构图要符合艺术形式美的规律和法则。舞蹈是一种形式感很强的艺术,形式美又具有相对独立性,所以形式美在舞蹈美的创造中占有特殊的地位。形式美能够使舞蹈作品切入审美者的心灵,是唤起观众审美情感的重要媒介。由此可见,舞蹈构图遵循形式美的规律和法则是十分必要的。

二、影响舞蹈构图的因素

舞台上的灯光、演出服饰、天幕与布景及舞者动作都是舞蹈构图的重要部分,这些因素相互配合取长补短,作品才能展现出完美、和谐的画面。他能表现舞蹈动作、音乐所不能呈现的时代背景、环境等因素,具有更好的交代故事情节、渲染氛围、刻画人物的作用。只有掌握他们的特点及其规律才能充分发挥它在舞蹈作品中的优势,增强作品的表现力和感染力。

(一)舞台灯光

舞台灯光是舞台演出的效果手段之一,是为演出的照明效果服务的。不同的色彩及其不同的照明位置给作品营造出独特的意境,增强画面的立体感。灯光明暗,纯度及其明度的变化,给观众带来不同的情感、情绪提示,近而使观众更加贴切地理解人物的性格特征和作品的主题思想。利用追光、侨光、顶光、逆光等手法或表现梦境破碎回归现实的失落,或表现突然坠入回忆的慰藉,或是跨越时空再次相见的欣喜。灯光可以把舞台分为过去现在,可以是生和死的界线,亦可以是喜与悲的节点。舞台灯光的运用方式丰富,灯火通明可以表示富丽堂皇,光线昏暗暗示情绪低落……灯光能更好地营造舞台效果,为舞蹈构图的画面美和表现力服务。所以说灯光是影响舞蹈构图及其舞台效果的重要因素。

(二)演员服饰

舞蹈演员的穿着服饰对舞蹈构图画面的呈现具有重要的影响。服装能够表明人物的身份和民族特征,服装的颜色还可以表现人物的性格,界定人物身份。舞蹈演员通过服饰营造不同的画面感。表现景物的服饰一般采用绿色、粉色蓝色等艳丽的颜色,例如舞蹈作品《秀色》,戴爱莲老师的《荷花舞》,等等。军旅题材的作品多采用军绿色和红色,界定人物身份,表现中国军人敢于流血英勇无畏的精神品格。舞蹈《映山红》和《红色娘子军》的服饰均采用这种方式赋予演员形象。巴黎皇家音乐学院的艺术家梅涅斯特利耶曾经这样谈及服装对于舞台的作用:“舞剧只拥有哑巴演员,所以必须让服装替他说话,让人物像他们的动作一样很容易被人看清楚。”做到让服装“会说话”,与剧情相一致。就此来看服装在舞蹈构图中的作用非同小可。

(三)天幕与布景

天幕是舞台最后的部位,是为演出投射幻灯所布置的幕布,用于投射作品所需要的背景。具备交代年份、人物关系、环境的作用。根据舞蹈中剧情的需要更换幕布或景物,使观众达到一种身临其境的感觉。在表演过程中,我们很少把所有的人物关系和故事情节置于相同的背景下。往往会随着剧情的变化在不同环境、不同空间中加以呈现。通过背景的变换来表现不同的构图画面,营造出特定的舞台气氛,展现特定的历史时期,使舞剧具有更广泛的概括性和意向延展空间。一般情况下,天幕和布景呈现出绿色,一望无际,象征着奔放的草原。如舞蹈《塔林呼恒》就是以绿色和蒙古包作为标志性背景,在整体构图及其视觉效果上,给人以特定且具体的时间地点的提示说明。然而背景的杂乱无章,随意剪切也会对构图画面造成负面影响。例如,演员表演《黄土黄》时背景选择了喷泉绿草,让人难以捉摸。可见天幕布景正确使用才能营造出完美的构图画面,否则也会弄巧成拙。

(四)舞者动作

人体动作是舞蹈的主要表现手段,由人的四肢、躯干和头部各种线条的运动和变化组成。同时舞者动作也是影响舞蹈画面最重要的因素。一般来讲,舞蹈演员要具有优美的体态并且能够准确把握特定的舞蹈风格韵律和惟妙惟肖的模仿力。通过节奏的快慢,动作幅度的大小以及力量的强弱营造出不同的画面感。零碎的动作给人以小巧活泼的灵动感。例如,作品《女儿嫁》通过小女孩重复的照镜贴花、蹦跳、甩手等动作塑造出女孩对于出嫁的欣喜。《报童晨曦》也是通过前后节奏及其动作幅度的对比表现小主人公由欣喜到忧愁的心理变化。由此可见,演员动作的变化能够很大限度上影响构图画面,带给观众最直接的视觉冲击。

三、舞蹈构图的基本形式及运用特征

舞台是舞蹈艺术展示美的空间,而要在这个没有任何意义和情感的空间中展现作品的主题思想、刻画人物形象是一件艰难的事。只有把舞蹈演员静止、流动的画面在舞台的空间中定格,达到一种和谐统一,才能在舞台中产生焦点吸引观众的注意力,进而强调故事中的重要环节和情感,更好地为舞蹈内容服务。在深入挖掘舞蹈本体艺术生命的同时深刻认识到艺术既是流动的也是静止。

(一)舞蹈构图——静态造型

以美为初衷,是艺术所追寻的主要目的。任何舞蹈能够在空洞的舞台上得以呈现,除了把人体动作作为舞蹈语言外,更多的则是通过舞蹈的流动线和静止画面来直观地表现出来,在塑造舞蹈形象和交代故事情节中大有可观。因此,具备语言的表现性。舞蹈和绘画、雕塑同属于造型艺术的范畴,只不过舞蹈是动态的造型艺术,绘画和雕塑是静态的造型艺术,人们常说,舞蹈是运动着的绘画,雕塑是凝固的舞蹈。绘画及其雕塑在二维或三维的空间中塑造静态的艺术形象,以典型化来刻画性格特征,给观众以真实的生命感。而舞蹈作为动态艺术,在静态造型的画面中,仍然是活生生的包含着丰富内在情感的"动态形象"。以静寓动,无声寓有声。

1. 绝对静止构图

绝对静止构图是指舞蹈演员在台上基本不离开舞台平面某一点时与舞台空间的构成。他是暂时的、瞬间的、静止的。给观众带来的视觉感受是演员所处的舞台区域基本上没有发生变动,进而产生一幅相对静止且独具代表性和美感特征的画面。这种构图画面因具备审美特征,可以在较长时间的停留中带给观众别样的视觉感受。当然,只有更具典型性的构图画面,才具有在观众眼前停留的必要,并伴随着情感的升华进而展开一段优美舞蹈动作。例如,舞蹈《千手观音》,舞蹈开始呈现出数十名演员纵列排布站在舞台中央的观音形象。舞蹈从构图上来看,演员是没有离开原点的,而选择以手指、头、身等的动作来刻画一人千手的"观音"形象。以别具一格的构图画面补充了动作语言难以表达的敦煌"神秘感"。也使得舞蹈更加具备个性,比起满场跑更加具有层次感,充分表现了敦煌壁画的端庄威严,又将壁画中人物的身形姿态活灵活现地表现出来,给人以强烈的视觉冲击,也可以看出舞蹈构图有时在特定的舞蹈作品对于人物形象塑造起到了决定性作用。

2. 相对静止构图

对于相对静止构图就是在舞蹈调度中,演员之间如果形成一种很有规律的舞台调度或是重复某一个调度轨迹时,将会产生一种流动着的静止画面,并且这一画面会在一定时空中保持,像是一个整体流动静止的舞蹈构图,是舞蹈演员在有规律的流动中与舞台空间构成的。在这个过程中观众眼中的舞蹈演员是流动的而整个舞蹈画面却是静止的,这是一种"卡农"的处理手法。这里以 2008 年北京奥运会《活字印刷》为例,800 名演员始终都保持在长方形的队形上,他们通过操纵箱子的高低,在保持整体队形不变的情况下,变换出几十种不同的构图画面经一次次起伏形成滚滚波浪,以此路线重复这种起伏调度,从而形成一种流动着的静止画面。这样的舞蹈编创手段,既运动又相对静止,从视觉上给人以强烈的空间感和层次感,让人眼前一亮。

(二)舞蹈构图——流动线(调度)

流动的舞蹈构图即舞台调度(从某种意义上讲调度归属于构图)就是演员与演员之间,在运动过程中形成的一种调度痕迹。调度是舞蹈语言的表现手段,通过调度可以表现作品的主题思想,表现人物之间的矛盾冲突,增强动作语言的表现力,甚至能够传达编导的创作意图。舞蹈中,创造调度的唯一方法便是"线"的流动,而线的变化恰恰帮助演员完成了若干次的调动。线的充分利用可以增强舞蹈的形式美感也能起到了一定的装饰作用。舞台平面的舞蹈调动中有一些起着主要作用的基本线。

1. 对角线（斜线）

这种队形的变化具有一定的推进感，给欣赏者一种延续和纵深的感觉。更长用于表现豪放性，奔驰性的舞蹈，能够抒发作者豪迈洒脱、勇往直前，积极乐观的性格特点。如舞蹈作品《小溪 · 江河 · 大海》就是通过斜线以及在斜线中流动的队形变换，以此来表现小溪的连绵不绝和江河欢腾百川归海的壮丽景象。给人以层层递进的连续感，在许多儿童舞蹈作品中模仿小鸭、海鸥等小动物也会用到这种表现形式，生动活泼，具有特点。

2. 纵线（竖线）

径直向前的竖线一般具有强烈的动势，舞台视觉效果集中，可以使观众感受到直接逼近的压力感和紧迫感，在舞蹈创作过程中常用于表现一往无前，冲锋陷阵的故事情节。例如，第九届荷花奖舞蹈《活着 · 1937》在所有的战士都中弹牺牲时，母亲慌乱的抱着孩子四处躲藏、哭喊，在母亲最无助时，那些年轻的女英雄们觉醒了，迅速汇集成正方形把孩子围在中间，带着愤怒与无畏径直向走向敌人，形成了一种不可抵挡的磅礴气势。愤怒、仇视、坚毅充斥着舞台，给观众带来了咄咄逼人的压迫感。

3. 平行线（横线）

横线表现出一种温和、安宁、自如的情绪。适合平缓的音乐和表现温馨、怡然自得的画面，令我印象深刻的是舞蹈《海的追寻》，姑娘们身着蓝色长裙手持长扇成一字排开，通过扇尾的抖动形成层层海浪，表现出海水拍打礁石泛起涟漪的静谧祥和美感 。许多舞蹈作品也会选择用平行线搭建队形之间的变换。例如，舞剧《周旋》中的片段，编导通过采用长方形变横线的方式来表现城市的繁华及其主人公在城市中的穿梭。在横线上通过演员起伏的变化表现主人公的所见所闻，使画面和谐又富有变化。

4. 弧线（圆形、圆线）

弧线更好的体现柔和感，圆线队形在舞台上生动灵活，对舞台起到装饰的作用。给人以圆润饱满的感觉，多运用于庆典活动中队形的排列。如鄂温克族在外出打猎或庆祝谷物丰收时就会生起篝火，男女老少拉手围成圆圈，围着火堆跳舞，以表达自身的喜悦之情。这种“圈舞”“圆舞”的表现形式也被多个民族采用，常常用来表现丰收或是庆典的喜悦。

5. 迂回线(曲折线)

迂回线给观众摇摆不定变幻莫测的视觉效果,“s”型队形更加盘延深邃,与我国山水画构图相似,前后错错落有致,琉璃婉转。“z”字形队伍给人延伸的感觉,使画面更具冲击感,多用于军事题材或者是体操表演的队形布置。“v”字形布局具有很大的张力和不稳定性,多作为连接性队形。

6. 三角形、方形、圆形等舞蹈中队形变化

三角形给人力量感,演员以此队形向前推进具有强烈视觉冲击,方形给人稳定和压迫感,圆形更加的流畅舒缓给人平静感。通过舞蹈造型的变换,表达不同的内容,带给观众不同的感受。任何舞蹈造型都是在不同的舞蹈空间形成和展开的,舞蹈空间给舞蹈造型提供不同的元素,更方便舞蹈作品表达情感。

四、舞蹈构图画面对群舞内容美的意义

舞台调度可以增强舞蹈的形式美,在反应人物情绪和舞蹈情节时,采用恰当的艺术形式表现主题是十分重要的。舞蹈构图的合理布局和整体规划对于表现主题、推动情节发展、营造氛围等内容美的呈现起到积极作用。

(一)服务主题及其内容

舞蹈需要寻求自身的完美形式来表现内容主题和人物情绪,而丰富多样的舞蹈构图可以加强舞蹈的形式美,对于服务主题表现内容起到积极作用。舞蹈演员在舞台上所呈现的构图画面,不单单是带给观众视觉的冲击,更为重要的是表现主题思想,叙述故事内容,是有一定目的的表演,没有目的的表演是不存在的。在舞台表演中,我们常常通过构图的变换将故事情节推向极致,升华主题。例如,舞蹈《中国妈妈》在女孩不了解自己身世之前,舞蹈演员“劳作”的画面是两组方形和中间一对母女呈现的,通过母女之间的互动使三个板块彼此呼应,呈现出母慈子孝的和谐画面。而女孩得知自己身世以后,同样是“劳作”场景,构图画面则是以母女两人作为画面的焦点,其他人则是以背景的形式出现,重复耕作的舞蹈动作,这一画面的切换直接把剧情推向了极致。合理的构图将女孩的吃惊、母亲的不舍表现得淋漓尽致,也呈现了中国母亲跨越国界,

跨越种族,跨越仇恨的朴实和伟大。构图画面要为主题及其内容服务,不同的调度除了考虑其流畅性以外更重要的是看它的目的,如果画面对故事的情节及其人物的刻画具备画龙点睛的效果,那么我们采用的这组构图画面便是成功的。

(二)调动情感推动情节

舞蹈构图不仅仅是让观众看到队形和动作,更多的是让观众看懂舞蹈作品情节的发展。以《我等你》为例,编导通过最后一个军嫂的期盼使其他舞者齐向二点钟方向调度出去,通过军嫂上半身前倾的体态表现他们希望丈夫回归的迫切心情;随后依次调度回来,舞者又归为同一类人群。这一段构图调度我们可以感受虽然每位军嫂的生活状态是不同的,但是作为军嫂心中的期盼又是相同的。在作品结尾处仍然采用了这种调度方式,第一个军嫂拥向自己的丈夫,之后他们一个接着一个相继走半圆调度跑向舞台后方做拥抱状态静止时候,舞台前区留下一位军嫂仍然坐在椅子上张望、等待,以蓝色背景的蓝色暗光为主给独舞演员一束白光,顷刻间放大了座位上军嫂等不到丈夫的悲痛,情绪由期盼逐渐转为悲痛。这两个片段通过舞台调度带动了情节的发展,用不同的结构来展现不同的情节,并且产生因果、递进等不同的效果,让观众清晰地感受到舞蹈所要表现的情节和含义。

(三)自然流畅营造氛围

舞蹈构图的变换首先要考虑的就是自然流畅,和谐美观,如果在变换过程中产生冲突,就会给观众带来不协调的感受,因此调度的自然流畅可以增强舞蹈的美感,营造出特定的氛围,增加舞蹈的可视性。每个故事情节都有属于自己独特的氛围,而自然流畅的舞蹈构图能够将这种氛围烘托出来。我们引用舞蹈作品《只此青绿》加以说明。《只此青绿》通过青绿山水作品《千里江山图》得到灵感创作而成,在构图上为了呈现山水画的多点平行的透视效果,达到步移景异的视觉感受,在舞蹈构图中大费周章。十名演员列队不断变换,但始终保持着近、中、远三个层次的远景,以独特的手法呈现青山“平远”“高远”“深远”的层次变化,完全烘托出了山青水静、怀抱悠远的舞蹈氛围。任何作品都可以通过舞蹈图构营造独特的氛围,去讲述独属于自己的故事。

五、结语

综上所述,舞台灯光、演出服饰、天台与布景及其舞蹈动作都影响着舞蹈构图画面。特别是舞蹈调度,作为一种舞蹈语言,编排过程中具有一定的目的性,就此也赋予了他一定的艺术功能。在群体舞蹈中,舞蹈构图画面的变化在一定程度上具有服务主体及其内容的作用,能够推动故事情节的发展,烘托舞蹈作品的氛围,激发舞者心理活动。经过艺术处理的舞蹈作品所表达主题更加突出,内容更加明确,更容易引起观众的共鸣。舞蹈构图画面对于舞蹈内容美的影响还需要我们进一步地研究、归纳、深度挖掘,促使我们能够充分的利用构图画面来展现更完美的舞蹈作品。

评 语:

"在群舞中舞蹈构图的表现形式是非常重要的。它是舞台语言和作品在视觉上和形象上的体现,其可以通过特殊的空间构造,表达舞蹈所展示的内容,影响舞蹈情景,增强形式美。构图变化在群体舞中比舞蹈的动作、对群舞作品好坏的影响更大,是经过舞蹈美学处理的形体造型的表现形式,是群舞艺术形式美的重要因素,对内容美具有重要的意义。"此论文符合规范,文字表述清晰流畅,逻辑思维严谨缜密,回答问题切中要点,思路开阔。

孙志远

芭蕾基本功训练对快步舞脚下重心控制的影响研究

李淳

摘　要：快步舞动作富于跳跃性，具有独树一帜的舞蹈动作训练及规则的要求。快步舞将芭蕾舞中的一些小跳动作融合在其中。芭蕾舞中任何动作，都离不开重心，而完成一支完美的快步舞则需要对重心有很强的把握。在芭蕾舞或快步舞动作训练中，没有正确的重心控制会造成肌肉无益的疲劳、动作的不协调和失误。通过芭蕾基本功训练中一些动作技术的训练提高快步舞者的脚下重心控制、跳跃能力、下肢爆发力等素质。为了更好地提高快步舞选手的脚下重心控制以及技术能力，为快步舞选手提高竞技水平与竞技成绩提供新的训练方法与思路方向，在快步舞训练中引入芭蕾基础训练的内容与方法，可以深入的理解舞蹈练习时的身体运用与变化的一般性规律，为快步舞的学习铸造良好的阶梯。

关键词：芭蕾基训，标准舞，快步舞

快步舞作为摩登舞项目的一个分支，快步舞是因为步子轻快活泼而得名，又因为快步舞具有灵巧、活泼欢跳的风格特点，所以有“欢快舞”之称。快步舞是富于跳跃性的，快步舞的舞步圆滑流利、奔放灵活、快速多变，而令人目不暇接，是极具魅力的标准舞的一种，能将人们快速代入到活跃欢快的气氛中去，具有独特的舞蹈动作训练及规则的要求，给人们以轻松美感的快步舞。快步舞将芭蕾基本功训练中的一些小跳动作融合在内。

芭蕾舞是具有严苛规范的正规结构形式的舞蹈的其中一种。芭蕾基本功的训练方式有把上练习（把杆练习，例如蹲、擦地等）、把下练习（脱把训练/中间练习，例如：绷脚、压腿、踢腿）等。芭蕾舞基本功训练是以标准性、科学性、规范性、严密性为特

点。进行芭蕾基本功训练能够锻炼优美的身体姿态，帮助锻炼身体各个关节的灵活灵巧性，加强自身对肌肉的控制能力，培养动作协调性与稳定性。

芭蕾舞中任何动作，都离不开重心，而完成一支完美的快步舞需要舞者对重心有很强的控制能力。在芭蕾舞或快步舞的动作训练中，没有正确地对重心的控制会造成肌肉的过度疲劳与损伤、动作的不协调和失误。而通过芭蕾基本功训练中一些动作技术的训练，会提高快步舞者的脚下重心控制、跳跃能力、下肢爆发力等素质。为了增强快步舞选手的脚下重心控制能力和技术能力，提高快步舞选手竞技水平和成绩，增加新的训练方法，增长思路方向，在快步舞的训练中引入芭蕾基本功训练的内容与方法，不仅可以增强舞者在练习快步舞时的身体运用与变化的一般性规律，还为快步舞的学习创造相对完善的环境。因为在快步舞中，并没有一个统一的判断方法来判断快速舞蹈的起跳和起跑，人们往往会忽略掉一些细节上的问题。例如，他们的半脚掌到底能立多高，脚后跟的位置等。不过，快步舞的起跳要求来看，想要达到高品质的快步舞，除了大腿和小腿的力量之外，还需要用到脚腕的力量来支持舞蹈演员的全部力量，因此，在快步舞中，脚腕的力量是很关键的。现在的快步舞中，很多都是用单腿来锻炼身体的重心，而不是像芭蕾基本功训练一样，只需要一个简单的动作就可以了，而且还需要一个非常严谨的标准，这也就意味着，在快步舞中，脚踝的稳定和重心的控制，都非常的关键。

一、研究对象和研究方法

（一）研究对象

本文以芭蕾基本功训练对快步舞脚下重心控制的影响为研究对象。

（二）研究方法

1. 文献资料法

在论文的研究方向与研究领域的基础上，利用中国知网 CNKI、天津体育学院图书馆等途径查阅了大量关于芭蕾舞、芭蕾基训、体育舞蹈、标准舞、快步舞等相关期刊、文献、专著等文献资料,结合文献资料进行阅读、整理和归纳,为全文的深入和深刻的研究工作奠定了一定的理论基础。

2. 访谈法

根据研究需要,采用走访交流、电话访谈、QQ、微信、的方式,对从事体育舞蹈、芭蕾舞专业等相关领域的研究人员、教师进行访谈,尤其是针对研究中的若干专业问题进行咨询,了解并收集他们对芭蕾基本功训练对快步舞影响的意见或建议,并进行归纳和总结,以便为研究工作提供参考。

3. 实验法

以天津市天津体育学院体育舞蹈专业学生为研究对象,选择标准舞学员共 32 人,其中男生、女生各 16 名,将其分为实验组与对照组,每组 8 名男生 8 名女生,实验班采取在正常快步舞课程训练的同时进行芭蕾基本功的课程训练;对照班学生进行常规的快步舞课程训练。

4. 数理统计法

运用通用统计的统计分析法,将实验中得来的数据进行整理、统计分析。实验数据采集地点在天津体育学院体育的舞蹈教室中进行,在测试过程中,所播放的音乐为同一曲目。在测试的过程中,被禁止无关的人离开现场,以免被无关人士干扰。同时,实验对象被要求参加测试时身着统一的摩登练习服装和摩登鞋。在测试开始之前,裁判应全面熟悉 WDSF2. 1 评分系统,并根据论文所要达到的研究目的和目标,统一明确相应的比赛评比细则与打分标准。

二、实验过程

按照本论文的研究目的,设计实验流程,见表 1 所列。

表 1　实验流程

实验阶段	主要内容
准备阶段	将 32 名学生分为实验组与对照组，其中男生、女生各 16 名，每组 8 名男生 8 名女生
测试阶段	根据芭蕾基本功训练对快步舞运动员的脚下控制的影响，于 2021 年 9 月 3 日进行一次测试，将得到的结果进行整理分析。测试采用快步舞竞赛方式，将实验组与对照组的三十二个人分为一男一女八个人为一组，共分为两组，这两组选手在教室中分别依次完成金星一级和金星二级的快步舞组合的测试，每支舞蹈的音乐时长控制在 1 分 30 秒左右，中间休息间隔时间 30 秒。共由 5 名裁判对每对选手进行打分，满分共计 10 分，裁判为相同规格的标准舞教育或培训机构、有一定的教学经历的教师教练担任，5 名裁判须在测试之前对 WDSF2.1 系统评分进行充分全面地认识，并根据论文研究目的，将统一明确本次竞赛的打分准则。 打分项目： （1）快步舞的技术质量和技巧 （2）快步舞的双人配合技术能力 （3）快步舞的节奏、节拍的把握 （4）快步舞的舞蹈动作表现力 然后将测试舞者的成绩进行汇总，得出实验组与对照组在试验之前成绩的平均分数，最后保留小数点后一位。
实验阶段	在课程内容的编排上要注意难度与难度的有机统一，合理安排芭蕾基本功训练课程和快步舞课程。 在实验过程中，对照组在正常的快步舞课程之外不参加其他课程的训练，实验组从 2021 年 9 月 1 日到 2021 年 11 月 24 日进行 12 周的芭蕾基本功训练课程训练。（芭蕾基本功训练课程时间安排在每星期的星期三以及星期五晚上 7:00—8:20） 芭蕾基本功训练前六周内容： 芭蕾“擦地”把上组合训练。把上一位、二位、四位、五位进行前旁后“擦地”练习每组各四个小节，共完成两组。将一、二、四、五位“擦地”融合为一组，完成两组练习。 芭蕾“小踢腿”把上组合练习。把上一位、二位、四位、五位进行前旁后“小踢腿”练习每组各四个小节，共完成两组。将一、二、四、五位“小踢腿”融合为一组，完成两组练习。

续表

实验阶段	主要内容
	芭蕾"单腿蹲"把上组合练习。把上一位、二位、四位、五位进行前旁后"小踢腿"练习每组各四个小节,共完成两组。将一、二、四、五位"小踢腿"融合为一组,完成两组练习。 芭蕾"控制"把上组合练习。把上一位、二位、四位、五位进行前旁后"小踢腿"练习每组各四个小节,共完成两组。将一、二、四、五位"小踢腿"融合为一组,完成两组练习。 芭蕾"擦地"和芭蕾"小踢腿"的把上组合练习。"擦地"和"小踢腿"相结合,完成把上一位、二位、四位、五位进行前旁后"小踢腿"练习每组各四个小节,共完成两组。 芭蕾"单腿蹲"和芭蕾"控制"的把上组合练习。"单腿蹲"和"控制"相结合,完成把上一位、二位、四位、五位进行前旁后"小踢腿"练习每组各四个小节,共完成两组。 芭蕾基本功训练后六周内容: 芭蕾"擦地"把下组合训练。把上一位、二位、四位、五位进行前旁后"擦地"练习每组各四个小节,共完成两组。将一、二、四、五位"擦地"融合为一组,完成两组练习。 芭蕾"小踢腿"把下组合练习。把上一位、二位、四位、五位进行前旁后"小踢腿"练习每组各四个小节,共完成两组。将一、二、四、五位"小踢腿"融合为一组,完成两组练习。 芭蕾"单腿蹲"把下组合练习。把上一位、二位、四位、五位进行前旁后"小踢腿"练习每组各四个小节,共完成两组。将一、二、四、五位"小踢腿"融合为一组,完成两组练习。 芭蕾"控制"把上组合练习。把上一位、二位、四位、五位进行前旁后"小踢腿"练习每组各四个小节,共完成两组。将一、二、四、五位"小踢腿"融合为一组,完成两组练习。 芭蕾"小跳"练习。地面正步小跳、一位小跳、换脚跳交叉进行练习,每个动作进行十五次。 芭蕾"擦地"和芭蕾"小踢腿"的把上组合练习。"擦地"和"小踢腿"相结合,完成把上一位、二位、四位、五位进行前旁后"小踢腿"练习每组各四个小节,共完成两组。 芭蕾"单腿蹲"和芭蕾"控制"的把上组合练习。"单腿蹲"和"控制"相结合,完成把上一位、二位、四位、五位进行前旁后"小踢腿"练习每组各四个小节,共完成两组。

续表

实验阶段	主要内容
测试阶段	根据芭蕾基本功训练对快步舞选手的脚下重心控制的影响的研究，在完成了对学生进行芭蕾基本功训练的基础动作组合练习后，于 2021 年 11 月 24 日进行一次测试将其结果进行了统计分析与整理。测试方法为快步舞竞技比赛，将实验组与对照组分成 16 对，16 对运动员分成 2 组，每组 8 对，在舞蹈教室中依次完成金星一级和金星二级的快步舞组合，分别再进行 1 分钟 30 秒的测试，其中休息时间间隔 30 秒钟。5 位裁判给每位参赛者打分，满分 10 分。裁判由同等规模的标准舞教育机构的教学经验丰富的教练员担任，裁判为相同规格的标准舞教育或培训机构、有一定的教学经历的教师教练担任，5 名裁判须在测试之前裁判对 WDSF2.1 系统评分进行充分全面地认识，并根据论文研究目的，将统一明确本次竞赛的打分准则。 打分项目： （1）快步舞的技术质量和技巧 （2）快步舞的双人配合技术能力 （3）快步舞的节奏、节拍的把握 （4）快步舞的舞蹈动作表现力 然后将测试者的成绩进行汇总整理，得出实验组和对照组在实验之前的所有得分的平均值，最后保留一个小数点。

三、结果与分析

（一）芭蕾基本功训练对快步舞脚下重心控制的影响

1. 芭蕾“擦地”对快步舞脚下重心的训练

针对“擦地”对快步舞脚下重心控制的影响，本次测试结果对实验前后分数变化进行对比分析，分别取对照组与实验组在两次快步舞比赛中的平均分，由此可得，芭蕾“擦地”对快步舞脚下重心控制的作用。

表 2　实验前后对照组与实验组“擦地”对快步舞脚下重心控制的影响分析

	实验前	实验后	增长比例
实验组	6.9 分	7.9 分	15.7%
对照组	7.0 分	7.5 分	7.1%

从表格 2 中可以看到,与实验前比较,对照组在快步舞中脚下重心控制得分较试验前增加 7.1%,而实验组则增加 15.7%。这就意味着,实验组在进行“擦地”练习时,脚踝的力量会有所增加,所以他们能够更好地掌握自己的脚部。快步舞的基本技术是通过快速的音乐来实现很多步伐的展示,来实现对身体的重心的掌控,而腿部则是支撑着身体的重量,因此,加强足部重心的掌握对于快步舞选手的技术素质起着重要的促进作用。而对照组在没有进行有目标的运动训练的情况下,只通过单纯的快步舞课程的训练来提高他们的腿部肌肉,因此,跳跃的技巧品质提高了,但是提高的程度要少一些。

2. 芭蕾“小踢腿”对快步舞脚下重心的训练

针对“小踢腿”对快步舞脚下重心控制的影响,本次测试结果对实验前后分数变化进行对比分析,分别取对照组与实验组在两次快步舞比赛中的平均分,由此可得,芭蕾“小踢腿”对快步舞脚下重心控制的作用。

表 3　实验前后对照组与实验组“小踢腿”对快步舞脚下重心控制的影响分析

	实验前	实验后	增长比例
实验组	6.6 分	8.0 分	21.2%
对照组	6.4 分	6.9 分	7.8%

由表 3 可以看出,对照组快步舞脚下重心控制分数相比实验前提升了 7.8%,而实验组提升了 21.2%,由此可以看出实验组学生对于脚下重心控制能力明显增强,可以得出结论,芭蕾基本功训练中的“小踢腿”对于学生的帮助是举足轻重的,为学生控制脚下重心提供较大的发挥空间。快步舞的节奏、动作是标准舞这五支舞中最快的,这就要求学生对自己身体的控制要异常的严格,而“小踢腿”组合的训练就为此奠定良好的基础,“小踢腿”的训练使得学生的能力有所提升,加强了学生脚下动作的灵活

性，对于如何展示快步舞的美也会显得更加的游刃有余。因此，加强快步舞中足部重心的控制力对快步舞选手的技术素质有一定的促进作用。

3. 芭蕾“单腿蹲”对快步舞脚下重心的训练

针对“单腿蹲”对快步舞脚下重心控制的影响，本次测试结果对实验前后分数变化进行对比分析，分别取对照组与实验组在两次快步舞比赛中的平均分，由此可得，芭蕾“单腿蹲”对快步舞脚下重心控制的作用。

表4　实验前后对照组与实验组“单腿蹲”对快步舞脚下重心控制的影响分析

	实验前	实验后	增长比例
实验组	7分	8.3分	18.5%
对照组	7.1分	7.3分	2.8%

从图4可见，与实验前比较，对照组的快步舞脚下重心控制得分较实验前增加2.8%，实验组则增加18.5%，实验组在快步舞中的脚下重心控制得分显著改善。这表明实验组在进行“单腿蹲”的基础动作高频率的联合练习后，对身体的控制力有了显著的提高。和普通舞蹈比赛类似，每一场都要跳五支舞蹈，这对运动员的体力和身体的掌控都是非常重要的，如果没有足够的能力控制平衡，很可能会影响两人的走位和表演。因此，加强重心的控制力对快速舞蹈运动员的技术素质具有一定的促进意义。

4. 芭蕾“控制”对快步舞脚下重心的训练

针对“控制”对快步舞脚下重心控制的影响，本次测试结果对实验前后分数变化进行对比分析，分别取对照组与实验组在两次快步舞比赛中的平均分，由此可得，芭蕾“控制”对快步舞脚下重心控制的作用。

表5　实验前后对照组与实验组“控制”对快步舞脚下重心控制的影响分析

	实验前	实验后	增长比例
实验组	6.5分	7.6分	16.9%
对照组	6.5分	6.9分	6.1%

从表格5可知,与实验前比较,对照组的快步舞足部重心控制性得分较实验前增加6.1%,而实验组则增加16.9%,实验前和实验后,快步舞足部重心控制性得分均有显著改善。这表明,实验者在进行“控制”的芭蕾基本功动作练习时,身体的重心控制性得到了改善。在快步舞中,男女搭档需要对身体的控制和发力进行精确的控制。因此,对于快步舞选手来说,重心的控制是很重要的。

5. 芭蕾“小跳”对快步舞脚下灵活性的训练

针对“小跳”对快步舞脚下灵活性的影响,本次测试结果对实验前后分数变化进行对比分析,分别取对照组与实验组在两次快步舞比赛中的平均分,由此可得,芭蕾“小跳”对快步舞脚下灵活性的作用。

表6　实验前后对照组与实验组“小跳”对快步舞脚灵活性的影响分析

	实验前	实验后	增长比例
实验组	6.4分	7.6分	18.7%
对照组	6.5分	6.9分	6.1%

从表格6可知,与实验前比较,对照组的快步舞脚下灵活性得分较实验前增加6.1%,而实验组则增加18.7%,实验前和实验后,快步舞脚下灵活性得分均有显著改善。这表明,实验者在进行“小跳”的芭蕾基本功动作练习时,身体足部的灵活性得到了改善。这表明“小跳”对于学生的脚下灵活性训练有明显效果,在快步舞中,脚下的灵活性是十分重要的,因此进行“小跳”的训练是有必要的。

(二)芭蕾基本功训练运用于快步舞的教学意义

1. 学生身体素质提高的分析

针对学生的身体素质能力,在表2、3、4、5、6中可以发现,实验前对照组和实验组学生成绩相距非常小,经过为期十二周的训练,可以发现实验组学生成绩变化较为显著。标准舞五支舞蹈中快步舞是最耗费体能的一支舞蹈,分析成绩说明芭蕾基本功训练对于提高学生身体素质有明显的帮助,实验组的学生在相同的比赛时间里,做到了比对照组学生更高质量的动作,更加默契地双人配合,动作质量保持较高。结合芭蕾基本功训练来进行剖析:芭蕾基本功训练的连续反复练习,可以让学生获得肌肉的记忆力,加强肌肉力量,从而确保在进行芭蕾基本功动作练习时,可以利用自身的肌肉状况,提高对自身的控制力和稳定性。通过对芭蕾基本功动作的练习,可以有效改善学生的足底力量,增强站姿的稳定性,让学员能够感受到脚下与地面的联系,从而增强自身的稳定性。通过将芭蕾基本功训练和快步舞的练习结合起来,可以有效地改善学生的舞蹈水平和足部的稳定性。从成绩的比对中,我们不难发现,芭蕾基础训练不仅提高了学生的身体素质还提高了学生们对基本功的重视程度,由此可以得出结论,芭蕾基本功训练的必要性。

2. 学生对于快步舞技术质量和技巧以及对动作表现力的分析

快步舞的技术质量和技巧是国际体协制定的比赛规则中一项重要的得分标准,它对运动员的比赛表现有着举足轻重的影响。在快步舞中,快步舞选手不但要掌握好头部的位置,还要站稳,要保持身体的位置,同时要有腿部的发力,才能让自己的身体保持平衡。这就要求舞者的大腿肌肉和脚腕有很好的支撑才能让整个舞步持续稳定地发挥。如果没有足够的实力,就会失去平衡,动作过大或者过小,会让整个舞蹈看起来摇摇晃晃,没有美感。而在这方面,选手对于重心的掌控是非常关键的,尤其是身体的平衡,在这种状态下,身体的平衡就会变得更加的流畅。表 2、3、4、5、6 试验前后,实验组与对照组的快步舞表现无显著性差别,12 个星期的练习过后,实验组与对照组的表现均有改善,这也是正常的。结果表明:在快步舞中,实验组的学生的快步舞水平进步显著,而在对照组中,舞蹈基础练习对于提高快步舞蹈的效果是不太明显的。

四、结论与建议

(一)结论

第一,经过芭蕾基本功训练,实验组学生的"擦地"控制稳定性与实验前对脚下重心控制比较,明显提高,表明芭蕾"擦地"的动作组合,是有助于快步舞脚下重心的训练技术质量的完成具有较大的作用。

第二,经过芭蕾基本功训练,实验组学生的"小踢腿"控制稳定性与实验前脚下重心控制相比有明显提升,芭蕾"小踢腿"对快步舞脚下重心的训练技术质量的完成具

有积极的影响

第三，芭蕾“单腿蹲”对快步舞脚下重心的训练技术的提高具有较大的作用，芭蕾基本功训练方法能够改善对于脚下重心的稳定性。

第四，芭蕾“控制”对快步舞脚下训重心的训练技术的提高具有较大的帮助，反映出芭蕾基本功训练对学生提高脚下重心控制能力相较于快步舞的常规训练方式更强。

第五，芭蕾“小跳”对快步舞脚下灵活性的训练技术的提高起到非常重要的作用，芭蕾基本功的训练使得学生脚下灵活性能力得到大幅度提升。芭蕾基本功训练因其动作、组合的标准、复杂性，加上在课程中的持续练习，使学生的肌肉组织保持活力，从而显著提高了学生的身体素质。

第六，快步舞动作的完成需要人的四肢及躯干相互协调配合，芭蕾基训其标准组合的练习对学生提升快步舞技术质量及艺术表现力发展具有明显的积极效果。

（二）建议

第一，在大学的快步舞教学中，可以有针对性地加入芭蕾基本功训练，从而有效地提高学生对快步舞舞蹈动作的掌握，从而达到提高学生标准舞蹈水平的效果。

第二，在以后的训练中应不断发掘更多的芭蕾基本功练习动作，以促进快步舞运动员其他方面的发展。

第三，在论文中介绍的芭蕾舞基本功训练的全部内容，都可以在以后的课程、教学中加以改进、增减与细化。

第四，在快步舞者的在学习和练习中，运用高频率的基础动作组合训练，可以提高学员的体能，以降低由于体力不支造成的动作不够灵活、不准确、重心不稳等问题。使学员能够更加流畅、顺畅地展示快步舞的动作，从而达到最佳的效果。

评　语：

“为了更好地提高快步舞选手的脚下重心控制以及技术能力，为快步舞选手提高竞技水平与竞技成绩提供新的训练方法与思路方向，在快步舞训练中引入芭蕾基础训练的内容与方法，可以深入地理解舞蹈练习时身体运用与变化的一般性规律，为快步舞的学习铸造良好的阶梯。”此论文结构合理，层次清晰，论证逻辑性较强，特别是理论研究全面、重点突出，实证例子数据调研较全面、真实，能根据所学的专业理论知识结合具体实践来分析问题。文章论述全面，针对性强，有个人的见解和观点。

孙志远

浅析舞蹈编导教学中人物形象塑造训练的重要性

梁雅欣

摘 要:一个完整舞蹈作品的呈现,需要经历的具体创作活动大概可以分为两个部分,第一个部分是艺术构思,即创编阶段;第二个部分是艺术传达,即演出阶段。在舞蹈创编中非常重要且具有突出作用的一环就是塑造舞蹈形象,它充分表现了舞蹈的艺术价值,如果一个舞蹈作品没有它独特的艺术形象,那么它的价值就无法充分体现出来,也没有办法带给观众深刻的感受与体验。而在第二部分艺术传达的阶段中,舞蹈演员们作为表现舞蹈形象的物质载体,形象表达的中心环节,他们起着重要的作用。而当舞蹈演员需要去塑造舞蹈作品当中的一个形象时,他们需要首先得到相关内容的学习与训练,这样才能创作出一个好的作品。这就体现出了舞蹈编导教学中人物形象塑造训练的重要性。

关键词:舞蹈编导,人物形象塑造,教学,舞蹈演员

近年来,我国的教育事业发展迅速,教育水平不断提高,学校越来越重视学生的全面发展,注重培养学生的综合能力。而关于舞蹈的教学已经成了学校教育教学当中的重要组成部分,不仅受到了重视,而且得到了前所未有的发展。而当我们具体说到舞蹈作品的时候,人物形象塑造是否成功是一个舞蹈作品受怎样评价的关键,如果舞蹈演员不能够创造出一个生动活泼的人物形象,那么作品就将失去其艺术评估价值。所以舞蹈的创作水平影响着舞蹈作品的成功以及人物形象的塑造。本课题想要研究的就是舞蹈中人物形象塑造所需的一些要求以及具体训练方法。

一、舞蹈中的人物形象的塑造

（一）舞蹈作品中的人物形象

“形象”这个词语，顾名思义，由“形”和“象”组成。“形”指的是物体的形态，外貌，“象”可以指象征的意思，也就是所展示的人物、思想、内涵等。这两者之间的关联，也就是形象的构成。由此可得一个完整形象的塑造应是内与外的结合。它一方面具有生活中的可感性，就是能让我们体会到现实生活；另一方面它又是编导思考加工后的产物，体现一定的态度观点。舞蹈的表达与内涵离不开舞蹈中的艺术意象的创作，而艺术意象有多种类型，包括生命形象和非生命形象。生命形象有三种，它包括人物、动物和植物。因此，我们今天要说的人物形象显然属于生命形象，与其他形象相比，人物形象更加的生动、复杂、多样，在舞蹈作品中有着重要的意义。

（二）舞蹈作品中人物形象的塑造

舞蹈作品中人物形象的塑造，是对人物内心性格的刻画，也是对思想的表述和情感的表达。一个立体丰富的人物形象有利于舞蹈作品给予观众更好的印象与感受。人物形象的塑造，需要编导理解并应用舞蹈的理论知识，并掌握一定的人物塑造技巧，能够在对角色进行深入研究的同时，围绕角色的性格特点进行创作。如果我们把人物形象能够塑造的很成功，给观众留下难忘的记忆，那么舞蹈所表现出来的东西和它的凝聚力就会大大加强。

1. 以人物的行为塑造人物形象

人物的行为，指的是人身体的行为动作，指由思想所控制而显现出来的外在行为。比如说做出动作、发出声音等。而编导则需要根据作品的需求，提取人物的典型动作来表现人物形象。例如，清洁工的典型动作就是打扫，快递员的典型动作就是递送，农民工的典型动作就是搬运东西等。

因为人物的形象是以人物的行为为重要线索依据塑造完成的，所以人物的行为就显得极其重要。而当我们以人物的行为去塑造形象时，其表现出来的特点大多为人物的外部形象。

当我们决定了要塑造的角色形象时,我们首先要做的是从我们自己开始思考和想象角色的原型到底是什么样子的,然后以相应的行为来塑造人物形象。如果编导想要在舞蹈创作中塑造出生动的人物形象,就要从人物的行为开始。为什么会这么说呢?因为在角色创作的早期阶段,如果你缺乏原型角色形象的感觉和印象,那么所有的想法都必定只是概念,相当于纸上谈兵。更进一步讲,由于人物行为最能体现人物形象,所以我们要透视其内在性,不能只表现它的外部特征,不然就不能表现事物的深层含义。所以,只有先经过对原始人物形象的观察、搜集,编导才能从外部表现中洞悉其内在个性,把握其个性。人物形象不能只依赖一些概念创作,如果那样做的话,必然会从概念到概念,人物形象就不生动了。

以舞蹈作品《城市的守望者》为例,一开始一位清洁工身穿工作服,做打扫清洁的动作,擦汗、捶腰,再有快递员出现的时候,上门送快递,敲门、送货给客户、告别,接着交警通过手臂动作指挥交通,敬礼,最后农民工们搬运货物。观众一看这些人物的行为,就知道了他们的职业。随着舞蹈剧情的推进,在列车发车音乐的背景下,他们驻足凝视,挥手告别。这些行为都在时刻塑造着人物的形象。由此分析可得,在经过舞蹈编导的适当编创之后,鲜活的人物形象就会跃然纸上。这就是为什么我认为将角色行为作为塑造人物形象的一个来源是非常重要的。

2. 以舞蹈动作塑造人物形象

除了以角色行为为基础,塑造人物形象的另一种方式是用舞蹈动作塑造角色形象。舞蹈动作主要分为表现性动作、说明性动作和装饰性动作三类。通过舞蹈动作塑造角色的形象意味着更多地表达的是人物的内心情感,如人物情感、精神行为等。动作设计中有些舞步很大、有些小、有些高、有些低、有些节奏紧密、有些舒缓放松。而正是这些不同使舞蹈动作塑造出了不同的角色形象。例如,在塑造军人形象时,动作设计就会节奏紧密些,动作幅度有力迅速,如果塑造老人形象,那动作节奏就会略微缓慢,幅度也会缩小。

由此可以得出,借助角色行为塑造角色形象更多的是关于角色的外在形象,而借助舞蹈动作塑造角色形象时,其更多的是角色的内在情感和各种情感状态。

二、舞蹈作品中人物形象塑造的重要意义

艺术作品的物质形态的主要内容是艺术形象。塑造人物形象在舞蹈作品当中起

着非常重要的作用。优秀的舞蹈作品都需要以生动的人物形象为基点，形象化的舞蹈人物作品是优秀舞蹈作品的标准。说简单一点，人物形象是舞者在舞台上所扮演的角色，它要求舞者要用丰富的身体语言、生动的形象、有特色、有创意的舞步和合理的剧情来突出人物的性格和情感，以此来达成所要表现的人物形象的目的。在群舞作品《我等你》当中，舞蹈演员们就生动地塑造出了军嫂这一人物形象。在日复一日的等待中，军嫂们无怨无悔的辛勤劳作，安静的深夜，他们也多想自己的丈夫能够陪伴在自己的身边，而在丈夫回来的那一刻，所有的辛苦劳累都不算什么，因为只要丈夫能够平平安安地回家，这就是每个潜艇兵妻子最大的愿望。作品从一开始表达了妻子们的希望和期待，然后每天辛苦地擦拭和清理着空荡的房间，接着在夜晚静静地怀念，独自等待，回忆过去、幻想未来。终于等到了丈夫的归来，脸上按捺不住的的喜悦和幸福，准备把自己最好的一面留给归来的丈夫，然后又是没有看到归来的那种悲伤和只要能平安归来的心愿。整个作品中的人物描述都非常详细和合理。音乐、人物性格和情感的表达都能够完美结合，这无疑是一个塑造人物形象的优秀舞蹈作品的代表。因此，一部舞蹈作品，其最核心的就是要把角色塑造得恰到好处，如果没有了角色，就没有了主旋律。角色的塑造是一种很好的表现形式，在舞蹈作品当中起着非常重要的作用。它不仅可以提升舞蹈的观赏价值，还可以使其具有现实意义。但是，如果不能很好地表现出人物的性格，就很难使其具有观赏价值。

三、人物形象塑造对舞蹈演员的要求

舞蹈演员作为舞蹈的重要部分，在舞蹈展现的过程之中，他们必须以自身对舞蹈作品的认识，来表达出舞蹈作品中所蕴含的感情，并以肢体形式的改变来实现目的。而在一些舞台作品中，由于舞蹈演员对人物形象的理解过于表面，体态动作和人物情感相分离，导致人物形象塑造不成功，以至于观众无法产生共情。所以说，人物形象是否能塑造成功，与舞蹈演员本身有着巨大的关系。所以作为舞蹈演员为了更好地塑造人物形象，需要对自身有一定的要求，同时这也是舞蹈作品为成功塑造人物形象对舞蹈演员提出的一些基本要求。

（一）对舞蹈演员身体的要求

对体能素质的要求是舞蹈演员基本素质中的基础要求，它能够使舞蹈演员不断地加强自身的身体素质,使动作的完成度更高更完美,因而可以加强舞蹈演员在塑造舞蹈形象的张力。所以在平时的生活当中,舞蹈演员要注意加强体育锻炼,以提高自身的体质。在舞蹈表演中,舞者要通过不断变换的身体形式来体现艺术表演的形式美,而协调性是确保舞蹈表演质量的重要因素,它直接关系到舞蹈表演的效果,因此,要提高舞蹈的美感,就必须要有很好的协调性。也就是说,能够使自己做出的动作符合大脑对其的想象,而并非让观众看着就不舒服。这对人物形象的塑造有一定的帮助作用。与此同时,每个舞蹈作品都会有它自己独有的动作设计和风格表现,所以舞蹈演员在演绎舞蹈作品的时候,其实不仅仅是单纯地是把舞蹈动作展现给观众,同时也是对舞蹈艺术的形象塑造,这就要求舞蹈演员能够在塑造形象时具有良好的肢体感知能力,也就是说能够灵活的变化舞蹈动作,而不是死板地不知变通,并将所学的技能更加灵活地运用到舞蹈表演里面。然而面对舞台表演中出现突发状况的时候,良好的肢体感受能力可以帮助舞蹈演员更为灵活地解决问题,避免影响舞蹈作品的演出效果,从而塑造更为积极向上的舞蹈形象,这也是舞蹈作品表达中的重要部分。同时音乐在舞蹈艺术表演中也起着相当重要的作用,如果舞者对音乐有很好的把握能力,能够通过掌握音乐的情感和节奏将其融入音乐和舞蹈表演中,这样才能更好地实现舞蹈形象的塑造,在音乐中创造出一个和谐的舞蹈气氛,使舞蹈形象的形成与表现相融合。

(二)对舞蹈演员文化素养的要求

现如今,社会文化艺术的不断发展对于舞蹈表演也产生了巨大的影响。在当今的舞蹈作品创作中,以艺术文化为背景的舞蹈艺术创作成为舞蹈发展的主流。如当红的舞剧《只此青绿》等,都以浓厚的文化背景为依托,以此来展开创作。因此,今天的舞蹈表演大多包含着深厚的文化艺术氛围,我们必须通过塑造舞蹈中的经典人物形象来强调文化艺术的感官体验。这就要求舞蹈演员具有一定的文化素养,因为这是确保完成舞蹈形象塑造的重要基础。因此为了舞蹈表演增添更多的文化艺术色彩,舞蹈演员必须具备良好的文化素养,这不仅能够帮助舞蹈充分体现其价值,还能够赋予观众更深层次的文化内涵。

(三)对舞蹈演员艺术素养的要求

近年来,随着我国舞蹈事业的发展,对舞者的整体素质也提出了越来越高的要求。

而对舞蹈艺术的理解和欣赏,则有助于舞者提高文化艺术的鉴赏水平。不同的人对于相同的事物具有不同的看法,而舞者之所以能够赋予舞蹈表演更多的生命力,就是因为他们对艺术有着自己的独到见解和不同的想法。舞蹈演员通过不断的学习和了解舞蹈艺术,提高自己的表演水平,使其能够更好地融入舞蹈艺术之中。在舞蹈表演当中,舞者需要从艺术修养的高度来分析角色,需要去关注其形象背后的内涵,舞蹈演员的艺术修养可以提高他们的形象气质,让他们更好地融入舞台中去,因此,在他们的核心素质中,具备良好的修养是形象塑造因素的关键。

四、舞蹈编导教学中人物形象的训练方法

舞蹈编导与舞蹈演员不同,他是作品的创作者,需要组织大家进行排练,在演出中起领导作用。在创作的过程当中,他需要通过舞蹈动作的设计去展现人物形象,表达作品感情。由于舞蹈演员是舞蹈表演中的形象塑造者,所以舞蹈演员扮演着非常重要的角色。因此在塑造人物形象前期,舞蹈演员要先学习塑造人物形象的相关知识,这就体现了舞蹈编导教学的重要性。而在这之中关于训练的内容,如何去训练,都具有重要的意义。

(一)强化日常舞蹈训练,培养形象思维

日常生活中的舞蹈训练主要分为三个部分:基础性训练、鉴赏性训练和言语性训练。首先,所有的舞蹈演员都应该熟练掌握的一门基本功就是基础性训练,这对于学生学习舞蹈来说是非常重要的。但是在实际的舞蹈编导教学过程当中,有很大一部分学生认识能力和自身素质略有欠缺,导致教学的进程受到影响,因此,要让学生们在舞蹈动作上达到标准,就必须不断地强化他们的基础训练。这就要求教师在教学中要运用学生所感兴趣的方式,逐步培养学生的形象思维能力,培养他们的形象思维能力,让学生感受到舞蹈形象思维的重要性。然后呢,我们在练习舞蹈的时候,一定要把人物的造型与摄影技术结合起来,让学生能够从作品中发现自己的缺点,从而提升自己的学习能力。最后就是言语性训练,它作为人物形象塑造的辅助性训练,其主要目的就是要用语言和身体的表现来逐步培养学生的舞蹈思维,让他们可以用自己的一个动作、一个词语,来展示他们的内心世界,从而提升他们的舞蹈能力和表演技巧。

(二)去除生硬的技巧,与表演紧密结合

舞蹈的表演与人的肢体是不可分割的,所以通过具有节奏感的动作来表现人物的不同心理特征就显得非常的重要。而当演员在表演舞蹈角色时,他们需要使他们的舞蹈技巧和表演更加融合。因为这样能够使舞蹈内涵得到最真实的体现,这就是为什么好的舞蹈作品与舞蹈技巧分不开。对于舞蹈演员来说,学会将舞蹈技巧无痕地融入舞蹈,表达舞蹈情感是非常重要的,舞蹈演员只有真正地体会舞蹈所要表现的内容,才能更好地融入到舞蹈之中,让观众们欣赏到一幅真正的艺术品。在一些舞蹈作品当中,有些舞者过于注重表现技巧,而忽视了情感的表达,这让人感觉很强烈,但却不知道他们在表达什么。这就要求舞者需要去除不必要的僵硬舞蹈技巧,并将表演和舞蹈技能结合起来,以达到最高水平的表演。所以老师在教学过程中,能够引导学生把握好情感表达与技术展示的度,将两者完美融合。如果演员能让观众感受到你的情绪,而不去理会你的技术,这才是真正的舞蹈。所以,在去掉了僵硬的舞蹈动作之后,舞蹈的主题就会变得更加的真实、更加的生动、更加的丰富、更加的让人赏心悦目。

(三)重视角色特点的分析,实行全方位的表达

由于受到各种因素的影响,舞蹈作品中的角色一般都具有很强的个性特征,因此教师应要求学生充分了解角色的历史背景、生活习惯和社会文化等,并引导学生在着手塑造角色之前,系统分析其成长体验对角色的各个方面的影响。因为不同的舞蹈演员对于作品中的角色会有不同的认识与理解,所以在塑造形象时表现出的东西的也会略有不同,这也许就是对“一千个人心中有一千个哈姆雷特”最贴切的阐述。因此,编导老师在教学中提到定位角色时,需要引导演员对角色要进行理性、系统的分析,并将分析的内容简化、概念化,通过这种方法使舞蹈演员的情感表达更加透彻、精炼,以便在舞台上表现出最好的状态。还应该强调的是,在舞台上,舞者必须懂得“真实”的原理,因为只有在真实的情绪中,才能使人物的形象更加丰满、完整,从而使观众对角色的认识和价值观产生深刻的影响。与此相反,舞蹈表演最忌讳的是虚假表演的方法,虚假的形式不仅削弱了表演,也影响了角色的良好表达,这不仅使角色形象相对单一,而且会使观众对舞蹈表演感到乏味,失去兴趣,使他们无法将自己的情感带入舞台表演,最终失去舞蹈表演的意义。

评　语：

“在舞蹈创编中非常重要且具有突出作用的一环就是塑造舞蹈形象，它充分表现了舞蹈的艺术价值，如果一个舞蹈作品没有它独特的艺术形象，那么它的价值就无法充分体现出来，也没有办法带给观众深刻的感受与体验。”此论文结构合理，层次清晰，能根据所学的专业理论知识结合具体实践来分析问题。文章中运用比较多的实际资料和数据来说明论点，论文格式规范，符合学校有关的论文要求。

孙志远